生涯規劃

五南圖書出版公司 印行

薛 序

　　如何在地球村社會中安身立命，如何擘畫出屬於你自己的生涯規劃地圖，做你人生的CEO。你的生涯規劃地圖有多美好，你的生活品質就有多美好。很高興看到陳澤義教授，延續他前一本書《影響力是通往世界的窗戶》的一貫風格和寫作方式，完成《生涯規劃》一書。我們可以這樣說，《影響力是通往世界的窗戶》主要是勾勒出一個人發揮領導與影響力的基本脈絡和架構，重點在於個人如何發揮典範、影響群倫；至於具體落實影響力的重要工具，則是《生涯規劃》這本書討論的核心所在。期待更多人可以發揮影響力，並以你特有的智慧才幹，建構你的生涯規劃地圖，做你人生的CEO。

　　澤義教授具有真情流露的教學熱忱，經常在課堂中將管理、組織行為與行銷學理，應用轉換成實際生活例證到自身的工作和生活場景中。被他教到的學生是很有福氣的，無論是解決問題、創新思維、理性思辨的學習方式，關係同心圓或關係存摺上的重新思考，如何善用角色來交流溝通，透過尊重式溝通、同理心溝通、交流式溝通等，或是工作的態度與工作選擇、目標設定、時間管理、工作生涯規劃等，學生透過活用所學到的管理、組織行為與行銷學理，因此明心見性、茅塞頓開而獲益匪淺。

　　大學生活的起始點，在於發揮學習規劃成長力，建立生活規劃溝通力、工作規劃理想力，乃至於生命規劃美實力，而其鎖鑰則在於誠懇，這其中的基本信念是三個相信、兩個堅持和一個改變。相信別人是和你站在同一陣線的；相信周圍的人是善良的，都會願意付出一己之力；相信適當的溝通比自然的機會更加重要。堅持嚴以律己、寬以待人，公道自在人心；堅持謙虛自持，並且看別人比自己強。最後自己勇於改變。

　　本書首先談到學習規劃成長力，在為自己思考、解決問題、創新學習、創新思維、理性思辨上有效學習。再者談到生活規劃溝通力，建立美

好自我形象上，經營人際關係，要和你自己的內心溝通，從人事時地物的多個層面和內心對話，進而在尊重式溝通中，使自己找到安身立命的所在；並透過有效溝通力的實際工具，使你快速入手、悠然上路；三者談到工作規劃理想力，使你建立正確的工作態度，找到合適工作，設定目標與時間管理，乃至於工作生涯規劃展翅高飛，預約美好人生。最後談到生命規劃美實力，在生命大哉問、生命的微笑中反思自省。

　　本書對於如何在大學生活中做你人生的CEO，經營你的生涯規劃地圖，提出言簡意賅的論述，易懂易讀，任何背景的人都可以輕鬆閱讀。本書是一本好書，能夠使你的人際關係和自我價值迅速提升，使你的人生活得更加踏實，更有活力和光彩。

　　如果你想要在大學生活中深化生命美學，經營學習實力，強化人際生活，預約美好工作，發揮你的影響力，做你人生的CEO，澤義教授的書正是為你而寫的。澤義教授的這一本書，實在是非常值得來一探究竟。

薛富井

國立臺北大學校長

徐 序

《生涯規劃》這本書，是陳澤義教授二十幾年來教學工作與信仰生活的體驗精華。

我喜歡本書四篇的標題：學習規劃成長力、生活規劃溝通力、工作規劃理想力，乃至於生命規劃美實力，還有緊接各篇標題之後，發人深省的十五章美麗文案。

陳教授是一位充滿熱情、樂在工作的優秀老師，胸懷使命，關愛年輕學生，盡全力給予學生指導與啟發。他擁有一個令人稱羨的美滿家庭，同時活出敬神愛人的堅定信仰，具體實踐愛神愛人的心，在工作職場中發揮積極正面的影響力。

他一貫的寫作風格，綱舉目張，條理分明，善用「生涯漫步」、「問得好」、「三國小啟思」與說故事的技巧，讓讀者容易吸收理解。更令人敬佩的是，陳教授以自己生命的美好見證，熱情展現上帝對他獨特的創作，如鷹展翅上騰，活出美好亮麗的風采。我特別喜歡他和讀者分享從小以來的生命特色，上帝賦予他美好的正字標記：筆記王子、專欄主編、永遠的學藝股長……。透過他獨特的生命見證，展現自己是上帝絕佳設計的一隻老鷹，志向是飛往上帝的高處。更重要的是，他要藉由此書的影響力，激勵更多年輕的老鷹展翅上騰。

小弟很榮幸受邀為本書寫序，衷心敬佩陳教授對上帝、家人、學校師生的愛，以無私開創的熱情，寫書分享自己寶貴的經驗，鼓勵年輕後學，可以有系統地選擇一條有益的生涯規劃道路，好讓年輕人來跟隨，以節省摸索碰壁的時間。我閱讀本書獲益匪淺，樂於推薦這本好書給年輕的你。

徐光宇

統一星巴克公司總經理

四版序

　　這樣一本通識教育的書，能夠在四年後四版，對於作者而言，不啻是最大的鼓勵，這顯示出當前有關生涯規劃與管理的各種課題，廣受各界重視。我們必須感謝在此期間學者專家及讀者們，對於本書再版所提出的若干寶貴意見。在此次改版上，我們做較大幅度的更動，說明如下：

　　首先，第十二章工作生涯規劃的內涵，係由史丹福大學員發想再經由作者修正調整內容，本章予以全部大幅改寫，而論述層面則更為紮實完整。

　　再者，將原有第四章的理性思辨的內容中，改寫新增第三節：網路資訊社會與理性思辨。使論述更能夠適應當前社會。此外，亦將原有第六章的關係的黃金階梯的內容中，改寫新增第四節：愛的語言。

　　三者，將原有第七章的有效溝通力、第八章的尊重式溝通、第九章的工作態度、第十一章的目標設定與時間管理，共四章的內容予以整編大幅改寫，使得內容更加簡潔有力，容易閱讀。

　　此外，在各篇之首與各章之首皆增加提綱性文字，以收綱舉目張之效，並更換若干例證內容，使本書更能貼近時代脈動和章節主旨。同時，亦在多處章節內容上予以修正，並新增多處實際例證（特別是第三章創新思維和第四章理性思辨）。最後，謹將本書獻給　上帝，作者並祈望學者專家先進與各界讀者繼續給予指教，是幸。

識於國立臺北大學
國際企業研究所
2022.8

初版序：解讀生涯規劃的DNA

恆久成功的單行道

在這資訊瞬息萬變的「崩世代」裡，人們的思緒總是無所依附；在這人際關係疏離的「宅世代」裡，人們在哪裡可以找到歸屬感。到底什麼是人們可資依循的道路，難道真的沒有一條出路嗎？人們渴求自由，難道竟然沒有軌跡可以找尋嗎？

再者，全世界的市場競爭非常激烈，外界的生活環境渾沌未明，此時即需要回歸事物的本質，莫忘初衷。不僅要把事情做對，問自己：「我應該做什麼，才能夠從激烈競爭中勝出？」而且要做對的事情，問自己：「我當初為什麼會選擇做這些事情？」因為視野會影響決策，在大學生涯中要做你人生的CEO（chief executive officer，執行長），需要不同凡「想」的全新思維，這正是《生涯規劃》的主要內容。

生涯規劃的本事：生涯漫步

「漫步」一詞出自古希臘哲學家亞里士多德所提出的「逍遙漫步」，亞里士多德更創設「逍遙」學派。即是個人自由自在的前行，深信自己是誰，而且能夠選你所愛，愛你所選的前行。也就是能以天生我材必有所用的心態，努力發光發熱，成為忠心的好管家。同時更能在日常生活中體驗真理，在平日漫步中互相切磋學問，強調學習並不侷限在課室之內，而是任何時空皆是學習與求知的場景。

漫步也是「慢步」，即是在生活旅程中，以優雅之姿，從容徐行。其不同於都會人的快速行走，在焦慮不安當中，落入社會中的集體焦慮，甚至落入22K和草莓族的沉悶情結中，將自己淪為制式化的時代產品，未能對自己的生命活出創新與活力。這對今日的大學莘莘學子與社會新鮮人，

更有其深刻的意涵。

漫步更是「曼步」，即順著音樂律動的節拍，展現獨特的曼波般舞步，搖曳生風，引人側目，進而讚賞有加。在這裡業已擺脫刻板制式化的成功框架，而是以多元尊重思維、宏觀視野角度，探究生涯規劃地圖。而個人的生涯地圖若能洋溢出曼妙舞姿，深信必能做自己人生的CEO，榮神益人，造福人群，兼善天下。

大學生涯規劃的DNA內涵包括「學習」規劃、「生活」規劃、「工作」規劃、「生命」規劃四者，分別代表生活的數個層面，如圖0-1所示。即包括個人成長的學習層面、經營家庭與人際關係的生活層面、人生的工作層面，以及最根本的生命觀照層面。在其中，若能抱持「漫步」的心態，自由自在前行，將會使你看清生命的盲點，跳過環境的迷霧，並跳出當局者迷的困境。更會協助你釐清生涯中的重要骨架，無需事先修習先修課程，即能協助你在人生生涯中，找到做你生命CEO的關鍵密碼。

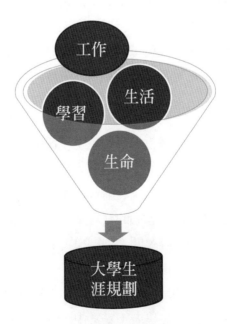

圖0-1　本書主要架構：大學生涯規劃

引申言之，在大學生涯中要做自己人生CEO的DNA，需要把握住學習、生活、工作、生命的四個環節。其中，學習漫步是殷勤和知識對話的「學海學習：I THINK」，談論學習生涯，以及知識對話的學海學習「成長力」。生活漫步則是經營美滿家庭與豐沛人脈的「人際生活：I LINK」，談論日常生活的人際關係「溝通力」，包括關係與溝通的兩大環節。人生漫步是享受樂在工作的「工作生涯：I DREAM」，談論工作生涯的「理想力」，預約美好人生。生命漫步是洞察和人生對話的「生命美感：I SMILE」，談論生命美感，和生命對話的生命態度「美實力」。謹此，若能把握住「學習、生活、工作與生命」的核心密碼，自然擁有在大學生涯中，做你生命CEO的關鍵鎖鑰。

大學生涯的四個面向

首先，大學生涯規劃需學會有效學習，在茫茫知識大海中進行有效學習，業精於勤、荒於嬉，這是最基本也是最重要的真理。學習中真正要緊的事，就是管理時間，特別是若干學習上的決定。的確，在前進和停止學習之間，即是在自由揮灑創造力和遵守規則紀律中間，需要以真理做為界線。這條界線越是明確，自由空間則越是無邊界；亦即創新學習的基礎是自由，而自由的前提則是紀律。這是本書第一篇「學習規劃成長力」的內容主旨。

再者，大學生涯規劃需學會人際關係，其他都只是小標題，這是最大的真相。人生中真正重要的事，就是周圍的人際關係。所謂「有關係就沒關係，沒關係就有關係」，就是這個道理。人際關係的維護與溝通，是需要持續經營的事。這也就是本書第二篇「生活規劃溝通力」的內容主旨。

三者，大學生涯規劃需學會敬業樂群，樂在工作也要樂在休閒，這是隱藏性的真相。在人生中每天都要面對的事，就是占去白晝中最長一段時間的工作。此時要怎樣找到合乎自己能力、興趣恰當、又滿足內在驅動力量的工作，並堅持到底便十分關鍵，乃至於具體化的設定目標並做好時間管理。這是本書第三篇「工作規劃理想力」的內容主旨。

四者，生涯規劃需學會生命態度。在其中，去問人生的目的、去對生

命微笑，這是對自己生命負起責任的正確態度，而正確態度即能決定生涯高度，也決定個人的人生命運。這是本書第四篇「生命規劃美實力」的內容主旨。

綜言之，做你人生的CEO，勇敢漫步生涯，經營自我生命版圖，必須要搞清楚以下五種順序，它們分別是：第一，在學習方法上，先「理性」學習，再「創新」學習。第二是在人際關係上，先「檢視」關係，再「美化」關係；第三是在人際溝通上，先溝通「認同」，再溝通「差異」；第四是在職場工作上，先自我「升值」，再自我「升職」；第五是在人生追尋上，先記錄「生活」，再記憶「生命」。我想，這一些都是我逐漸明白的一些事情，或許弄懂它們的時候，已經人生半百，不再年輕，但這就是所謂年歲成長的代價吧！

不僅知道，更需要做到

你知道我最開心的事情是什麼嗎？那就是有個溫暖家庭，有個笑容可掬的賢慧妻子，兩個孝順聽話的男孩，父母健在，以及和樂的家居生活，這成為我工作動力的泉源。我每天早上一起床，就能做自己喜歡的教學和寫作工作。我能夠鼓勵別人發揮他的潛能，這真是件太有趣的事。更好玩的是，我也發掘出更棒的方法完成這樣的一件事，我真的很幸運，能夠做自己喜歡做的事情，還能有一點小小成績，而這正是漫步生涯，選擇做我自己生命CEO的具體成果。

我在這樣一本書中所做的每一件事情，都是為著「追求真理，服務人群」，因為我深信「真理」與「理論」的力量。因為現代社會資訊不僅龐雜混亂，且罹患嚴重的失憶症，後現代社會的思潮不僅不推崇歷史英雄豪傑，也不探究學術理論發展，而代以個人實際體驗為宗師，這使得失憶的情況更加嚴重。因此，回顧過往管理學理便成為撰寫本書的出發點。雖然，當前社會有漠視學術理論和古今英雄豪傑的傾向，但我輩認為管理學學理的教訓、過往的歷史紀錄仍應予以保存，俾能為有志向學者指引一條人生旅程明路，這是我撰寫這本書的基本信念。

至於追求眞理、服務人群的方法，就是讓本書將管理學理和生活應用緊密結合，書中透過清楚的說明架構和執行方法，讓學理變得簡單、容易讀、容易懂。此外，本書也透過許多的生活故事和自省對話，來說明管理學理應用於生活中的原則。

我相信，這是每個人的夢

　　本書是融會管理學領域的鑽研與數十年來生活閱歷的體驗，所編寫的智慧結晶，希望藉由本書的出版，有系統地爲更多讀者提示一條有益的道路，減少摸索碰壁的時間。在書中有許多生活小故事，都是在我人生旅途中所見所聞。感謝這些生命中的貴人，以他們的經歷或在與我的相處互動中，給予諸多的啟發，也造就了本書的豐富。爲了保護當事人，這些故事中的人名都已經改用假名，在此聲明並致謝。

　　另在本書中不免會接觸到「天」或「神」的概念，在這裡，基督教或天主教意指上帝，回教意指阿拉，佛教意指佛或菩薩，道教意指神明或玉皇大帝，非任何特屬宗教或New Age思潮等則以上天稱之等，由於眾說紛紜，莫衷一是，本書全然接納各家宗教的論點，然爲簡化且易於說明起見，在後面的敘述中，皆以「上帝」一詞概括承受與替代之，係因爲全球中基督教或天主教的信仰人口最多，以及作者個人的宗教信仰所致。在此作者尊重宗教多元價值，並無獨尊基督教或排斥其他宗教的意思，其他宗教信仰讀者敬請自行將上帝替換成爲其他相關神祇的名稱來閱讀相關文句即可，作者特此聲明。

　　最後，本書之得以順利完成，必須特別感謝愛妻彝璇這二十五年來的辛勞持家、鼓勵支持和愛心包容，並教養兩個孩子迦樂、以樂完成大學學業。誠如所羅門王《箴言》所云：「得著賢妻是得著好處，也是蒙了耶和華的恩惠。」「才德的婦人誰能得著呢？她的價值勝過珍珠。」最後，願將此書獻給 上帝，和我親愛的家人：父親錫疇、母親彩萍、結縭二十五年的妻子彝璇，以及兩個兒子迦樂、以樂，你們都是我的寶貝。此外，五南圖書文化楊士清總經理與王俐文副總編輯慨允出版；臺灣科技大學游紫

雲講師在潤校文稿上的細心切實，作者一併衷心感謝。最後，謹將本書獻給　上帝。本書中如有任何疏漏與缺失，尚祈各界先進不吝指正，是感。

陳澤義

識於國立臺北大學
國際企業研究所
2013.8

目錄

第壹篇　學習規劃成長力：I THINK

第貳篇　生活規劃溝通力：I LINK

第參篇　工作規劃理想力：I DREAM

第肆篇　生命規劃美實力：I SMILE

圖目次

表目次（學習單目次）

第壹篇　學習規劃成長力：I THINK

流水年華，匆匆飄逝，一些故事情節來不及眞正開展，就已經變成昨天，寫成歷史；一些書本還沒有打開閱讀，就已經成爲過客，揮手道別。其實我們都心知肚明，萬紫千紅的人生青春歲月固然是賞心悅目，卻也抵擋不住歲月寒冬的流轉催逼。「書到用時方恨少，事非經過不知難」；「少壯不努力，老大徒傷悲」，絕對不是一句空話。轉念一想，雖然人生該開幕上戲的時候總是要開幕，該散場謝幕的時候終究是要謝幕，但我們的學習心靈卻是一棵可以栽種的榕樹，在人生的四季常保恆春，這是人生中最美的風景。

第一章　爲自己思考

【清風生涯漫步】

　　天空下起雨來，人們紛紛快走避雨或是撐開雨傘，

　　你撐開一把雨傘，繼續向前走，走進某個屋簷底下，

　　望著屋外的雨絲和熙攘的人群，

　　「下一場雨，攪動人們的心情和腳步，⋯⋯。」

　　興緻一來，將傘倒立，放在手指尖，然後向前走，

　　剛開始你眼光向下，低著頭注視著手指尖和傘尖交會處，

　　結果雨傘搖晃得很厲害，不久就倒了下來，

　　連續試了幾次，雨傘不是向右倒，便是向左倒，

　　後來，你將眼光向前看，抬起頭，直視著傘葉，

　　結果雨傘不再搖晃，甚至可以向前行走，

　　似乎自己有了一點體會⋯⋯。

　　將眼光注視前方，堅定目標，不被環境假象所干擾，

　　你可以直行往前，勇敢向前邁進。

1.1 大學生了沒

　　要做一位有思考能力的大學生，需要學習爲自己思考，也就是要學習如何學習，而不只是學習知識的本身。

【三國小啟思：呂蒙士別三日令人刮目相看】

　　三國東吳將領呂蒙自幼喜好武術，甚少閱讀經書，有一日吳王孫權對他說：「日後的你要承擔重責大任、執掌軍事兵符之權，需要多加充實學問，拓展眼界和膽識，環諸各家兵法，若能多加涉獵勤學，

必然有成功之日，對你也必然會有助益。」呂蒙回答說：「我在軍旅中，勞碌奔波，甚是忙碌。」孫權回答說：「你就是再忙，也必然沒有我來得忙。千萬要記得孔老夫子說過：『與其一整天滿腦子空想，不如先定下心智，抽空努力讀書。』」呂蒙在聽完勸告後，下定決心努力發奮圖強，苦讀不倦，在日後果然各家學識精熟進步，成為東吳繼周瑜、魯肅之後的第三代水軍大都督，有效訓練水軍，後來更聯合陸遜使用驕兵計，誘使關羽調離荊州兵馬，再謀取烽火台，使關羽大意失荊州，進而殲滅關羽全軍，在麥城生擒關羽。魯肅原來輕看呂蒙，後來見呂蒙無論在學識或見識上均快速進步，已非「吳下阿蒙」。便脫口道出：「士別三日，更令人刮目相看」之讚美驚嘆。這也印證《聖經》的警語：「凡事不可貪圖虛浮的榮耀，只要存心謙卑，各人看別人比自己強。」此為有效學習的關鍵，其能改變對於「大學生要做些什麼？」問題的意見，也自然影響日後成長途徑，理由是我們每個人一生都是在愛、生活和學習中成長。

【問得好】：怎樣做一個真正的大學生？

　　在人人都有大學唸的臺灣，大學要的已經不是一張「學歷」文憑，而是一份「學力」能力，是一份獲得合適工作的敲門磚。而這樣一個「學力」，表現出來的是面對變化多端、資訊爆炸、知識增長大環境的應變能力。誠如大學學習是一種軟實力，**軟實力（soft power）**一詞出自哈佛大學奈伊（Nye）教授，指學習態度、方法與效率等層面，而學習軟實力幾乎等於「學習力」。理由是大學各學門中的教科書知識，極可能無法應用面對日後工作上所需的能力，這些教科書知識在畢業離開大學的五、六年後，就可能趕不上科技知識進步的幅度，已然落伍不切實用。但這並不意味著在大學四年中，皆無需研習各門課程的教科書與相關參考書，而是在大學中，需要學習如何學習知識的方法，而不僅是學習到什麼知識的本身。除必須透過各科教科書教材為藍本，學習到上述知識本身外，更須進

一步透過這些教科書與參考書的媒介，在教授的指導下學習到如何學到知識的能力，也就是學習到「如何學習」，這是大學教學的本質內涵。因此，大學生需要學習如何學習，與學習如何為自己思考，據以規劃屬於自己的學習路程，進而在大學四年中徹底實行，如此一來，必能入知識寶山且滿載而歸【1-1】。

一、大學到底是什麼

(一) 大學就是大師、大圖、大園的組合

讀大學取得大學文憑的投資，已是現代人生中的必經過程。過去的經驗告訴我們，無論是從經濟觀點（獲得較高所得），或是社會觀點（生活品質較佳及與公眾接觸較好）而言，就讀大學都是值得的選項，支付代價進入大學是獲得更好生活的門票。但是，最近數年的大學入學率已幾近100%，知識通膨與大學文憑貶值已是不爭事實，就讀大學取得文憑的價值何在，便是以下探討的重點。

基本上，大學之所以稱為「大」學，是因為在大學中有三大，即所謂的「大師、大圖、大園」，如圖1-1所示，茲說明於後：

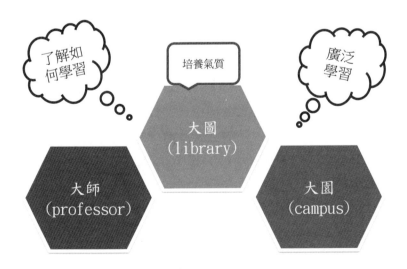

圖1-1　大學到底是什麼

資料來源：本研究

> 大學之所以稱為「大」學，是因為在大學中有三大，
> 即所謂的大師、大圖、大園。

1. 「大師（**professor**）」指飽學多聞的教授群英們，莘莘學子得以在大師的春風化雨中，如沐春風的學習知識，如此一來必能入寶山滿載而歸。
2. 「大圖（**library**）」指藏書豐富的圖書館，圖書館內盡是古聖先賢的知識寶庫，值得大學生深入挖掘，如此必能在濃濃書香氣息中，變化個人氣質。
3. 「大園（**campus**）」指占地廣大且具豐富內涵的大學校園，這便成為求取知識的神聖殿堂。在寬廣校園中，提供許多討論與沉思的人文空間，如此必能陶冶性情，達到潛移默化的功效。

　　因此，有識者認為大學中的校園經驗，即花費四年沉浸在大師、大圖、大園中的學習過程，明顯比大學文憑本身及畢業後的工作選項，來得更加重要。

　　基本上，大學主要功能與目的，是培養學生自主學習和獨立思考的重要階段，若大學生能充分運用四年光陰，**學會如何學習（learn how to learn）**，尋找自己最有興趣的領域，鑽研知識，便是成功學習。

　　換言之，大學教育應該是追尋知識、養成人格、化育人文素養的過程，其不僅單純是「學費投入與知識產品」，甚至是「工作與薪資的成果獲得」的交易處所。當然，大學課堂中教授固然講授各領域專業知識，但是，大學教育並非只有傳授專業知識而已。若將大學教育視為各學期的學費投入，然後按照學士、碩士、博士的各種學位，甚至是不同學科的學位差異，來「換算」在就業市場中可以尋找到何種工作、月薪若干，乃至於就業市場中投資報酬率若干、投資回收期間若干，這豈不將大學教育「物化」，將人看作賺錢機器，豈不悲哀？

(二) 大學就是宇宙浩翰的知識殿堂

　　大學（**university**）一詞英文名為university，也就是「universe」＋「ity」之意，其中「universe」是宇宙萬物之意，宇宙涵蓋日月星辰和銀

河黑洞，在當中包括長度上的浩瀚無邊、寬度上的包羅萬象，以及深度上的博大精深。意謂在大學中係無所不包、包羅萬象。亦即在寬廣如宇宙浩瀚的學術殿堂，大學生能自由自在、無拘無束選課、修課，學習所要學習的科目與知識。當然，社會也是一所大學，也就是在這個社會大學中，我們能夠隨心所欲學習，活到老，學到老（此指面對社會人士）。因此在大學教育中，需要有計畫、有方向性，在四年中盡其所能的學習，博覽群書，才不會入寶山空手而歸。莎士比亞說：「書是全世界的營養品。生活裡沒有書籍，就好像沒有陽光；智慧裡沒有書籍，就好像鳥兒沒有翅膀。」

　　大學學習的目的，並非只為賺錢，而是學習知識，提高生活品味，進而擁有成就感、喜樂感和滿足感，甚至尋求人生意義的解答。大學教育有趣與迷人之處，正是在此。透過大學教育，莘莘學子得以探索明白自己想要走的道路，印證著：「人生是不斷追求真理的旅程」，大學教育則提供人生探索的起步平台，這是大學教育的真正意涵【1-2】。

　　「知識（**knowledge**）」一詞，係「知道（know）」＋「橋梁（ledge）」之意，也就是知道、認識的通道或橋梁。這告訴我們透過知識的這一扇門，可以使大學生由「不知道」邁向「知道」，由無知到有知，進而能夠面對困難，知道如何有效解決問題。

　　且讓大學真正回歸到大學的本質吧！大學是知識殿堂，在其中追求學問知識，並帶出知識追尋的樂趣、個性品味的陶冶、解答人生的迷霧，這都是天經地義的事。個人認為大學文憑可賺多少錢、能不能找到好工作，這些都應該是副產品，它不能超過學習的主體。

　　申言之，大學教育絕非生產知識的製造工廠，而是養成學習紀律的過程，這需要用心因材施教，誘發個人特質，使其能旁徵博引，靈活應用知識，期能進行跨領域的創新學習。這絕對是潛移默化的細火慢燉工夫，而非速食速成、朝三暮四一蹴可幾的作為。

二、大學需要學習到「如何有效學習」

　　大學教育的學習過程，對學生通常會有長期性影響。大學教育需拓展大學生的學習視野，使大學生產生迥然不同於過往的思維方式，或至少要

磨練大學生的思辨過程。在此情形下，攻讀何種學位造成的影響實明顯各異，然此種求學過程產生的影響層面卻無庸置疑。個人深信在大學教育的層面，對社會發展必然為正向的，使大學生獲得寬廣的世界觀，這對於不斷發展的世界而言，是絕對必要的事情。

在此時，還有一件重要的事。必須要先問：「我為什麼要讀大學，讀大學能夠幫助我做些什麼？得到些什麼？」

基本上，大學絕非只是職業訓練所，幫助學生獲得工作中所需知識。當然，學習工作職場所需用的知識是大學教育的一環，但是這應該是一小部分，而非全部。因此，大學中所要學習的是「學習如何學習」，而非「學習到什麼知識」。大學生需要學習如何釣魚（釣到知識），學到釣魚（釣到知識）的技巧，而非只是學習到魚的本身【1-3】。其理由有四：

1. 學習如何獲取知識的方法，方能確保大學生具有終身學習的能力。教授要給魚竿，而不只是給魚。教授要教會學生使用釣魚竿，能夠快速且正確釣到知識，因應未來職場上各種情境變化。

2. 外界世界知識變化過於快速，故需學會如何學習。大學時所學習的技術知識，在離開學校三、五年後就會無法派上用場。因為許多技術知識、產品的生命週期皆甚短，不久後便失去賞味期而不具用處。亨利‧福特說，「任何停止學習的人都已經進入老年，無論其在二十歲還是八十歲。」堅持學習的人永遠會保持青春，生活中最重要的是保持心靈年輕，此提示我們應當活到老並學到老。

3. 在大學校園中，有很多飽學經書的教授大師，大學生可親炙其所學，徜徉在教授群英的學識丰采中，學習大師的治學態度與處世精神，保證可使大學生終身受用無窮。在此情形下，若是能夠開口問學，必能滿載而歸。盧梭說：「糟糕的不是他不懂，而是他以為他已經懂了。」張載說：「人多是恥於問人。假使今日問於人，明日勝於人，有何不可？」最怕的是不懂而裝懂，那就麻煩。

4. 最有效的學習方式是持續用一段時間埋首在各種特定主題的研習方式，以獲得各個學科的基礎能力。在資訊時代中，有人認為當想要學習時，只需要到谷歌（google）搜尋，看些網路演講影片，或是修習免費

的線上網路課程即可。或許有人認為當時更有效率的方法，是修習短期的認證計畫課程來取得工作機會，無須花費長達四年的大學課程，終生只須因需求而學習，而無須四年的大學密集式學習。然而，這很可能是短視的危險做法，因為持續使用一段時間埋首在各種特定主題的研習方式，來獲得各門學科的基礎能力，仍是最有效的學習方式，更能建立良好的學習習慣。特別是在從事工作的領域，渴望想要做到最好所需的那種能力，是需要用相對付出來支撐。在大學中，從對該項主題幾乎一無所知到經過數個熬夜日子的操練，直到對該項主題認識程度比別人還要多，這段學習的過程應是必要的。

因為在大學中所研習的教科書或參考書是業已「組織化」的有條理知識，且作者皆具有學術專業背景，經得起專業檢驗；此絕對勝於在網際網路上檢索出的片斷、零碎性資訊，且網路文章的作者水平誠然是良莠不齊。

最後，我們都知道學歷高低與學校等級是一虛假指標，每個人最終在工作和大環境驅動下，都會在真實社會中進行學習。當然，我們都不會知道以後會發生什麼事情，因此，讀四年大學實是人生值得一試的冒險，至於這四年會怎樣過，相信聰明的大學生已經有答案。

【智慧語錄】

我認為知識是一切能力中最強的力量。

——柏拉圖（Plato），哲學家，《理想國》作者

書籍，是人類進步的階梯，更是當代真正的大學。

——高爾基（Maksim Gorkiy），文學家，《懺悔錄》作者

1.2 為誰讀大學

兩點之間以直線為最短，若能夠看清楚方向，再循序漸進行進，便能達成既定目標。

【問得好】：我爲什麼要讀大學，我爲誰讀大學？

　　讀大學，是爲自己讀大學、讀書，不是爲父母親讀書，也不是爲老師讀書，更不是爲男（女）朋友讀書，這絕對是我們自己的事情，這是我們關心的事。因此，問「我大學生了沒」？就是探討自己是否用功讀書求學？以及用功讀書求學的內容，基本上應該包括以下五種學習方式，也就是「I CARE」，分別代表創新解題（innovation）學習、理性思辨（critical）學習、主動積極（active）學習、反思自省（reflective）學習、效率化（efficiency）學習。這五個英文字的第一個字母，合起來即是我關心（I CARE），這是聰明的學習技巧，是每位成功學習者的必要條件。準此，大學生需要思考以下的問題：

一、大學生需要思想的幾個問題

　　在經過激烈升學考試壓力後進入大學殿堂的大學生，在四年大學期間，經常會鬆懈心情，進而「由你玩四年」聲音響徹雲霄。然而果眞大學四年要如此虛擲光陰嗎？此將涉及我們學習態度的問題。

(一) 有關學習態度的問題

　　大學是高中生和工作就業之間的銜接時段，也是人生18歲至22歲的學習菁華階段。一者甫脫離青少年成長的叛逆期，逐漸邁向穩定的成熟期。再者更是預備經歷二十歲成年，享有各種公民權利與義務的時期。因此，這個階段，我們需要思考以下問題：

1. 你希望未來的你，成爲什麼樣的人？

2. 你認爲什麼是成功？

　　基本上，成功並不一定非功成名就、學富五車、日進斗金；成功也不一定非位高權重、一呼百諾、喊水會凍；成功是一種心靈和諧、寧靜與平和。成功者會很滿意地坐下來，點點頭，安靜地對自己微笑，也只有在將上帝所賜給我們的天賦充分發揮、盡情揮灑後，才能獲得平靜狀態。也就是要活出像一個治理者或管理者，努力生養眾多，遍滿地面，治理這地，也要管理海裡的魚、空中的鳥，和地上各樣行動的活物【1-4】。這是一種自信、坦然與喜樂，自由自在活出上帝所創造的自己。

(二) 有關生命價值觀的問題

因此，我們若想要成功，需要先問一下自己，「我的價值觀是什麼？」

所謂價值觀，就是個人認為最有價值，最值得獲取、追求的觀點或標的物。它可能是金錢地位、名譽權勢、人際關係、專業知識、生命意義、革新創新、健康長壽、家庭溫暖、子女孝順等。由此可以看出我們追求的優先順序，亦即是自己探索優先順序所需問的三個問題（參見圖1-2）：

1. 你最看重的事情是什麼？
2. 你最需要完成的事情是什麼？
3. 你最想要獲得的事物是什麼？

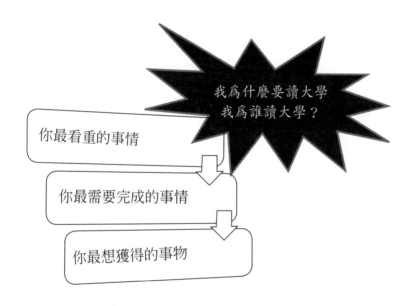

圖1-2　探索優先順序所需問的三個問題

資料來源：整理修正自史特拉・寇提列（2009）

再用它來對照目前已經獲得的事物，便可看出個人滿意或不滿意的根本原因。

然後，再思考三個名詞，它們是：「重視、想要、需要」，這三個名詞分別代表三個層面，它們好像是一個洋蔥，一層一層包覆著我們的內

心，最外層是我們重視的東西，中間層是我們想要獲得的東西，最內層是我們需要獲得的東西。我們需要一層一層剝開它，方能面對真實的自我，找到我們努力奮鬥的驅動力量。

> 我們需要一層一層剝開洋蔥，方能面對真實的自我，
> 找到我們努力奮鬥的驅動力量。

在此時，我們可以問自己兩個問題：

(1) 我們現在擁有的價值觀，也就是對於事物喜好的看法或觀點，受到誰的影響最大？也就是影響我們最大、最深的人物是誰？他（她）是怎樣影響我們的？我們喜歡他（她）用這樣的方式來影響嗎？

(2) 在我們生命成長過程中，有哪一個事件、一本書、一首歌或一部電影，對我們的價值觀或信念產生很大的影響？也就是它們是怎樣的影響或啟發我們的？

二、大學生需要做到的三件事情

我們會不會前途茫茫，提不起勁求學或做事，若答案是肯定的，那麼此時我們需要做以下三件事情：

(一) 擬定我們的目標，勾畫我們未來的夢想藍圖

自己希望三年後的自己是在哪裡、做些什麼事？五年後呢？十年後呢？自己需要開始去發掘自己真正想要獲得的東西，再慢慢一步步形成人生目標（短期、中期，甚至長期目標）。這樣，才會真正找出什麼事情對自己而言是重要的，而且值得付出代價、花費和心力追求它，特別是在大學的黃金年代。此外，杜甫說：「讀書破萬卷，下筆如有神。」朱熹說：「讀書之法無他，惟是篤志虛心，反覆詳玩，為有功耳。」歌德說：「讀一本好書，猶如同高尚的人談話。」孟德斯鳩則說：「愛讀書，就是以人生無法迴避的寂寞時光，換取美妙的時光。」皆指出博覽群書的價值與必要性。

或許自己會考慮到別人的期望，以及家人的期許。雖然這很重要，但是這不應該完全取代自己的目標，除非自己是在逼迫下，完全別無選擇。

此時需要盡可能詳細說明，甚至以圖解方式，畫出自己的目標藍圖，如此做會使自己的目標變得異常清楚，甚至能看出自己的人生使命，這絕對有助於自己下定決心達成設定的目標。

(二) 找出自己動機的來源，也就是為什麼有動力做這件事情

在自己產生動機的來源中，最簡單的動機是基於現實物質的考量，例如：獲得高薪工作，獲得美好名聲，或僅是求生存、賺足夠金錢養活自己，甚至是需要養活家人等。

再者，自己的動機可能是滿足別人的要求或期許，或許有一位嚴格要求的家人，自己不得不盡力工作或求學。在此情況下，固然會產生壓力促使自己行動。不過此時要記得，先要使自己認同此一目標，如此做方能使自己長期且愉快的達成此一目標。

(三) 努力達成自己設定的目標或期待

上述目標的期許即會成為自己前進的標竿，導引自己朝向此目標邁進，此的確能為自己創造讀書、工作或學習的動機，此一情況對於目標導向的人會更加明顯。若能做到如此，在大學生活中，便會成為學習萬花筒，隨時隨地可學習，即是透過課堂修習課業學分、透過感情修習戀愛學分、透過社團修習社團學分、透過短期工作修習打工學分，這明顯會使大學生活多采多姿，令人流連忘返而融入其中。

例如，台灣積體電路**張忠謀**董事長在某次演講中，分享他自己對於學習的想法，張忠謀說，當他回顧這幾十年的工作生涯，發現用得到過去在大學和研究所中所學的課本知識，只有在工作的前五年當中還用得到，以後的工作中，就幾乎沒有直接或間接用到課本知識。

所以，張忠謀認為在大學期間是培養學習求知慾的最佳時候。換句話說，大學生必須要把握學習機會，多方面培養學習興趣和學習習慣。

張忠謀提出三個學習要素：第一是要「制定學習目標」，學習需要制定長期目標，亦稱終身學習目標；同時需要制定長達數年、一年，短到一週的短期目標。而且他認為每個人都需要制定「一定要能跟上所屬行業進展狀況」的終身學習目標，不論是醫生、律師、會計師、科學家、工程師，都需要跟上該行業的最新趨勢。第二是要「有紀律的學習」，即是需

要下定決心學習，決定每日花費多少時間從事自發性學習，因為學習是件需要嚴肅看待的事情。第三是要「有計畫的學習」，學習若是缺乏計畫即會事倍功半，甚至半途而廢或一曝十寒。所謂的計畫式學習是要先設定長期、中期、短期目標，要閱讀何種書刊、閱讀何種雜誌、瀏覽何種報紙，甚至是要對誰說話，都需要有周詳計畫。

【智慧語錄】

書到用時方恨少，事非經過不知難。

——中國諺語

書籍是改造人類靈魂的工具。人類所需要的，是富有啟發性的養料。而閱讀，則正是這種養料。

——雨果（Victor Hugo），詩人，《鐘樓怪人》與《悲慘世界》作者

1.3反思學習

就忙碌的現代人而言，反思已經快要變成失傳的藝術品，反思可以使我們跳脫現有框架，由局外來觀照現場，為了要幫助你更看清楚我們自己。

【問得好】：我要怎樣做，才能返璞歸眞，不致在社會的大染缸中迷失自己？

現在做個小小的實驗，將一顆紅蘋果放在你面前100公分處，再逐漸向前挪移到你的眼前，蘋果則是已經碰觸到你的鼻樑，這個時候你會因為蘋果太靠近你的眼睛，你只有看到眼前一片鮮紅，反而看不清楚這是一顆蘋果，也不曉得這個蘋果的大小，以及表皮是否有瑕疵。這個時候，你需要後退幾步來看這顆蘋果，或是拿一面鏡子觀看，或是詢問其他人的意見，否則便無法看見別人所看見的這顆蘋果。當然，你也可以假裝自己什麼都看見，但是這實在是自我欺騙，並不足取。

　　反思，就好像我們退後幾步來看、拿一面鏡子來看、詢問其他人看見什麼一樣，爲了要幫助我們看清楚這顆蘋果，也幫助我們看清楚自己。

一、反思的意涵

　　反思（**reflection**）係「反省」加上「思考」，即反省中思考、思考中反省，試圖透過進一步探究原因爲目標方向的深入式思考【1-5】。在意涵上，反思包括三個重要元素，如圖1-3所示，茲說明如下：

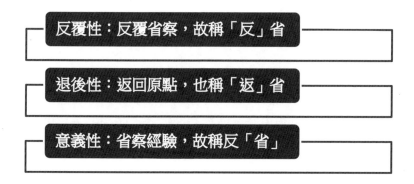

圖1-3　反思包括的三個重要元素

資料來源：整理修正自史特拉・寇提列（2009）

> 反思係反省加上思考，即反省中思考、思考中反省。

1. **反覆性**：省思即反覆省察，故稱「反」省，係透過從各種不同角度，運用不同人士的立場觀點檢視此件事情，並且確保徹底思索、沒有遺漏。透過反覆思索，可以使我們沉澱出事情的眞相。

2. **退後性**：省思即返回原點，也稱「返」省，係透過放下自我的執著，回到事情或活動尚未發生的時間點來思考，藉由向後倒退的方式，得以重新審視事情發生的本末終始，將各種事件、行動、經驗再行檢視。從中便可以眞誠面對自我，更公平客觀發掘、釐清、評斷在平常舉動下，無法看出的事實眞相。

3. **意義性**：省思即省察經驗，故稱反「省」，係透過省察的過程來分析個人經驗，並給予某種特定的意義，使親身經驗對自己而言，變得更

加饒富意義。藉由仔細檢視經驗過程，使得在開放自我心胸的情形下，進而學習到某些事物，了解到某些應然與必然，發展出自己的人格特質。

例如，在《論語・學而篇》記載，曾子曰：「吾日三省吾身；為人謀而不忠乎？與朋友交而不信乎？傳不習乎？【1-6】」意思是說，我們每天都必定要用三件事情來反省自己。它們分別是：為人謀事時，有否不夠盡心盡力的地方？和朋友交往是否有不誠信的地方？師長傳授的功課是否複習完畢？

二、反思的功效

反思具有以下三個主要的好處，說明如下：

1. **更真實的面對自己**：透過反思，可以更清楚察覺出自己隱藏在事情表象下的真正動機、思想模式，並探究面對他人時候的表達方式。藉以獲得更誠實、更真誠的自我。此有助於個人學習發現自己的動機、目標、選擇和行為模式。如此就可以避免自己落入「有一條路，人以為正，至終成為死亡之路」的迷路窮途陷阱中【1-7】。

   例如，班傑明・富蘭克林（**Benjamin Franklin**）1706年出生於美國麻薩諸塞州波士頓，他透過放風箏導電而發現電力，並發明避雷針，人稱「電學之父」。富蘭克林在二十二歲時即出版箴言專書，自訂十數條原則，作為自我反省的準則，隨時留意自己是否達成，此種自省工夫造就他日後成為歷史偉人。

2. **探究影響事件發展過程的因素**：透過反思，可以清楚地看出各種事情發展的脈絡軌跡，進而能夠如同檢察官或偵探辦案般，釐清事實真相，發現各種影響因子的運作情況。此有助於個人學習如何計畫、執行、檢討個人行為；如何採取行動來改善工作績效，乃至於如何與他人進行合作；分析個人行動如何對他人產生影響等。

   例如，城邦出版集團何飛鵬董事長經常進行自我省思，期許能夠使公司在運作過程中，正確無誤的完成既定目標，同時更能降低員工間的人際摩擦，進而人際相處和諧無礙。

3. **刺激自己的思維**：透過反思，可以清楚了解一樁事件背後的「為什麼」。

去看出最需要知道的事情本相，也多半是最不願意知道的事實。這有助於個人發展對事物的洞察力與判斷力，更能夠逐步發展出個人遠見與人生智慧，使我們在想要獲得某些事物時，迅速取得競爭優勢。

例如，美國網球男子單打金滿貫得主，球王**阿格西（Andre Agassi）**，經常透過他最熱愛的網球來反省自己的人生態度，期許自己千萬不要因為網球的榮耀而迷失自己，在世俗中墮落。也因為反思，從而使得阿格西常保謙虛態度，球迷反而更加喜愛他。

最後，在自我學習上，則強調實際行動與行動後反思兩大層面。在實際行動上，必須透過實際參與其中，來探討了解現在的問題、具體解決方案，並且照顧自己的情緒感受。此時需要留意社會參與知能與社會參與倫理方面的知識，使自己在這椿事件上，能夠進行有效的反思學習。至於在行動後反思上，下節提示兩種方法，敬請參閱。

三、反思的方式

在常用反思方式上，以問題導向式反思、開放式反思最為常用。重點在於幫助我們培養倫理、科學和媒體等公民素養，茲說明如下：

(一) 問題導向反思

在**問題導向反思（question-based reflection）**上，即是透過高度結構化問題的導引，在若干標題下詢問自己一系列的問題，力求使自己能夠透過完整、周延的思考角度，進行自我反省。這種反思方式適合用在常態性日常生活事件上，以及環境周邊的社會參與活動上。

在此時，我們可以針對某特定事件內容，填寫「特定事件自我反思學習單」，說明自己與對方的立場差異，並進行社會事件後的理性反思，且提出具有同理心思維的個人意見。說明個人在經歷此椿特定事件後的領悟，以及人生態度轉變的歷程，乃至於自己在特定生涯規劃上的志向調整，進而呼應日後在職場建立專業能力，有效解決他人或企業所面對問題的想法，藉以提升自己職場專業競爭力與就業能力。

(二) 開放式反思

在**開放式反思（open reflection）**上，則是朝向相反的思維，鼓勵自己放下既有的主觀成見，以開闊天空的心態反省自我。例如，透過自由寫

作、自由塗鴉、做白日夢、隨機畫圖或腦力激盪等方式進行反思。此種反思方式十分適合非常態性特殊事件，以及環境周邊的突發性、較罕見的社會參與事件後的反思。

> 開放式反思係鼓勵自己放下既有的主觀成見，
> 以開闊天空的心態反省自我。

例如，在自由寫作上，我們可以根據以下步驟來進行開放式反思。

(1) 利用5到10分鐘的時間，寫下自己所有想得到的事物。

(2) 將自己所有想到的事物加以連結，試圖找出自己思緒的走向。

(3) 大致瀏覽一下自己所寫下的事物，並給定一個主題。

(4) 慢慢寫下和這樣一個主題下的所有相關事物。

(5) 繼續找出第二個主題、第三個主題，並重複進行步驟(4)。

(6) 找出自己和這些主題最為貼近的想法。

又如，在自由塗鴉上，我們可以根據以下的步驟來進行。

(1) 自訂一個主題。

(2) 在一張白紙上自由畫圖或寫字，約5到10分鐘，不需要在意美醜。

(3) 將在自己腦海中出現的任何想法記錄下來。

(4) 想一想這些想法和自己的關聯。

除問題導向式反思、開放式反思外，另有整合式反思、發展式反思、以及評量式反思，可以幫助你有效進行反思，得以登堂入室，有興趣的同學可參考這方面的專書【1-8】。

在此時，完成「自我反思學習單（表1-1）」和「生涯反思學習單（表1-2）」是個不錯的嘗試。

【智慧語錄】

一個開放的心是自我發現和成長的開始，在我們承認自己並不知道一切之前，我們不會學到任何東西。

——愛爾溫・霍爾（Edwin G. Hall），文學家

博覽群書使人充實；冥思苦想使人深邃；探討論證使人明辨。

　　——富蘭克林（Benjamin Franklin），科學家，發現電力

【本章註釋】

1-1 在本書中不免會接觸到「天」或「神」的概念，在這裡，基督教或天主教意指上帝，回教意指阿拉，佛教意指佛或菩薩，道教意指神明或玉皇大帝，非任何特屬宗教或New Age思潮等則以上天稱之等，由於眾說紛紜，莫衷一是，本書全然接納各家宗教論點，然為簡化且易於說明起見，在後面的敘述中，皆以「上帝」一辭概括承受與替代之，且不再重複加註說明，係因全球中基督教（含天主教）的信仰人口最多，以及作者的個人信仰所致。作者尊重宗教多元價值，並無獨尊基督教或排斥其他宗教的意思，其他宗教信仰讀者敬請自行將上帝替換成為其他相關神祇的名稱來閱讀相關文句即可，作者特此聲明。

1-2 有關大學的觀點，請參閱張善楠譯（民97），《大學教了沒？前哈佛校長提出的八門課》，杜雷克・布克著，臺北市：天下文化出版。

1-3 有關大學學習的要點，請參閱洪翠薇譯（民98），《大學生了沒：聰明的讀書技巧》，史特拉・寇提列著，臺北市：寂天文化。

1-4 「要生養眾多，遍滿地面，治理這地，也要管理海裡的魚、空中的鳥，和地上各樣行動的活物」，原文出自《聖經・創世紀》，第1章第28節。

1-5 反思的意涵，請參閱洪翠薇譯（民98），史特拉・寇提列著，《大學生了沒：聰明的讀書技巧》，臺北市：寂天文化出版。

1-6 曾子曰：「吾日三省吾身；為人謀而不忠乎？與朋友交而不信乎？傳不習乎？」出自《論語・學而篇・第四卷》的記載。

1-7 「有一條路，人以為正，至終成為死亡之路」，原文出自《聖經・所羅門王箴言》，第14章第12節。

1-8 反思學習的方法，請參閱林育珊譯（民97），史特拉・寇提列著，《築人生的願景：成功的生涯規劃》，臺北市：寂天文化出版。

行動作業：請提出你在大學四年中的讀書計畫。

表1-1:「為自己思考」單元課程學習單——自我反思學習單

課程名稱: 授課教師:	
系級:	姓名: 學號:
1. 你希望未來的你成爲「什麼樣的人」?你認爲什麼是「成功」?你個人的價值觀、基本信念爲何?	
2. 你最「最看重」的事情是什麼?你「最想要獲得」的事物或具體目標是什麼?爲了獲得這些,你「最需要完成」的事情是什麼?	
3. 在你生命成長的過程中,有「哪一個人、哪一件事、哪一本書、哪一首歌,或哪一部電影」對你的價值觀或信念產生很大的影響?也就是它們是如何地影響或啟發你?	
4. 你讀大學的「目的」是什麼?你是爲誰讀大學的?	
5. 在這過程中,你心中的領悟以及學習心態轉變的過程。	
6. 在整個學期當中發生的重大學習事件,以及你的生活方式發生顯著改變的地方?	
7. 學習活動後你的思維模式與思考方式,如何離開安全區域進入陌生的學習領域,這對你個人的成長與應用爲何?	
老師與助教評語	

表1-2：「為自己思考」單元課程學習單——生涯反思學習單

課程名稱：	授課教師：
系級：　　　　　姓名：	學號：
1. 你認為「大學」是什麼？	
2. 你的「修課規劃」為何？是否要選輔系？雙主修？學程？延畢？	
3. 你的「專業養成」方法和有效學習的想法為何？需要汲取文章或影音教材所鋪陳的重點，記錄成筆記嗎？	
4. 你對你的「四年大學生活」有何期待？是否有別於過去的學習方法？試舉出差異點。	
5. 你對你的「四年大學生活」有哪些計畫？（社團、戀愛、打工）	
6. 用不同文化的對比思考來擴大視野吧！你想要在大學生活中學到些什麼不同的做事方式或生活型態？	
7. 意見交流與反思回饋。	
8. 你需要改變的生活與學習的事情？	
老師與助教評語	

第二章　解決問題

【清風生涯漫步】

　　找一個安靜的空間，或是小小角落，

　　準備一點點食物，並且泡一杯熱茶，

　　若是加上一點輕音樂則更好，

　　就當作這是你平常的簡單午餐！

　　在吃飯時，好好體會每一口食物的芳香，

　　不要狼吞虎嚥，而是要細口慢食，

　　讓你的身心放鬆、感到舒暢，

　　然後在平和和寧靜中傾聽自己的內心，

　　感受這一份平安的空間，

　　從而體會食物中的智慧，

　　「民以食為天！」

　　「衣食足而知榮辱！」

　　這時，事情表象背後真正的「問題」便會逐漸浮現，

　　問題當中的真正「需求」也就向你招手，

　　滿足需求的有效「方案」便呼之欲出，

　　於是，你就不會覺得這件事情十分棘手，

　　而開始有一種解決問題的自由和享受。

2.1 解決問題的能力

　　隨時保持好奇心，對周遭事物抱持著新鮮感、渴求新知的態度，多去問「為什麼」，回歸小孩子的方式來思考，乃是培養解決問題能力的開端。

【三國小啟思：吳蜀聯軍赤壁之戰解決問題的創新性思考】

　　在《三國演義》中，諸葛孔明擅長快速進兵、出奇制勝，從而孫權和劉備的聯軍，有能力在赤壁之戰，一舉大破曹操百萬魏軍，吳蜀聯軍得以獲勝的三個因素，分別為「創新精神」、「打破慣性」和「創新管理」，茲說明於後：

1. 第一個因素為「創新精神」：在赤壁戰役時，諸葛孔明透過天候預測，謂「冬日之末將盡，北風之勢已為強弩之末，將有東南風」，遂有孔明借東風破曹之舉，吳蜀聯軍得以藉由火燒赤壁，大破曹操水軍。即諸葛孔明「借」東風，藉由風和火的水平聯想思維，並透過天文自然界的預測相助，事先得知在冬季時節長江水面上會吹起東南風，此為真創新精神。

2. 第二個因素為「打破慣性」：即利用「火攻」的打破慣性思維，深富創意的軍事舉動，並透過先鋒黃蓋將軍的苦肉計騙過曹軍，駕著火船假裝要投誠，實則出其不意率先衝入曹營，以執行上述創新戰術。

3. 第三個因素為「創新管理」：此時係透過鳳雛軍師向曹營獻計，即「連環船」計策，將曹營船隻皆聯結綑綁在一塊，表面訴求可以降低船隻顛簸，有利軍士在船上行走；然而如果遭遇火攻，將在風助火勢之下全面引燃，以擴大火攻的軍事戰果。

【問得好】：面對現實的工作環境，我要怎樣才能擁有解決問題的能力呢？

　　各行各業中的各種工作，皆是為「解決問題」而設置，這些問題包羅萬象，有例行性問題、非例行性問題；有單一性問題、有多元複雜性問題；有作業流程性問題，有決策性問題；有循環性出現問題，有異常發生性問題；有因果性問題或預期性問題，有意外性問題；有事務專業性問題，有人事協調性問題等不一而是。而如何有效面對與處理問題，則是一個人在做人處事中，最最根本要去面對的環境，也是一個人在工作、家

庭、健康、社會各個環節中，是否成功順遂的關鍵因素。

(一) 有能力解決問題

　　以大學生爲例，學校學習和職場工作最明顯的差異是，學生進入學校繳納學費花錢學習，畢業後進入則是領取薪資做事，工作是公司老闆出錢要員工做事情。學生在學校可以看做是消費者，但是出社會後在職場卻成爲生產者。因此，學校畢業後要能夠在工作職場中取得一席之地，必然需要具備幫老闆解決問題的能力（**problem solving ability, PSA**）【2-1】，這是職場競爭力中不可或缺的一項。

　　試想，公司老闆出錢，聘僱你成爲旗下正式員工，絕對不會是只來打卡上班的，也絕對不會只是處理送公文、送貨、打字作圖等事務的（因爲這僱用一位工讀生或派遣人員即已足夠），他是要聘請你來協助他解決公司經營上所發生的問題。事情的眞相是，如果你能確實協助公司老闆解決一項問題，幫助公司提高收入或降低成本，老闆便願意付給你薪資作爲報酬。如果你能協助公司老闆解決許多問題，幫助公司賺取高額利潤，老闆即會將你看作是不能被替代的人才，而樂於付給你較高的薪資，你也可以趁此機會，對老闆喊價，甚至待價而沽尋找願意給你更高薪資的企業，這時你的職場競爭力便是不可同日而語。

　　例如，你在某一大賣場任職營業部門職員，負責專櫃營業業務，這時你需要的是：爲公司促成顧客進場消費、解決營業現場顧客流量的問題、面對顧客大量流量時如何確保服務品質的問題、降低銷售過程中的行政干預問題、處理顧客的特殊需要問題（如要求白開水，或尋找廁所位置，或照管小孩等）、處理問題顧客（如醉酒鬧事）的問題等。

　　倘若你無法協助企業解決上述問題，即使每天你準時上下班，老闆還是會將你辭退（因爲公司獲利情形不佳），或是以他人替代你（因爲其他人也可以勝任），此時你便會失業，理由是你已不具備職場競爭力。

　　所有的公司老闆都在尋找，尋找能夠爲公司解決問題的人才，並且願意付予重責大任，同時重金禮聘在所不惜，因爲人才能夠幫助企業賺取更高的利益。因此，解決問題的能力是在各級學校或生活中，需要有效學習的焦點。本章即探討解決問題的能力。

　　能力（ability）係指能夠、有實力完成某項事務，成就某一項目標的力量。能力是「實力」的具體展現，能力就是實力。能力更是「操」出來的，需要時常加以學習、操練、練習方能擁有的一項實力。至於在工作職場中所需要的解決問題的能力，就是在工作職場乃至於日常生活環境中，能夠正確界定問題，認定真實需求，進而提出可行的解決方案，並且落實執行，從而有效解決問題的實力。

> 能力係指能夠、有實力完成某項事務，成就某一項目標的力量。

(二) 在學校學到的能力

　　在人生的求學各個階段中，各級學校要學習的能力（即學力），即有明顯差異，茲以「釣魚」為例【2-2】，說明於後（如圖2-1）：

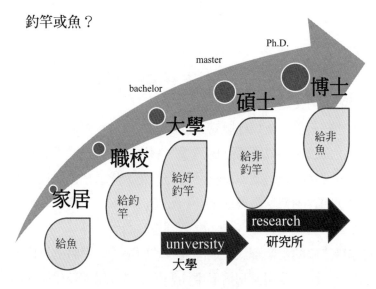

圖2-1　在各級學校學到的能力

1. 家居：給「魚」階段，即是供應一份餐點，使對方能夠飽餐一頓。如同在家中多擺置一雙筷子，就可以多使一個人吃飯。這很像是一個人接受社會輔導處的送餐到府服務，得到一個便當可供飽餐一頓。

2. **職校**：給「釣竿」階段，即使學生學會如何使用釣竿（fishing rod），使對方能夠用釣竿來釣魚，獲得一份工作以求溫飽。這很像是一個人到職業訓練所或是職業學校學習相關技術訓練課程，學會操作釣竿，足能勝任一般服務性工作，或是低階的技術作業員工作。

具備得釣竿（如職校）學力的人士，他在面對環境壓力時，多半是透過自己或他人來界定問題，通常就直接提出自己的問題解決方案，並且率爾執行。這時是在實際事務的層次，透過自己的經驗和單一技術，憑直覺直接解題。得釣竿的人通常會迅速做出決定並行動，無暇做全盤的考量，一旦失之偏頗，極可能會只探究症狀徵候的表象，淪於頭痛醫頭、腳痛醫腳，竟日疲於奔命，無力深究問題本質，較難提出正確有效的解決方案，厥為其限制。從而，大多數的得釣竿人士會在事務性工作中打轉，無力勝任較高階的管理性工作，從而較難贏得高薪待遇。

3. **大學**：給「好釣竿」階段，即使學生學習設計新型釣竿（如電動釣竿、多餌釣竿、軟骨彈力釣竿等），並且更加熟練的操作新釣竿。這時的重點在於改善、強化現有工具，故學士稱為「bachelor」，為最低一層的學位，意指低階騎士、爵士或熟練工匠。另「大學」的英文單字（university）是「univers(e)+ity」，是指「宇宙 + 抽象名詞」之意，係指包羅萬象學科聚集在一起的知識殿堂。即是一個人進到大學中，目的是要學會製作釣竿的技能，有能力做出合用的優質釣竿，而這些包羅萬象的學科是提供學生學習的素材，使學生學會解決問題，這當中即需要完整的創新思維和理性思辨的獨立思考過程，此為大學生所需要具備的「學力」。

具備得好釣竿（如大學）學力的人士，他的情況較佳，他在面對環境壓力時，多半會透過適當的環境解析來界定問題，再透過統整前人經驗法則或應用理論知識，提出多項的解決方案，並且能夠說明各項解決方案的差異之處。因此，具備得好釣竿學力的人，他能夠在實務層次做到純熟精準，能夠將事情做對，做得非常有效率。但仍可能會流於僅是「知其然，不知其所以然」的層面，未能充分了解事情運作的

本相，難以從理論層次來探究問題背後的眞正需求，直指問題解決的核心，厥爲其限制。

4. **碩士**：給「非釣竿」階段，即使學生學會爲什麼一定要用釣竿來釣魚呢？能不能用魚網、養殖、魚梯復育、電流網或是其他方法？這時的重點在於精進各項魚獲技術，而不限制用「釣」的方法，也可以用「捕捉」、「養殖」、「配種」的方法，故碩士學位稱做「master」，代表「專家」的意思，成爲某一類科的專業人士。這就好像一個人攻讀碩士班，研究魚群在何處（即市場需求），研究捕魚工具或方式爲何（即供給方式），進而能夠研發出新型的捕魚工具，乃至於另類的魚獲方式，或是前往合適的地方捕魚（即藍海策略）。故研究的英文字母（research）是「re + search」，是指「再 + 尋找」之意，係指就某一專業領域反覆再三的挖掘知識，直到尋找出最合適的問題解決之道爲止。這當中即需要深層的創新思考和理性思辨的研究思辨學力，需要全力「攻讀」，有若登山攻頂山頭般的艱辛，方得以藉此落實「再尋找」的問題解決工程。

具備得非釣竿（如碩士）學力的人士，他是更上層樓。他在面對環境壓力時，能夠透過適當的環境解析以界定眞實問題，再透過界定問題背後的特定議題切入，且將此一議題轉換成爲理論層次，再引用相關理論、定律或邏輯思維，向內推演來認定眞正的需求，此時才據以提出合宜的解決方案，從而推動執行。基本上，具備得非釣竿學力的人，他在求解問題的過程或許較費時費力，但能夠正確認定需求並提出合宜解決方案，進而有效執行方案，是爲長處。至於費時問題更可在反覆練習至熟練後來化解。因此，能夠擁有得非釣竿學力的人，他是能在理論層次和實務層次來去自如，悠遊其中，從而能夠勝任中高階的管理職位，並獲得高薪資。

5. **博士**：給「非魚」階段，即使學生學會爲什麼一定要吃魚呢？能不能有其他的選項？這個時候就需要創建自己個人的哲學思維，故博士通稱爲「Ph. D.」，Ph是哲學（philosophy）、D是學者（doctor）之意，是指「哲學 + 學者」之意。這就好像一個人攻讀博士班，研究爲什麼

一定非得要吃魚，爲何不能改吃雞肉、牛肉或鳥肉。博士班學生需學會能夠變換問題的類型，以因應背後需求內涵的轉變，進而探尋出解決問題的創新方案，此時即需要全方位的創新思維方式，探索深刻哲學思維的研究思辨學力。

特別指出的是，除了極少數能夠全備掌握到「得非魚」精隨的博士級「哲學學者」，或僅知今日飽餐一次的「得魚」人士外，大多數的人都是處在「得釣竿、得好釣竿、得非釣竿」的學習光譜中。需要留意不同學習階段所需要學習具備的學力的差異之處，而能夠確實逐級拾階而上，有效獲得應有的「學力」，切勿囫圇吞棗，只求短視近利的取得「學歷」。

(三) 你學到「學歷」或「學力」

上述「得魚、得釣竿、得好釣竿、得非釣竿、得非魚」的學力高下，即等同於解決問題的能力高低的代稱。這通然會影響一個人的見識廣淺，即看事情的深度與廣度，乃至於能否具體有效的提出解決方案。

在現今的社會，另一項重要的問題是，你是獲得「學歷」？還是獲得「學力」？

1. **學歷：**學歷（educational level）指各級學校所頒發的文憑，代表業已完成某一個階段的學習，當作擁有某些學問知識的依據。在面對實際問題時，崇尚「學歷」的人會先對學歷文憑致敬，再雙手一攤，只說此爲當前「環境」下的必然結果，他只是單憑直覺提出解決方案，結果是可想而知。當然，這是崇尚虛無學歷人士的光景，若他業已具備眞實學歷，必定有眞實學力當做支撐，則有不同的光景。

2. **學力：**學力（learning attainment）指擁有解決問題的能力，能夠解決問題，這是職場工作上和日常生活上最要緊的能力。在面對實際問題時，擁有「學力」的人會先思想該實際「問題」的本身，由當中找出線索的蛛絲馬跡，然後回到問題背後，探究其蘊含的理論意涵或應用模式，從中發現有用的因果關係，繼而尋找背後的「需求」，再從需求推演出合宜的解決「方案」，這是第一循環思考。同時，擁有「學力」的人會從事第二循環思考，來「執行」此項解決方案，也就是明

察方案的認知「刺激」和行為「反應」，並且能夠和問題背後所代表的目標或期望有效相互呼應，來證實解決方案的效力，同時更能和最終的影響「結果」相互連結。

在小學六年、中學六年、大學四年的長達十六年受教育過程中，你究竟是僅取得一張大學文憑，抑或是獲得十六年的學力，能夠解決現實生活上、工作上、家庭上的各種問題，甚至是難題考驗，這是值得深思的好問題。甚至是加上研究所兩年的碩士攻讀、四年的博士攻讀後，經歷二十二年獲得的博士學位，若仍然無法解決問題，學以致用，畢業即失業，那真是一場恐怖的噩夢。

【智慧語錄】

我平生只知道一件事，那就是我為什麼是那麼的無知。

——蘇格拉底（Socrates），古希臘哲學家

不知道自己無知，乃是雙倍的無知。

——柏拉圖（Plato），哲學家，《理想國》作者

2.2 雙重循環解決問題

學力又名學習力，即為解決問題的能力，即是從分析環境、解決問題至生成結果的過程。

【問得好】：面對現實環境上的困境，我要怎樣才能界定問題和發現需求呢？

(一) 用 EBR 架構看解決問題的能力

學力一名學習力，即為解決問題的能力，即是從分析環境、解決問題至生成結果的過程，即「環境—黑箱—結果」的程序，它涵括三個子程序，若取其英文單字的起首字母的「E」、「B」、「R」，即可稱為「EBR架構」：

1. 環境（**environment**）：環境以縮寫「E」表示，即個人所處環境的實際狀態，此為基本的立足起始點，其中的關鍵字為「事件」，理由是環境係由許多個事件所組成。

2. 黑箱（**black box**）：黑箱以縮寫「B」表示，即檢視分析環境以提出解決方案、執行解決方案以落實問題解決。黑箱係是個人（或企業）解決問題能力的內容。

3. 結果（**result**）：結果以縮寫「R」表示，即產生和別人不同的結果，這是檢驗一個人解決問題能力高低的關鍵指標，此時的關鍵字為「績效」，因為結果係由各項績效所組成，更繼續產生影響力，從而影響個人（或企業）的最終命運。

　　基於黑箱係為解決問題能力的內容，以下即說明「黑箱」（B）的內涵。基本上，前述的「黑箱（B）」係涵括兩個循環，即第一循環的提出解決方案與第二循環的執行解決方案，共同形成兩大迴圈，藉以落實解決問題，茲說明於後：

1. 「提出解決方案」：此為第一個循環，是屬於管理中的規劃階段，指透過界定環境問題、認定真實需求、提出解決方案的三個步驟，完成解決方案的規畫程序，此時的個人（或企業）係經由大腦認知的理性活動，推演合理的解決方案。即藉由這個循環，提出一個實務可行的運作方案。

2. 「執行解決方案」：此為第二個循環，是屬於管理中的執行階段，指透過執行方案、刺激目標對象、產生有效反應的三個步驟，完成解決方案的執行程序，此時的個人（或企業）係具體投入資源並克服抗拒反對，來達成設定的目標。即藉由這個循環，實際落實該項運作方案。

> 提出解決方案和執行解決方案，共同構成解決問題的雙重循環。

(二) 提出解決方案

　　提出解決方案是第一個循環，即是問題形成到方案形成的階段，說明於後：

1. 問題（**problem**）：問題係指實際環境和個人期望的差距，即爲「心想」和「事成」之間的差距，當中的關鍵字是「解讀（explain）」。理由是環境中所呈現的問題可大可小，類型各異，端在於當事人的解釋；此爲OPI結構的目標（O：objective）部分。此時係基於當事人對於內在目標的期望，於是生成外在的問題（problem）。

2. 需求（**need**）：需求係指個人關切與重視的焦點，即據此形成討論的焦點課題（issue），此時的關鍵字爲「價值（value）」。因爲此時與當事人的價值觀密切相關，而爲OPI結構的計畫（P：plan）部分。此時係基於當事人對於內在計畫或期望的達成欲望，故生成外在的需求（need）。

3. 方案（**alternatives**）：方案係指解決問題的方法，即據此形成管理對案（treatment），此時關鍵字爲「信念（belief）」。爲此時的方案有賴當事人以其信念發動，感召他人採取行動；爲OPI結構的意圖（I：intention）部分。此時係基於當事人對於內在意圖的期許，於是生成外在的方案（alternatives）。

　　第一圈的「O-P-I」，O指目標（objective），P指計畫（plan），I指意圖（intention）。

(三) 執行解決方案

　　執行解決方案是第二個循環，即是執行方案到行爲產生的階段，說明於後：

1. 執行（**execute**）：執行係指管理方案的具體施行，即據此使管理對案成眞，此時的關鍵字爲「思維（think）」。因爲當事人即努力構思完成方案，而爲IPO結構的投入（I：input）部分。此時係基於對於方案的投入資源，於是生成外在的方案執行（execute）。

2. 刺激（**stimulate**）：刺激係指方案執行後，對相關人事物的刺激情形，此時的關鍵字則爲「認知（cognition）」。因爲當事人必然因爲感官上

的感知而有所回應，此為IPO結構的過程（P：process）部分。此時係基於對於方案的過程活動，於是生成外在的認知刺激（stimulus）。

3. **反應（response）**：反應係指個人受刺激後，所生成的連帶反應，此時的關鍵字為「行為（behavior）、習慣與個性」。此代表個人回應刺激的情形，而為IPO結構的產出（O：output）部分。此時係基於對於方案的產出情形，於是生成外在的行為反應（response）。

第二圈的「I-P-O」，I指投入（input），P指過程（process），O指產出（output）。

總之，一個人若沒有解決問題的能力，就是缺乏競爭力，終究會被這個社會所淘汰。至於解決問題能力的各項詳細內涵，敬請參閱陳澤義（民105）所著的《解決問題的能力》一書【2-3】。

【智慧語錄】

肯奮鬥的人，心目中沒有什麼叫做「困難」；以天下為己任的人，心目中沒有什麼叫做「貧窮」。

——拿破崙（Bonaparte Napoleon），軍事學家

我希望你照自己的意思去理解自己，不要小看自己，被別人的意見引入歧途。

——泰戈爾（Robindronath Thakur），文學家

2.3 創意性解決問題

在解決問題時，抱著問題導向的思維，要求自己提出有創意的解決方案，便是踏出創意性問題解決的第一步。

【問得好】：面對資訊與知識爆炸的時代，我要如何有效學習解決問題呢？

在創意性解決問題方面，除上述的基本型式之外，另有提出有創意的解決問題方案與啟發式思考模式兩者，茲說明如下：

一、提出有創意的問題解決方案

在面對各種日常問題時，若能抱持「問題導向學習（**problem-based learning, PBL**）思維【2-4】」，隨時要求自己能提出多項具創意的問題解決方案，我們便已踏出解決問題的第一步。這時若能透過：「限時完成」方法、「多多益善」方法、「如果這樣」創意方法，協助我們思考，便能如虎添翼，達到事半功倍的效果【2-5】。茲說明如下：

1.「限時完成」的方法

在「限時完成」方法中，即給自己加上時間限制的條件，例如，規定自己必須在十分鐘內解決此一問題，而非設定十天解決，因爲若無時間限制，或時間限制過於寬鬆，則個人便不會積極思考和完成任務。因爲訂定一個緊湊的時間限制，必然會更臻效率，能使我們很快地進入狀況，並督促我們需立刻採取行動，在適當壓力催促下，反而能激發出更多的創意性解決方案。

例如，規定自己五分鐘內想出解決方案、規定自己一小時內開完這個會議、規定自己三天內完成這份報告或作業等。

2.「多多益善」的方法

在「多多益善」方法中，我們不再要求自己只尋找一個「正確」方法，而是期待自己尋找出數個「可能且可行」的方法。例如，不再問：「皮包的功能是什麼？」這種單一答案的問題。而是問：「我們可以想到皮包有哪些功能」的多種解案的問題。這樣做可使我們在面對問題時降低成果壓力，反而能找到最好的方法。因爲若要求我們找出一個最正確的方法，會使我們產生高度壓力，唯恐無法尋找到最佳解；但是，若要求我們找到三個可行方法，那就簡單得多，反而可以尋找到更好的方法。

例如，解決臺北市「文林苑」都更案癥結的方法有哪些、處理「三峽焚化爐」的爭議有哪些方法、幫助「龍山寺街友」弱勢族群脫離貧窮生活的方法有哪些等。

3.「如果這樣」的方法

在「如果這樣」方法中，是使我們進入「如果……」的假設性問題並進行自問自答的解題方式中，如此做能刺激創新想像力，提供一個安全無

礙的想像空間，因此自然容易形成一個真正需要的答案。因為這樣做會使我們的腦筋從卡住的漩渦中突圍脫困出來，而能幫助我們從另外一個角度來思考。

　　例如，如果我們倒過來設計這個工作流程會怎樣？如果我們用畫圖的方式而不用文字或數字表達時會怎樣？如果我們沒有簽下這份合約時，這個工作會怎樣進行等。

二、啟發式思考模式

　　在實際解決問題的過程中，我們可使用「啟發式思考模式（**holistic thinking model**）」，進行創意性解題思考【2-6】，即運用創意組合、建立連結、網狀組織等三種啟發式思考模式，啟發自己在美學、媒體與科學的公民素養。如圖2-2，茲說明如下：

圖2-2　啟發式思考模式

1. 創意組合

　　在創意組合（**innovative combination**）上，係要求在若干實際物品或抽象詞彙中，整合搭配成一新組合，整合是創意性問題解決的重要核心，即透過將任意兩樣物品加以組合，形成另一個全新物體，並透過組合、描繪、應用的三大步驟啟發創新思維，並進一步和實際生活連結，達到整合生活經驗的效果。

在整合過程中，係以輕鬆愉快的心情玩賞遊戲中所要整合的物品，為成功創新的關鍵泉源的一環。在這時，我們需要放鬆心情，不拘泥小節，不要擔心做對或做錯，並經由實驗嘗試發現新事物，同時捨得放手，便能在自由自在狀態下，帶出無法預期的驚奇創新成果。

2. 建立連結

在**建立連結**（linkage formation）上，是將若干不相干事物找到可資相連的關係，藉此尋找問題解決的創新連結。首先，創新連結需先將此事物和自己的專長或經驗相連結，這是最容易辦到的事。例如，先問以下問題：「我們以前是否碰過類似問題」、「在其他地方我們是否用過這些技術」、「我們的問題和這回提到的狀況很像，因為它們都……」，或是「這個情況和我們上個問題很像，因為……」。

再者，創新連結需要和「不可能」做連結，從中找到意想不到的連結。例如，我們會問以下問題：「我們要找一些機會和不同的年齡的人打工」、「我們要和不同國籍的人一起聊天」、「我們要看一些平常不感興趣的書」，或是「我們要聽一些不一樣的音樂」等。

3. 網狀組織

在**網狀組織**（network organization）上，我們提出一個問題，並要求自己以模式建立的方式來記錄，而並非只是寫下整個字句或是整個段落。例如，要求自己利用圖形、符號、顏色、詞語或單字來代表一個構想，並使用圖形的網狀連結來代替文字。此時必須避免使用否定字眼（如不會、沒有、從不），以免混淆大腦的思考，並利用「假如……又如何？」的問句，避免失落不可能的連結，最後在相同的問題上反覆操作此一網狀組織系統，便可設計非常實用的模式。

此時即將我們目前所遇到的問題中的相關事物畫出來，並和大腦記憶中所提到的理論模型相對應，將我們的問題描繪成一個特定的圖形或模式，並進而想出有創意的解決方法。

例如，在秦朝覆亡後，**項羽**和**劉邦**為爭奪天下，素來皆相持不下。後來雙方約定以鴻溝為界，以東為項羽所占有；以西則歸於劉邦領土，是為楚河漢界的由來。後來劉邦聽取謀士**張良**和**陳平**的建議，破壞約定，除率

領軍隊猛攻業已敗退的楚軍，另方面則聯合其他將領各軍，將楚軍包圍於
垓下。

　　根據《史記》記載，這時楚軍雖敗，然而漢軍也是傷亡慘重。這時**韓
信**則下令漢兵學習歌唱江東地區的楚地民謠，於是夜晚四面皆聽聞楚歌，
在巧妙建立連結和運作網狀組織情況下，楚軍以為漢軍已經完全占領楚
地，於是士氣崩潰殆盡。項羽便大開營門，任由將士們散去，隔日，留在
項羽身旁者僅餘八百人，後來項羽自刎死於烏江畔，此為「四面楚歌」的
由來。

> 將你目前所遇到的問題中的相關事物畫出來，並和大腦記憶中所提到
> 的理論模型相互對應，描繪成一個特定的圖形或模式，便可想出有創
> 意的解決方法。

　　最後，更可加入水平思考、逆向思考、腦力激盪、自由聯想遊戲、
職場體驗等實踐單元，並透過模擬活動競賽，課程實境演練等操作方式，
使我們能更深入了解某特定議題，透過解決問題以因應社會加劇變化的速
度，以及夜以繼日、推陳出新的專業知識壓制性情勢。深信透過努力尋找
與用力叩門，必會獲得尋見且得以開門的結果。

　　準此，大學生要如何透過解決問題，以及創新思維和理性思辨（第
三章與第四章），洞察各個問題背後盤根錯節的根因，而不致於被問題表
象所迷惑，是能抓住解決問題的方向和做法，端有賴於是否能做好解決問
題。特別是在變化多端的資訊社會，十倍速的知識爆炸速度，使得各種千
奇百怪的問題層出不窮，此時如何洞燭機先，視微知著，更有賴於具備創
新思維和理性思辨的思考方式，這也是本書第三、四章所要討論的主軸。

　　在這個時候，完成「創新態度學習單（表2-1）」、「解決問題學習
單（表2-2）」是個不錯的嘗試，以具體描述我們進行啟發性思考來解決
問題的每個過程。

【智慧語錄】

　　創新應當是企業家的主要特徵，企業家不是投機商，也不是只知道賺錢、存錢的守財奴，而應該是一個大膽創新敢於冒險，善於開拓的創造型人才。

　　　　——熊彼德（Joseph Schumpeter），政治經濟學家，提出創新學說

　　非經自己努力所得的創新，就不是真正的創新。

　　　　　　——松下幸之助，日本企業家，松下電器總裁

【本章註釋】

2-1 有關解決問題的能力的說明，亦請參閱：伍學經、顏斯華譯（民93），《問題分析與決策：經理人KT式理性思考法》，查理斯凱・普納、班傑明・崔果著，臺北市：中國生產力中心出版。

2-2 有關在各級學校中需要學會的事情，亦請參閱：翟本喬（民104），《創新是一種態度》，臺北市：商周出版。

2-3 請參閱陳澤義（民105），《解決問題的能力》，臺北市：印刻文學生活雜誌出版。

2-4 問題導向學習（problem-based learning, PBL）指運用討論題綱，提出多個討論題目，串連起整個教學上的學習主軸活動。

2-5 提出有創意的問題解決方案的論點，請參閱洪翠薇譯（民98），史特拉・寇提列著，《大學生了沒：聰明的讀書技巧》，臺北市：寂天文化出版。

2-6 啟發式的思考模式的論點，請參閱林育珊譯（民97），史特拉・寇提列著，《築人生的願景：成功的生涯規劃》，臺北市：寂天文化出版。

行動作業：試著為某一個特定問題或事件，提出具創意的解決方案。

表2-1：「解決問題」單元課程學習單——創新態度學習單

課程名稱：	授課教師：
系級：　　　　　姓名：	學號：
主題內容	
1. 有沒有發現哪些「事實」？	
2. 其中的主要「問題」何在？在此是指慣性思維的所在。	提示：先不評價，盡可能描述問題內容。
3. 它們的分析「立場觀點和理論根據」為何？	提示：對上述經驗有何感覺？與自己的期待符合嗎？
4. 你認為上述觀點或理論「論證」是否充足？	提示：運用哪些知識、概念、經驗、技能來面對該問題？
5. 請再用「開放」的角度來評斷此一議題，在此是指擴展思維觀點角度。	提示：先不評價，盡可能描述方案內容。
6. 請你評估暫行方案中的「可行性」、「倫理性」，和有哪些實際的「限制」？	提示：是否達成前述的目標？距離多遠？如何改進？
7. 你會做出什麼樣的「決定」？你反思心得為何？	
老師與助教評語	

表2-2:「解決問題」單元課程學習單——解決問題學習單

課程名稱:		授課教師:	
系級:	姓名:		學號:
1. 主題內容			
2. 初步構思 （問題浮現）			
3. 限制條件說明 （需求浮現）			
4. 多方意見並陳，以 　提出可行方案			
5. 提出創意性的解決 　方案			
6. 成果彙整與實踐， 　請以圖表示			
7. 你的其他意見			
老師與助教評語			

第三章　創新思維

【清風生涯漫步】

在一個喝下午茶的時間，對方和自己的茶杯已有九分滿，

你幫自己加茶水，將自己茶杯的水加滿，不要停下來，

繼續倒進茶水，不要停下來，

你會發現茶水滿出來，流到桌子上、椅子上，

必須先把自己的杯子倒空，讓新鮮的茶水裝填自己，

將自己的成見倒空，讓創意的靈感貼近自己，

將自己的障礙倒空，讓旁人的需要真正浮現，

創新要從關懷（care）開始，關懷對方的真正需要，

願意放下自我，陪伴他人，感同身受，

這樣的話，創新便不會是虛無，更不會是冒犯，

而是真正能夠幫助他人解決問題，滿足對方的需要。

3.1突破慣性思考

當你站在椅子上，或是躺在地板上的時候，你所看到的周遭事物和你平常看的有什麼不同呢？當你開始如此思考時，你便是踏出了突破慣性思維的第一步。

【問得好】：面對十倍速高科技時代，我需要突破那些慣性思維？

解決問題的能力的實際應用，係包括跳躍性的創新思維和邏輯性的理性思辨兩者，分別歸屬於大腦的左腦（創新思維），以及大腦的右腦（理性思辨）。本章先探討創新思維，至於理性思辨則為第四章的內容。

一、創新思維

創新（innovation）指開創出嶄新不同於過往事物，或是更新、改變變動原有事物外表樣貌，或調整結構的排列順序。創新背後的支撐力量主要是創新能力（innovation capability），即創新能力是樹木的根部，而創新成果則是樹木的枝葉。樹木枝葉的茂盛程度，主要係依據樹木根部是否紮得深層與廣大而定。

創新能力有三大基本要素，即基礎知識、核心智能、個性品質，茲說明如下：

1. 基礎知識

首先是基礎知識，一個人的創造能力是藉由本身所學習到的基礎知識，例如各種學門的基礎和進階訓練。即如商學院共同的微積分、經濟學、統計學、會計學、管理學、資料處理、民法等課程的基礎知識，此為創新背後所需的基本學能。

2. 核心智能

核心智能指專業學門上的進深培養。即如商學院企業管理學系的企業管理、生產管理、行銷管理、人力資源管理、科技與創新管理、財務管理、策略管理的核心智能，各學系皆有其基要的核心必修學科，構成在此一領域從事創新所需的核心智能。

3. 個性品質

個性品質即個人化的資訊品質來表現創新的內涵，即藉由符合創作者人格特質與風格來表現創造的力道與內涵。即如某人係為客家人，從而在創新風格上，便具備十足客家味道。又某人是花蓮原住民，因此在創新風格上，不免充滿阿美族的傳統色彩。

對於國家和民族而言，創新精神是國勢興衰的懸念，更是國家振衰起敝的關鍵因素。江澤民說：「創新是一個民族進步的靈魂，是興旺發達的不竭動力。而一個沒有創新能力的民族，難以屹立於世界先進民族之林。」鄧小平說：「掌握新技術，要善於學習，更要善於創新。」

創新是一種精神，每個人都能夠創新，敢於嘗試，勇於冒險，就是創新的起步。理由是創新需要勇敢嘗試錯誤，且要愈挫愈奮勇，即是「再試

一次」，若是一試、再試，總不成，仍然要「再試一次」。因為上帝所要賜給我們的心，不是一顆膽怯的心，而是剛強、仁愛、謹守的心，因此需要勇於接受挑戰，終底於成。

例如，「研究」（research）這個字詞的英文字母，拼出來字首是「re」，字根是「search」，這就是「再」和「尋找」的組合。即如當事人尋找失落的隱形眼鏡時的情形，「再試一次，持續尋找」的情形，因此需要當事人堅持到底，奔向目標。

> 「研究」（research）就是「再一次」和「尋找」的組合。

二、常見的慣性思維

為有效執行創新活動，需打破個人思維的慣性枷鎖，即**慣性思維**（**inertial thinking**）。理由是個人習慣會形成規則，規則會形成教條，而個人或群體的僵化思維是創新活動的絆腳石。常見的慣性思維有三，即直線式思維、經驗式思維、群體式思維【3-1】，如圖3-1所示，茲說明於後：

直線式思維	1. 衝浪好手尼克伍德曼　3. 智慧型手機 　（GoPro 攝影機） 2. 披頭四樂團 　（突破編曲方式）
經驗式思維	太陽馬戲團 （無動物多元劇團、 MJ 不朽傳奇）
群體式思維	從眾行為 （優酪乳）

圖3-1　常見的慣性思維

資料來源：整理修正自王傳友（2006）與郭亞維（2010）

(一) 直線式思維

直線式思維（**linear thinking**）係基於傳統直線式、單向式、一維式思考軌跡，即順著直線形或單一發展路徑，以探索問題的解決方法。此會縮小變化和發展突破上的可能情況。例如，汽車的燃料是汽油，是為直線性思維，然而，石油會日益枯竭，若能打破直線式思維，發展使用自來水當做燃料的汽車，則燃料將不虞匱乏。或打破直線式思維，嘗試使用其他多元性燃料，如電力、日光、風力、柴油、天然氣等，成為另類思考。

例如，智慧型手機的問世，打破這個傳統直線思維，手機不只是電話而已，更融入線上商店的應用程式功能，使得手機成為集工作、娛樂、攝影、多媒體與生活工具於一機的個人生活載具，成為資訊社會不可或缺的基本配備。

又例如，尼克伍德曼是位熱愛極限運動的衝浪高手，他在一次衝浪過程中，打破慣性思維，發想為何不將自己衝浪的英姿拍攝下來分享親朋好友，在遍尋各處並未發現有合宜產品，於是伍德曼創辦GoPro公司成為GoPro創辦人，專門研發運動用攝影機。

再如，大部分搖滾樂團的組成皆包括主唱、吉他手、貝斯手和鼓手，但是披頭四樂團（The Beatles）經過對於樂曲的各種實驗後，推出《A Day In The Life》金曲，則是由樂團成員John Lennon和Paul McCartney兩人各自撰寫一首歌，再加上特殊的間奏，使它成為一首完整歌曲，在《Norwegian Wood》中，他們則採用西塔琴（sitar）來伴奏，至於歌曲《Eleanor Rigby》則用弦樂隊來伴奏，藉以襯托出主唱者的孤寂心情，這種打破線性思維方式為搖滾樂開闢一條新的道路。

(二) 經驗式思維

經驗式思維（**experienced thinking**）係基於個人或群體的過去發展過程來直接處理問題，不試圖探索、檢查、分析問題的現象本質和原因，此舉雖能處理現在的問題，但卻阻礙創新想像與思維突破的可能性。例如，汽車皆是由人來駕駛，各種車禍雖怵目驚心，但卻難以避免，此為數十年來人類的經驗式思維，若能突破此限制，發明無人駕駛汽車，則能節省人力，並避免車禍發生。又汽車能夠直線前進和後退，然而，倒車入庫與路

邊停車均需要反覆操作，而為駕駛測驗的兩個項目，若能突破經驗式思維，突破輪胎軸新技術，發明可以直接「橫行」移入停車格的汽車，豈不一舉解決都會區不易停車的困擾，同時使車輛的操作更臻人性化。

例如，智慧型手機從過去電話的「家戶」使用經驗，轉換成「個人」的通訊需求，開發出個人化通訊裝置的便利性和個別性，並藉此延伸思考，探討何種功能的搭配能使上述兩種特性更臻便利。是以手機由原先的打電話的功能，延伸至收發電子郵件與瀏覽社群網站。

又例如，太陽馬戲團在1984年創立於加拿大魁北克省的蒙特婁，一稱索拉奇藝坊（Cirque du Soleil），索拉奇（Soleil）即法語「太陽」之意。太陽馬戲團是一個「缺乏動物」的馬戲團，這打破傳統馬戲團的經驗型思維。太陽馬戲團外觀上反倒像個劇團，它是以科技、創新、設計來結合舞臺、表演、舞蹈、雜耍、特技、運動、默劇、音樂、燈光、服裝、化妝、劇情於一身。此外，太陽馬戲團成員更涵蓋四十多個國家的團員，透過兼容並蓄的文化融合，造就今日極致的文化藝術演出。

而太陽馬戲團經典劇作「不朽傳奇」的演出，更將**麥克傑克森**（Michael Jackson）的經典音樂錄影帶「戰慄（Thriller）」在舞臺上重現。此舉打破經驗型思維，在服裝上的金黃蝙蝠裝，更使用特別輕薄的運送包裝紙做成，再加上大片翅膀，在舞臺上舞動壯闊生動的光芒。另搭配繪製血肉線條的殭屍裝，以製造蝙蝠與殭屍共舞的氣勢。在十數首麥克傑克森金曲所組成的MV影片，長達十四分鐘的震撼襯托下，霎時出現殭屍由四面八方湧進、破土而出，繼而包圍主角的震撼情景，最後傑克森以炯炯明亮的眼神向鏡頭回眸一笑，搭配狂人般的聲音特效，實在令人印象鮮明，這使觀眾清楚明白「戰慄」所要表現的氛圍意涵，以達成所要的宣傳效果。

(三) 群體式思維

　　群體式思維（grouped thinking）係基於他人建議或群體建議來處理問題或做決定，此舉會造成從眾行為的結果。這樣便會縮小創新空間，局限在某特定穩定或舒適場景內，尋求解決方法。

　　此時做法上需要具備**彈性化思維**（thinking flexibility），即需要打破

固定形勢，擴展視野角度，以更高的立場高度或更寬的視野角度探索事情，打破僵化、固定、傳統的思維角度。即如站立在桌子上面取得高角度，觀看某件事物；或用幾乎平躺在地面的低角度，觀看細微事物；或透過不同思維角度，檢視事情發展本相，即分別以資本主、管理者、基層員工、政府、管制者、社區人民、社會大眾的多方角度來觀察分析，此舉必能獲得與眾不同的思維結果。此一做法，更可訓練我們需要憑著信心，不是僅憑眼見。在此時信心中的「信」字，更是在上帝的光中，對於所盼望的事情有把握，對於還沒有看見的事情能夠肯定面對【3-2】。

例如，在大多數人的想法中，優酪乳是一種飲料，從而大部分僅是飲用。要打破此群體式思維，乳品廠商便可推出以優酪乳或優格為基底的創意吃法或用法：如將優酪乳當作食材製作點心，或將優酪乳搭配其他材料製作成優酪乳面膜等。

例如，帝堯在位時，大陸北方黃河流域爆發洪水氾濫成災，堯徵詢四方部落首領的建議，請鯀來治水，鯀花費九年時間治水無功。由於鯀僅採用水來土掩，造堤築壩的方法，結果是洪水沖塌堤壩，洪水氾濫反而更加嚴峻。

在帝舜接續堯擔任部落聯盟的首領後，親自到洪水氾濫地區視察。舜發覺鯀辦事不力，殺了鯀，再讓鯀的兒子禹接替治水。

根據《山海經》記載，禹改變他父親的做法，打破群體式慣性思維，不再聽信小決策圈的意見；而是跳脫慣性思維，轉而改用疏通河道、開渠排水方式，將洪水導引至大海。禹和一般百姓共同勞力，披戴箬帽，拿起鍬子領頭挖土、挑土，還因疲累磨光小腿毛【3-3】。經過十三年辛苦勞力，禹最終將洪水導引入海，土地可供人種植莊稼。

當時黃河中游雄立一座龍門山（即今山西河津縣西北），龍門山堵塞黃河河水進路，將河床擠壓成狹窄河道。黃河水流由於被龍門山阻斷，經常滿溢出河道，淹沒良田發生水災。禹到龍門山觀察地形後，再度打破群體式慣性思維，不再聽信周圍策士拜山神的意見，而是率領工人直接鑿開龍門山，將龍門山鑿穿一個缺口，使黃河河水暢行入海。

後世百姓為稱頌禹治水有功，都尊稱他為大禹。在舜年老後，以禪讓

選擇繼承者。由於禹治水有大功，禹便擔任部落聯盟的首領。

三、擴展思維觀點

擴展思維觀點（**enlarge thinking viewpoint**）是創新的基本訓練方式，擴展思維觀點有三種基本訓練方式，分別是時間上的「過去—現在—未來」，空間上的「自我—非我—超我」，意義上的「肯定—否定—未定」，如圖3-2所示，茲分述於後：

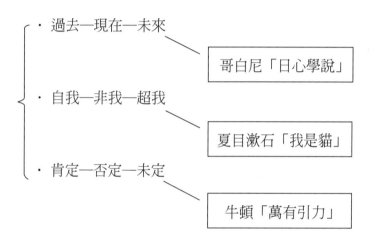

圖3-2　擴展思維觀點有三種基本訓練方式

資料來源：整理修正自郭亞維（2010）

> 擴展思維觀點有三種訓練方式，分別是時間上的「過去 — 現在 — 未來」、空間上的「自我 — 非我 — 超我」，意義上的「肯定 — 否定 — 未定」。

(一) 時間上的過去 — 現在 — 未來

所謂時間上的過去—現在—未來，即需從過去、現在、未來等三個時間點分別切入問題，探究在三個不同時間點下，問題發展所呈現的不同面貌，裨不致拘泥在某特定時間點的思緒中。

1. 「過去觀點」（**pervious viewpoint**）是探索某一特定事物，或發掘特定觀念的往日發展起源，誠所謂「知所本末與終始，則近道矣」，這泰半

是歷史學者追本溯源的理論根據。

2.「現在觀點」（**present viewpoint**）是用現在的眼光，探索某特定事物，或探究某觀念的今日發展本相，據以掌握現在、界定未來，這多是科學家格物致知之基本信念的本源。

3.「未來觀點」（**future viewpoint**）是檢查某事物，或是認定某特定概念的來日發展方向。期能透過預測未來結果，指引現在應當採取的決策內容，此為未來研究學者關注的焦點所在。

例如，哥白尼在1473年出生於波蘭的多倫鎮。哥白尼的父親是尼古拉，是位知名法官，更是一名成功商賈，哥白尼是家中四個孩子中排行最小的。在當時的天文體系，普遍被接受的說法是托勒密體系。基本思維是地球位處宇宙中心，至於其他的天體則是圍繞著地球的圓形軌道運轉。

在1514年，哥白尼擴展思維視角，總結自己的地心學說成「日心學說」，發想成一篇僅四頁的《短論》初試啼聲。在1533年的羅馬，舉行一場關於哥白尼理論的講座，教宗克萊孟七世和若干主教皆出席該講座，並有一名主教鼓勵哥白尼正式出版此作品《天體運行論》。隨後哥白尼飽受天文學界的批評及教會的反對聲浪，直到生命的末期【3-4】。

哥白尼的「日心學說」顛覆當期人類對於宇宙的認識，並且撼動歐洲中古世紀天主教宗教神學的理論基礎。基於時代的限制，哥白尼僅將宇宙的中心點由地球轉移成太陽，並未全然放棄宇宙中心論和宇宙有限論。雖然哥白尼的觀點仍有改進空間，然而哥白尼所提出的理論創新，確實帶給全人類的宇宙觀產生重大的改變。

(二) 空間上的自我－非我－超我

所謂空間上的自我－非我－超我，即需從自我、非我、超我等三個空間點分別切入問題，探究在三個不同空間點下，問題發展所呈現的不同面貌，裨不致拘泥在某特定空間的思緒中。

1.「自我觀點」（**ego viewpoint**）是探索某事物或探究某特定觀念時，係以當事人的立場和角度，並用它為標準，判定外界事物的對錯。此時易形成主觀和狹隘論點，這泰半是心理學者關注自我感覺與情緒的背景依據。

2.「非我觀點」（**non-ego viewpoint**）是探索某事物或尋求某特定觀念時，係以對方的立場和角度，此舉較易察覺對方的意見思維，藉以同理對方的感受，此多半爲社會學者關注社會心理與群眾情緒的背景依據。

3.「超我觀點」（**super-ego viewpoint**）是由整體角度來探究某事物的內涵，或認定某特定觀念的對錯。此舉當事人可避免掉入小我的窠臼，進而以大我角度，開闊視野，此多爲系統學者關注整體與部分間關係的發展依據。

　　例如，夏目漱石的《我是貓》小說，則是以「非我視角」的貓眼的角度，來揭露世界中人類面具下醜陋的眞面目，誠如部分知識分子的共通弊病、各領域人物間的明爭暗鬥等，夏目漱石是用幽默言語，技巧地達到譏諷的成效。

(三) 意義上的肯定－否定－未定

　　所謂意義上的肯定－否定－未定，即需從肯定、否定、未定等三個意義層次分別切入問題，探究在三個不同意義層面下，問題發展所呈現的不同面貌，裨不致拘泥在某特定意義思維中。

1.「肯定觀點」（**definite viewpoint**）是探索某事物或界定某特定觀念時，先接受它原有價值。而看作有功效、有價值、有好處，進而肯定該事物或觀念的價值，這多是神學家關注世界發展與人類末日推論的理論依據。

2.「否定觀點」（**non-definite viewpoint**）是探索某事物或界定某特定觀念時，先拒絕它固有的價值。而看作有害處、有威脅、有疏失，進而循此軌跡認定事物或觀念的缺點，這泰半爲數學家關注學理正確性與理論必然性的推論依據。

3.「未定觀點」（**indefinite viewpoint**）是探索某事物或界定某特定觀念時，先不評定它的本來價值，而是留待以後再行判斷，這多半是哲學家關注邏輯論證與因果推論的理論依據。

　　基本上，「確定觀點」較能成就樂觀和健康的思緒。至於「否定觀點」則能夠透過改革動力，來激發日後的新創意。兩者各有所長，實不容偏廢。

　　例如，在肯定的觀點下，智慧型手機iPhone的誕生打破許多人對於手機的傳統思維，手機不再僅是通話工具，其可用來傳送簡訊，而觸控式螢幕更翻轉鍵盤式的鍵入功能；另有小螢幕手機，具輕薄短小特質，這些都是有益處的。在否定的觀點中，智慧型手機很可能為人類帶來新的疾病，如過度使用手機的眼疾、頸椎疾病與身心障礙等，這是現代資訊社會需面對的課題。在未定的觀點裡，手機尺寸愈做愈大，極有可能超過一手能夠掌握的範圍，手機也愈做愈薄，也有可能在彎折後就斷裂，這些技術都有待進一步突破。

　　例如，艾薩克牛頓（Isaac Newton）出生在英國烏爾索坡偏遠村莊，某天傍晚時分，牛頓正在一顆蘋果樹下小憩，突然間一顆蘋果從樹梢上掉落，牛頓見到後，便擴展思維視角，沉思蘋果為何會從樹上往下掉？而非往上飛出，牛頓對此問題，苦思許久，終於歸納出「萬有引力」法則。並發表成論文《自然哲學的數學原理》，陳述萬有引力和三大運動定律的內涵，後人更尊稱牛頓為「現代科學之父」【3-5】」。

【智慧語錄】

　　不創新，就死亡。

　　　　　　　　　　　　　　——艾柯卡（Lee Iacocca），福特汽車總裁

　　創新是企業的靈魂，是企業持續發展的保證！

　　　　　　　　　　　　　　　　　　　　　　　　——海爾集團

3.2想像創新思維

　　由看山是山，到看山不只是山，而是有山有水有白雲，乃至於山間小路和茅草農舍，便是想像創新思維的開始。

【三國小啟思：創新思維】

　　在《三國演義》中，諸葛孔明運用的創新聯想思維相當多，較有名的是木牛流馬、饅頭、孔明燈、連弩等，茲說明於後。

　　諸葛孔明六出祁山討伐曹魏，最後藉由木牛流馬打敗曹魏軍兵。木牛係指獨輪手推車、流馬係指四輪車。木牛流馬則是一款八連桿操作的步行式機器馬，即是由連桿所組合成的某種步行式機具。根據《諸葛亮集》一書中「做木牛流馬法」內容記載：「木牛者，方腹曲頭，一腳四足，而牛仰雙轅，人行六尺，牛行四步，載一歲糧，日行二十里，而人不大勞。」在《南齊書——祖沖之傳》則記載：「以諸葛亮有木牛流馬，乃造一器，不因風水，施機自運，不勞人力。」可知木牛流馬係依賴人力扶助來向前行進，其負重能力十分強大，而且還能夠前進和後退，為一款相互對稱式機具。由於牛隻在運動方式中，具備步行、慢跑、快跑三個步態，木牛流馬即以此設計，係用單側同步方式來前進，至於前腿係以四連桿組成，後腿則是利用十根連桿組成，兩腿之間則是以兩根相等長度的雙接頭連桿互相連結。這種方式十分省力，使得在前進時所需的推進力，可以減到最低。

　　除木牛流馬之外，諸葛孔明亦於征伐南蠻途中，參加蠻王祭祖活動時，創新發明「蠻（人）頭」，隨後叫做「饅頭」，用來替代祭祀祖先時使用的七乘七，共計四十九顆人頭（首級）。屆時諸葛孔明找火頭軍共同研議，將麵粉和米酒混合揉在一起，包成蠻人頭顱的樣式，裡頭則是包著牛肉或是羊肉內餡，然後再放進蒸籠中蒸煮，並使用祭祀南蠻的祖宗。諸葛孔明於是叫士兵把這四十九個麵粉包成的「人頭」，放在供桌之上，叫做「蠻頭」。隨後又區別包子是有包內餡，饅頭則是沒有包內餡。

　　諸葛孔明更發明出孔明燈，是時諸葛孔明被司馬懿包圍困住於平陽城，無法派軍隊出城求救。諸葛孔明於是計算風向，製造出可以飄浮在天空中的紙燈籠，樣式有如現代的天燈，並在紙燈上繫上求救訊息，結果能夠安全脫離險境，後人就稱此種燈籠為「孔明燈」。還有，諸葛孔明也改良連弩，能夠同時發射出十支箭，其創新發明為數甚多，不勝枚舉。

【問得好】：我如何具備未來就業市場上，最要緊的想像創新思維的能力？

　　創新是一種跳脫舊有模式的思維，即「不要效法這個世界，只要心意更新而變化【3-6】」，此時的創新思維即**想像創新思維**（**imaginative innovation thinking**）包括水平聯想思維、形態想像思維、向外輻射思維，皆屬基本的**創新思維**（**innovation thinking**），其分別代表飛機在機場跑道上起跑、拉起機鼻、起飛升空的三個階段，更是人類大腦運作水平思維下的外在形式表現【3-7】，基本的想像創新思維內涵如圖3-3所示，茲說明於後：

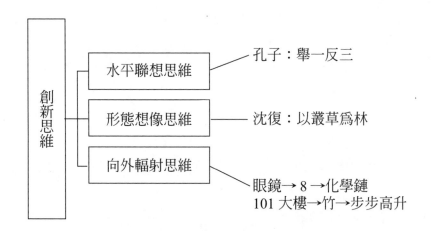

圖3-3　想像創新思維的內涵

資料來源：整理修正自王傳友（2006）

一、水平聯想思維

　　水平聯想思維（**horizontal association thinking**）可使人的思緒超越現實的困境，來處理許多在現實狀況下無法解釋的問題，水平聯想力量十分巨大，活躍的水平聯想思維是創新活動的根基。

　　水平聯想創新思維的意義，是指使兩個或三個意義距離很遠的事物或概念，經由大腦思緒的催化想像，連結成相互連繫的效果，甚至透過此推演或演繹出適當的結論。例如，太陽聯想到向日葵、雨天聯想到彩虹、玉

米聯想到卡介苗、蘋果聯想到牛頓先生、海豚可以聯想到潛水艇、響尾蛇則會聯想到紅外線熱定位等。

若無法善用水平聯想思維，人類在學習上僅能學一點只知道一點，即舉一反一，這使得人類思想體系形成孤立、凌亂、破碎沒有章法。相反地，若能夠運用水平聯想思維，人類思維便可以由某一點到另外一處，快速擴展，形成觸類旁通、舉一反三，甚至聞一知十。如此一來，人類的思維體系便能夠跳出既定框架，進而突破思維慣性定勢，達成創新思維成效。

例如，智慧型手機功能中的電子助理（記錄生活事件）記帳App軟體，其可延伸結合電子發票，甚至電子錢包功能，化被動的記帳使用者的生活花費，轉成主動記錄與管理生活支出。此舉可使手機轉成電子錢包，在付款時自動記錄費用資訊、儲存電子發票，甚至結合自動對獎功能。

例如，在《論語‧述而》篇中，孔子倡議教導學生的方法，需要重視啟發求知動機，孔子要求學生主動思索問題和解決問題，而非一味被動依循古法或記誦答案【3-8】。子曰：「不憤不啟，不悱不發，舉一隅不以三隅反，則不復也。」即孔子說：「如果學生了解到一張桌子有一個角，卻不能據此推斷出其他的三個角，那麼我就無須繼續教導他，先讓他自己多用功一些時日再說吧。」原文《論語》中的「舉一隅不以三隅反」，日後即演變成為「舉一反三」這句成語，用來形容人們在學習中需能夠善於觸類旁通。

例如，透過水平聯想思維，西瓜可聯想到西瓜牛奶、保齡球或地球儀，上述皆是經由球形加以聯想。或是聯想到太極拳，也就是將一個大西瓜，切開成兩半的徒手起手式聯想。此外，若是透過西瓜的表皮紋路加以聯想，則會聯想到蚯蚓、閃電、迷彩服裝等。

二、形態想像思維

形態想像思維（**form association thinking**）係透過聯想形態來重新組合，形成想像出連繫新關係的新氣象，此為水平聯想思維的飛越躍進形式，是為一種形象思維創新。例如，將冬瓜想像成矮冬瓜，甚至想像成諧音又矮、又肥、又短小的「每一天」（every day）。

> 形態想像思維係透過聯想的形態來重新組合，形成想像出連繫新關係
> 的新氣象，此為水平聯想思維的飛越躍進形式。

　　例如，明朝**沈復**的《兒時記趣》文中，即是將夏天酷熱時蚊子大聲的嗡嗡飛鳴聲，和四周的炊事煙霧，透過想像思維想像成白鶴在白雲之上的飛舞高鳴，即所謂的「夏蚊成雷，私擬作群鶴舞空⋯」，並且將野地草叢想像成森林，小型昆蟲想像成野獸，石塊窪地想像成山谷，即所謂的「以叢草爲林，蟲蟻爲獸；以土礫凸者爲丘，凹者爲壑」，此一思維使得平日的生活景物，轉變成如同原始森林般的有趣壯觀。

三、向外輻射思維

　　向外輻射思維（outward radiation thinking）是一種外向式思維，是經由某個特定目標出發，經由水平聯想和形態想像的思維過程，據以探索多種不同面向的途徑，同時尋求多種不同解答。此爲線性展開呈現的思維方式，係經由單一焦點來發展散開的思維途徑，進而有系統的產生各種創意。例如：眼鏡透過輻射思維，形成數字8、四眼田雞、眼鏡蛇、眼鏡洞、化學元素的化學鏈等。

　　例如，傳統的插圖藝術，可跳脫本身價值，藉由多方嘗試讓插圖藝術的意象傳遞出來，以此插圖形狀爲焦點來向外輻射發散，並和其他產品相互結合，達到宣傳效果，進而與廣告合作代言，此時可由馬來貘形狀來發想，產生抱枕、腳踏墊、書籤、餅乾糖果等產品。

　　例如，臺北101大樓係以每八層樓爲一個單位，層層接續來向上搭建，並且改變造型成爲「八」字形，以化解超高大樓空氣對流所產生的強風效應，同時臺北101大樓的外觀自有其特殊含意，其一如竹子、階梯般的步步高升，更似國字「八」的諧音象徵「發達」，此一設計上的輻射思維兼顧大樓的功能性和象徵性，我們從外觀上便可觀看出它的多重意涵。

【智慧語錄】

　　你不可能只是站在海邊看著海水就渡過海洋，不要讓自己沉溺在虛幻

的希望當中。

　　——泰戈爾（Robindronath Thakur），文學家，《新月集》與《園丁集》詩作者

　　智者在偉大真理海洋的沙灘上，一生撿拾著晶瑩閃亮的鵝卵石。

　　　　　　　　　　——牛頓（Isaac Newton），科學家，發現地心引力

3.3 組合創新思維

　　在平常遊戲中，能夠將若干不起眼的物品組合成神奇寶貝，發揮莫大效能，便是組合創新思維的核心旨趣。

【問得好】：我要怎樣培養組合創新思維，並應用在工作上？

　　一般而言，聯想創新思維是創新的基要工程，代表創新的起始點；至於創新的落實則需要依賴組合創新思維，故組合創新思維是實現創新的工具。

　　創新思維的基本形式是**組合創新思維**（**combination innovation thinking**）。組合創新思維是經由不同的思維角度，將原有事物的組成因子進行重新組合，並配合改變事物原有的結構或序列，形成更加新鮮、合用的事物【3-9】。此時係由兩種或兩種以上的概念、產品或事物中，萃取有用的內在因子，再加以重新組織，藉以組成新鮮、合用的事物，甚至是全新產品的思維方法。例如，電風扇加上香水，即成為空氣清香劑。另將軍用感測方向的元件，轉移到手機的旋轉螢幕中，即成為iPhone的起源。

　　愛因斯坦說：「組合作用似乎就是創造性思維的本質特徵」，「找出已知裝備新的組合的人，就是個發明家」。對於組合創新思維而言，所謂「萬變不離其宗」的「宗」，是指各種不同元素的拆開、分解與重新組合。因此，組合創新思維是創新思維的主要核心，殆無疑義。

　　組合創新思維的具體形式有五，包括：同式組合、異式組合、重組組合、附加組合、模仿組合，如圖3-4所示，茲分別說明於後：

同式組合	異式組合	重組組合	附加組合
☐ 成本領導	☐ 產品差異化	☐ 組合式家具	☐ 電視機與
☐ 六合一充電器	☐ 便利貼	☐ 刮鬍刀	遙控器
☐ 三合一洗髮精	☐ 電動牙刷	☐ 折疊式兩用	☐ 可定時電扇
☐ 多功能事務機	☐ 電動按摩椅	沙發床	☐ 附橡皮擦的
☐ 瑞士刀	☐ 3D 列印機	☐ 兩面穿衣服	鉛筆
☐ 多功能工具	☐ 小便斗自動		☐ 輪椅
機床	沖水裝置		☐ 附視訊裝置的
	☐ 免治馬桶		電腦
	☐ 自拍神器		☐ 多功能書桌
	☐ 嬰兒感溫湯匙		☐ 便利掛勾
			☐ 好神拖

模仿組合
☐ 悠遊卡
☐ U-bike
☐ 電子機票
☐ 磁帶錄音機

圖3-4 組合創新思維的具體形式

資料來源：整理修正自王傳友（2006）與郭亞維（2010）

一、同式組合創新

同式組合創新（**identical combination innovation**）指兩種或兩種以上的相近、相似，或相同事物的組合創新。例如，三合一麥片、六合一充電器、多功能圓形量尺、協力車、情侶裝等。在行銷應用上，同式組合創新係由於成本領導（**cost leadership**）【3-10】的理由，力求降低生產成本。

此時若經比較組合前的原貌和組合後的物品，可知兩者的內在特性和結構並無根本上的變化，僅是在形狀、體積或數量狀態上的改變，進而調整原先在功能上的不足之處，藉以生成較新奇的功能。例如，三效合一的洗髮精，係結合洗髮、潤髮、護髮功能。多功能洗衣機則是具備洗衣、脫水、烘乾三種功能。多功能事務機則包括影印、傳真、電腦掃描和列印功能。此外，更多例子尚包括，瑞士刀係組合刀子、鑽子、螺絲起子、開罐

器、指甲剪、磨指甲器具等小工具而成。多功能工具機床,則是結合刨、銑、磨、鑽、車、鏜等功能而成。

例如,在兩支鋼筆的筆桿上分別雕刻龍與鳳後,一起裝入精緻考究的筆盒中,成為「情侶筆」,作為饋贈情侶的禮物;或把三支或四支風格相似但顏色不同的牙刷包裝在一起來銷售,特稱為「全家樂」牙刷。

二、異式組合創新

異式組合創新(**differentiated combination innovation**)是組合兩個或兩個以上的不同事物、產品或思想而成的創新組合,從而組合的結果形成明顯的產品特色和技術風格上的差異。例如,便利貼是由白紙加上膠面組合而成。電動牙刷是由牙刷和電力驅動兩者組合而成。電動按摩椅則是由沙發和電力驅動的組合而成。在行銷應用上,異式組合創新係因為**產品差異化**(**product differentiation**)的理由,藉以提升產品的價值。

此時異式組合創新即形成異中求同,或異中求新的組合。係因為其中的組合元素的領域不同,而並無主從之別,至於組合對象則橫跨原理意義到構造成分等各個層面,裨有效融合,從而產生成分明顯變化的整體組合,得以蛻變出新思維、新產品或新技術。例如,果汁機是刀子加上馬達的組合;雨傘是鐵架加上布匹的組合;濕紙巾是紙巾加上水分的組合。此外,茶包則是茶葉加上布匹的組合;風箏是鐵架加上紙張的組合;投影片則是電燈加上圖片的組合;石頭火鍋則是火鍋加上石頭的組合等。

更多的異式組合例子,包括:小便斗自動沖水裝置是沖水裝置加上紅外線感熱器所組成;免治馬桶則是馬桶蓋加上發熱電線所組成;礦工頭燈是頭盔加上電燈照明之功能的組合;嬰兒用溫度小湯匙是湯匙加上溫度計的組合。

例如,「3D列印機」是透過異式組合創新而產生,3D列印機係藉由電腦輔助設計或電腦動畫建模軟體來建模,復將建成的三維模型「分割」成逐層的截斷面,進而指導印表機進行逐層列印。此組合列印機和3D數位設計概念兩者,業已取代傳統的量產製程。又如「自拍神器」係藉由實體的長棍、相機架和手臂的結合,使拍照的場景能因為距離的延伸而擴

大,再透過藍芽無線技術使長棍能傳遞訊息至相機內,產生按下快門的效果。

例如,頑石動畫公司透過電子動畫的形式,重新詮釋故宮著名畫作《唐人宮樂圖》,頑石在設計上大膽呈現唐人穿著唐裝,卻攜帶著琵琶、吉他、鋼琴等樂器,來分別表達將樂曲傳唱至臺北、紐約以及法國時,可能產生的有趣場景,此舉可說是中西合璧,古今合體的異物組合式創新。同時讓參觀者操作觸控式的地板,轉變所處的國家地區,也是立意新穎的創新。

三、重組組合創新

重組組合創新(re-formed combination innovation)是指在不增加原來元素數量的情形之下,改變既有事物的組合創新方式,包括改變既有事物特性的組合樣式,或是僅互相更動個別的位置。換言之,即是在不同層次的事物上,先將原有的組合形式加以拆解後,再使用新的思維方式來重新組合,藉以改變各個部分事物之間的相互關係。例如,床組組合家具係變換書桌、床具、衣櫥、玩具雜物箱的配置位置而成。又如,組合式家具、刮鬍刀、折疊式兩用沙發床、兩面皆可穿的衣服等。

四、附加組合創新

附加組合創新(attached combination innovation)是使用某特定事物做為主體,再添增新的裝置或條件,藉以提升新產品的功能或性能的組合創新。例如,電視機加上遙控器、電扇加上定時器、鉛筆加上橡皮擦、座椅加上滑輪成為輪椅、電腦加上攝影機的視訊裝置等。

例如,智慧型手機的應用程式中,加入臺北等公車的應用程式,能夠告知使用人指定的路線公車尚有幾分鐘會到站,亦可加入提醒功能,於到站的前兩分鐘通知使用者,這是屬於主體附加的組合創新。

> 附加組合係使用某特定事物做為主體,再添增新的裝置或條件,藉以提升新產品的功能或性能。

　　然而，附加組合卻無法突破或改良原有事物的本質或特性。例如，多功能書桌是書桌加上書架、量尺、小時鐘、鏡子、照明燈具、字紙簍等設施，期使功能更臻完備。典型病床是床鋪加上床頭燈、緊急求救鈴、電動升降設備、輪子、吊點滴裝置、尿壺、床邊扶手調整器具等。組合式家具是書桌和床鋪的組合，上層為床鋪，下層為書桌。

　　更多的附加組合例子，包括：「便利掛勾」是將清潔用品的蓋子設計成掛勾狀。「好神拖」是將一般水桶加上物理性旋轉裝置即可形成，使用時將拖把下壓即可，而無需用手擠壓拖把本身。

　　還有，三層式蒸鍋蒸籠，最上層為木製蒸籠，第二層是蒸缽，第三層為蒸鍋，此能讓三種菜色同時上桌，又不會弄亂廚房，真是省時省力；或是筆記型電腦的螢幕加上軸承，成為可以旋轉螢幕的電腦，另外鍵盤變成可拆卸式鍵盤，使得筆記型電腦可以依照使用者習慣變身成平板電腦，一機兩用，一般稱之為「變形金剛」。

五、模仿組合創新

　　模仿組合創新（**imitation combination innovation**）是組合創新的另種重要思維，係由原有事物組合中生成另外的創新事物，復總結各樣規律、次序或規則，改變創造出新的產品，來因應環境上的需要。因為在創新活動中，需要善於從原有的事物組合中尋找新的切入點，再整合各種規律性，以創造出新事物，此時重點在於獲致創新產出的成果，過程中是否模仿創新則並非唯一重點。

　　模仿是一種激發個人創意的手段，係透過漸進式的複製、操作、學習、改良的組合過程來創新。特別是當創新能力和要件並未成熟時，宜由模仿組合創新來起步。或有人提及既是創新就不應該模仿，這是一項錯誤。理由是不論是發明或創新，皆在實際上與創造性模仿高度關聯。基本上，完全的模仿並不存在，正如世界上沒有兩片樹葉是相同的，但是在創新上如何去模仿則是關鍵之處。

　　例如，安培（Ampex）公司率先創新發明錄影機產品，開闢錄影機市場，隨後索尼公司和松下公司則是模仿組合創新。又索尼（Sony）公司當初模仿美國磁帶技術，在此基礎上加以改良，形成磁帶錄音機，此一產

品體積更小，錄音時間更長，遂使得索尼公司成爲此一領域的技術領先企業。

【智慧語錄】

世界上最快樂的事，莫過於爲理想而奮鬥。

——蘇格拉底（Socrates），古希臘哲學家

成功＝努力工作＋正確方法＋少説空話。

——愛因斯坦（Albert Einstein），科學家，提出相對論

3.4 反向創新思維

司馬光破缸救友傳爲美談，就是司馬光運用反向創新思維，既然無法自外部爬入缸中救人，那何不讓對方自缸中自己爬出來，有以致之。

【問得好】：我要怎樣運用反向創新思維，以找到事物的新應用？

反向創新思維（**reversed innovation thinking**）係朝相反的逆向方向來思考，進而使自己的思維朝向對立的方向來展開。亦即由問題的相反面向進行深入探究，從而在創新思維上樹立嶄新的新頁。

例如，諸葛孔明「草船借箭」，那時周瑜欲害孔明，令其三日內造箭十萬支，且給料不足。諸葛亮遂密求魯肅備船二十艘，船上各置稻草人五十支，在三日後大江起霧時，開往曹操營寨。曹軍見大軍壓境，且江中霧氣籠罩，遂下令放箭射殺，孔明遂得到滿船竹箭，數量且超過十萬支，此係逆向創新思維的典範，係轉而欺侮曹軍耳。

又如，諸葛孔明在西城之役演出「空城計」，那時司馬懿率重兵包圍西城，諸葛亮已派出姜維、馬岱諸將在外地攻略，此時不及趕回，而城內僅有數百老弱殘兵。諸葛亮遂登上城門，焚香彈琴，笑容可掬地面對司馬懿敵軍，以逆向創新思維行事，此舉使司馬懿心生疑竇，遂自行引兵退去。因爲司馬懿以爲孔明平日行事謹愼，料不可能開門揖盜，下此險棋，

故不敢直接揮軍入城耳。

一、三種反向創新

反向創新具體運用方式包括三種，即倒轉型反向創新、轉置型反向創新、缺點運用創新，如圖3-5所示，茲分別說明於後：

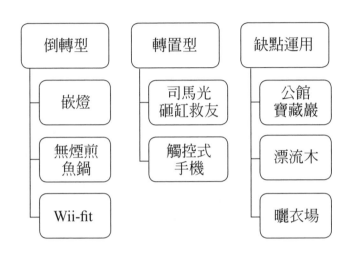

圖3-5　反向創新思維的具體運用

資料來源：整理修正自王傳友（2006）與郭亞維（2010）

(一) 倒轉型反向創新

倒轉型反向創新（**backward reversed innovation**）係分別由事物的結構、功能、因果關係等三個層面，抽絲剝繭進行反向思考而言。

> 倒轉型反向思維係分別從事物的結構、功能、因果關係等三個層面，抽絲剝繭加以反向思考而言。

例如，間接照明係將原來高掛在天花板上，對著下方照射的電燈或日光燈具，掉轉方向改為朝向天花板上方照明而成。無煙煎魚鍋則是將熱源由傳統的鍋下方熱源，轉移至鍋的上方而成，皆是倒轉型反向創新思維的顯例。

又如，任天堂的Wii-fit產品係減少高畫質和華麗鮮艷的遊戲螢幕畫面，轉而追求高穩定度以及增加合適解析度，以滿足消費者需求。Wii-fit產品亦將虛擬實境轉移到家用遊戲機的機上體驗中，其中的體感控制更是來自於軍事用途的虛擬實境演練，其間的控制與觸覺分塊部分係為倒轉型反向創新思維。

再如，莎士比亞的悲劇《哈姆雷特》（*Hamlet*）的主角，決定替父親報仇，雖然最終達成心願，卻也賠上自己寶貴的性命。然而，莎士比亞晚期的悲喜劇《暴風雨》（*The Tempest*）中，被他人篡位的米蘭公爵，則是成功的勸誠住往日的仇人，使對方徹底悔改，從而使悲劇有個美好的結局，此為莎士比亞倒轉型反向創新思維的作品。

(二)轉置型反向創新

轉置型反向創新（**transformed reversed innovation**）思維是指在探究問題時，因著原有的解決方法受到阻擋限制，進而轉換改變他種方法，或轉換成另外一個思考角度，來解決問題的思維方法。

例如，傳統手機係以數字鍵和撥打掛斷鍵來操作，後來轉成上下左右鍵和選擇鍵。而智慧型手機卻反其道而行，將所有鍵盤都拿掉，改用觸控式螢幕。起初是用觸控筆來提升觸控的靈敏度，但賈伯斯卻認為最好的觸控設備是上帝所賜下的人類手指，因此他反向操作，將螢幕上的物件放大，使人們能夠輕易使用雙手來觸控手機，這是轉置型反向創新。

例如，司馬光砸缸救友是因自己沒有辦法爬進水缸中，從缸內把人救出，於是改為從外面打破水缸，進而拯救朋友的性命的轉置型反向創新思維。

(三)缺點運用創新

缺點運用創新（**shortcoming operation innovation**）思維是運用事物本身的缺點，並且化被動為主動，化不利為有利，將此缺點反轉成為可以使用的資源的思維創新方式。這時的目標並非化解問題或缺點，而是將此缺點加以轉化成為具備特殊價值的效益。例如，電鍍是利用原先的金屬腐蝕原理缺點來形成的缺點運用創新思維。藝術展示家具是運用漂流木的脆弱木條和多樣形狀的特性重新製成的缺點運用創新思維。晒衣場與廚房是

將原有房屋西晒的缺失，將房屋西晒處重新改裝成晒衣場，以使衣服易乾，亦是一種缺點運用創新思維。

例如，臺北公館的寶藏巖建築依山傍水，蜿蜒錯散且繁複雜沓，呈現北臺灣特殊的聚落風貌。1980年，寶藏巖被臺北市政府劃入臨水區，全區面臨被拆遷命運。幸於2004年，寶藏巖被登錄為歷史古蹟，得以聚落活化形態被保存。更透過藝術進駐計畫（artists-in-residence），經由臺北國際藝術村和寶藏巖國際藝術村的連結性參與，建立成跨國界的藝術觀光網絡至今，此為缺點應用創新。

二、創新思維的執行

執行創新技法的步驟通常包括五個步驟，它們分別是發現問題、尋找標竿、移植觀念、反思矛盾、模擬創新，茲說明於後：

1. **發現問題**：積極探索我們周遭的事物，努力發現潛在問題，並且針對問題的實質層面，尋找可能的解決方向。

2. **尋找標竿**：找到問題的癥結之處，聯想到地表上已有何種生命或事物，對於上述問題業已具備解決方法的榜樣，復挑選最有可能的方法，進行模擬分析。

3. **移植觀念**：此時再將其他領域的某項理論、原則、觀念，甚至是策略方案，加以借用、套用、移植或調整到另外一個領域上。

4. **反思矛盾**：即是思考事物的相反層面，試圖進行反思，或是利用矛盾點，藉以尋找可能的切入點。

5. **模擬創新**：最後則是模擬創新，透過快且高形式的模擬創新，即學得快且用得快，力求高品質，達到青出於藍且勝於藍的境界。

最後，需要具備正確心態，開發創新思維，成為創新鬥士。即將各式各樣的外界環境變化，皆視為創新的絕佳機會，而非創新壓力；若能夠如此，即業已培育妥創新能力，跨越創新門檻。

若是想要透過訓練來激發創意，應多進行腦筋急轉彎的練習，藉由腦力激盪的技巧來增添水平思考能力。

在這個時候，完成「創新思維學習單（表3-1）」是個不錯的嘗試，讀者可自行練習運用之。

【智慧語錄】

一個人想做點事業，非得走自己的路。要開創新路子，最關鍵的是你會不會自己提出問題，能正確地提出問題，就是邁開了創新的第一步。

——李政道，文學家

創造靠智慧，處世靠常識；有常識而無智慧，謂之平庸，有智慧而無常識，謂之笨拙。智慧是一切力量中最強大的力量，是世界上唯一自覺活著力量。

——高爾基（Maksim Gorkiy），文學家，《懺悔錄》作者

【本章註釋】

3-1 打破慣性思維的論點，請參閱郭亞維（民99），《哈佛校訓給大學生的24個啟示》，臺北：文經閣出版。與王傳友著（民95），《創新思維與創新技法》，上海市：人民交通出版。

3-2 「信就是所望之事的實底，是未見之事的確據」，原文出自《聖經·希伯來書》，第11章第1節。

3-3 有關大禹治水的記載，主要在《山海經：海內經》之中，此外，在《楚辭》和《吳越春秋》中亦有所記載。

3-4 哥白尼所著的《天體運行論》，提倡「日心學說」，是現代天文學的起步點。

3-5 牛頓一生中三大發現是萬有引力、光學和微積分的重要基礎。由於牛頓發現「萬有引力」，被尊稱「現代科學之父」，牛頓出版《自然哲學的數學原理》、《光學：光的折射、反射、繞射和顏色》奠定他在科學界的崇高地位。

3-6 「不要效法這個世界，只要心意更新而變化，叫你們察驗何為上帝的善良、純全、可喜悅的旨意」，原文出自《聖經·羅馬書》，第12章第2節。

3-7 創新思維的論點，請參閱陳澤義（民108），《科技與創新管理》（六版），臺北市：華泰文化出版。與王傳友（民95），《創新思維與創新技法》，上海市：人民交通出版。

3-8 子曰：「不憤不啟，不悱不發，舉一隅不以三隅反，則不復也」，出自《論語·述而第七》。

3-9 組合創新與反向創新請參閱郭亞維（民99），《哈佛校訓給大學生的24個啟

示》，臺北市：文經閣出版。與王傳友（民95），《創新思維與創新技法》，上海市：人民交通出版。

3-10 成本領導（cost leadership）或差異化（differentiation）的論點，是行銷大師波特（Porter）的《競爭策略》一書（天下文化出版）中的主要論點。

行動作業：請試著將兩、三個物品加以排列組合，提出具創意的新產品。

表3-1：「創新思維」單元課程學習單──創新思維學習單

課程名稱：	授課教師：	
系級：	姓名：	學號：
1. 主題或物品		
2. 事件或物品的描述		
3. 事件背景、物品製造理由或社會脈絡（理論根據或意見並陳）		
4. 看此問題的視角		
5. 想像創新、組合創新或逆向創新的嘗試		
6. 創新後對於事件的重新認識（整體與局部）		
7. 再修正原先創新的結果		
老師與助教評語		

第四章　理性思辨

【清風生涯漫步】

　　找個風和日麗的日子，離開屋子，暫別人群，到一個安靜的地方。

　　或許是公園的一角、校園中的空教室，甚至是河堤邊的小徑。

　　在安靜中，看看自己的手指，以及走過的足跡腳印，

　　好好體會自己的呼吸，自己的存在，

　　慢慢的，你會發現存在比占有重要、工作的本身比成果重要，

　　在這裡，你會找到不求自己的意思，而追求真理道路的勇氣；

　　在這裡，你會發現不說自己的話語，而表達真理話語的信念；

　　在這裡，你會釐清不做小我的工作，而完成真理大我的心志。

　　不要讓我們的行動成為空虛的手勢，聒噪的聲音，

　　且讓沉靜和言語、距離和接近、獨處和群居之間，

　　小心而平衡的維持住兩者，因為——

　　人生絕對不是一張記分板，記錄著我們所有做過的事蹟。

4.1 思辨論述的架構

　　要進行思辨論述，需要清楚掌握「為何」、「如何」、「是何」三個大架構，並妥善界定述說的先後順序。

【三國小啟思：諸葛孔明隆中策的理性思辨】

　　在《三國演義》中，劉備的軍師**諸葛亮**，字孔明，深居臥龍崗之上，人稱臥龍居士，又稱伏龍先生，諸葛孔明高瞻遠矚，能夠洞燭機先，明察天下態勢。諸葛孔明向劉備提出知名的「隆中策」，預見天下即將三分，此類似於策略規劃。在三分天下的策略規劃之中，諸葛孔明對劉備建議應當：

> 1.北讓曹操以得天時：係基於曹操已挾持漢朝天子，取得號令各路諸侯態勢，持續一段時間，曹操羽翼已成，鷹爪已豐，氣勢銳利，故中原地區應當禮讓給曹操。
>
> 2.東拒孫權以得地利：係基於孫權已經掌握長江天險，取得進可攻退可守的軍事要塞，並且孫權家族雄霸江東已經有三代（即孫策、孫堅、孫權）之久，根基已深，難以輕易撼動，故江東地區應當禮讓給孫權。
>
> 3.君上可得人和：係基於四川西蜀漢中土地肥沃、物產豐饒，故西蜀漢中地區應當由劉備取得。並且劉備素來禮賢下士，全軍軍令嚴明，善待軍民百姓，深獲軍民百姓歡迎，故應該取得人和，採取老二哲學不強出頭，不和曹操和孫權直接對陣。

【問得好】：你如何在時間限制下具體表達你的意見？

　　完整的意見論述包括「為何」的理由，「如何」的操作程序，以及「是何」的焦點認知三方面。前者是知道為什麼（**know-why**）的「知其所以然」層面，後兩者則是知道如何做（**know-how**），以及知道是什麼（**know-what**）的「知其然」層面。如此的述說可堪稱完整全備，能培養一生受用的待人接物能力，甚至具備深厚的「學識」、「知識」、「常識」、「見識」和「膽識」的五識能耐。

　　例如，在待人接物上，上述論點即涵括「為何生活」、「如何生活」與「什麼是生活」三個部分。在其中，「為何生活」指出個人的人生價值與人生意義。「如何生活」即解說各項的生涯規劃、職涯輔導、目標設定、時間管理，以及人際關係、婚姻與家庭、個人理財、服務學習等方案。至於「什麼是生活」則解說生活的定義、為人的意義、處事的意義等。

　　再如，在經營企業時，上述論點涵括「為何經營」、「如何經營」與「什麼是企業經營」三個部分。首先，企業的創辦宗旨與願景使命，可指出該企業「為何要經營」，說明企業對內和對外應當如何去面對消費

者、員工、股東、社會大眾及外在環境，以善盡企業的社會責任。第二，使用「五管」的管理工具，即生產管理、行銷管理、人力資源管理、研發管理、財務管理、策略管理等，即指出「如何經營」，說明怎樣透過合適的方法達成企業的使命願景。第三，「什麼是企業經營」則涵括什麼是企業、什麼是經營兩個子問題。

一、黃金圈的述說邏輯

欲進一步解說「為何」、「如何」、「是何」三方面，首先可以得知「是何」係處在事物的最外圈，即有如蘋果的表面果皮；「如何」係處在事物的中間圈，可視為蘋果裡面的果肉；「為何」係處在事物的最內圈，即有如蘋果的最中間果核。以上三者共同構成黃金圈（**golden circle**）【4-1】述說邏輯，也就是完整的一顆蘋果，如圖4-1所示。茲說明如下：

圖4-1　思考論述需面對的三個類型

(一) 最外圍的「是何」

最外圈的「是何（what）」，係定義「我是誰」？或「我們公司是誰」？即是在企業中說明本企業是做什麼的（what is our business），這是我們需要說明的第一個問題。例如，本企業是屬於什麼行業的，本企業提供哪一種產品等；或是在個人介紹中，我叫做什麼名字，我在哪一家公司上班，我在哪一個部門工作，負責哪一種業務；或我的年齡幾歲、我家住在哪裡、我在家中的排行等。基本上，「是何」是個外顯性的問題，比較

容易說明。

同理，大學生面對某個學系，也需要先問，這個學系成立的宗旨是什麼，成立時間多久，系主修是哪一個領域，有哪些課程是主修科目，畢業的門檻是什麼，有幾個班級，每班收幾個學生等。更進一步，面對某一門課程，要去問這一門課的主要授課內容是什麼，是必修還是選修，有幾個學分，上課的時間為何，授課教師是誰，使用哪一本教科書等。

(二) 中間圈的「如何」

中間圈的「如何（how）」，係說明要怎樣做來達成某一項目標？或本企業要怎樣辦理業務，來獲取利潤？這是經常需要說明的管理面問題。例如，本企業如何藉由**獨特賣點**（**unique selling point, USP**）、利基（**Niche**）、行銷的**價值主張**（**value statement**）來銷售商品？本企業如何藉由專業製造流程來生產商品？本企業如何藉由品牌承諾來取信消費者？本企業如何藉由關鍵成功因素來取得利潤？透過「如何」來解說本企業、部門或個人怎樣操作或作業，從而出類拔萃。這就是競爭優勢或差異化的生成方式。

同理，大學生面對某一個科系，也需要去問，如何有系統學習此一學系的課程，方能有效學習。而面對某一個學門，亦需要去問，如何學習此一門課程，方能精通熟練，獲得所需要的知識。

(三) 最內圈的「為何」

最內圈的「為何（why）」，係說明「所為何來」，即為什麼要如此做來達成目標。例如，本企業為什麼最後會存活下來？本企業為何需要生產此種商品？我為什麼現在會待在這個地方？我為什麼會做這樣的一件事情？我為什麼會提出這樣特別的主張等？這種「為何」的問題答案一般並不是很清楚，也不容易回答，因為這個問題的答案係屬於我們較少去接近碰觸的層次，而通常會牽涉到個人的使命、目的、願景、信念或是夢想，並且和個人的自尊心高度相關。

同理，大學生面對某一個科系，也需要去問，為什麼我要讀這一個科系。而面對某一門課程，也需要去問，我為什麼要修這一門課。

總之，我們要熟練如何由內而外的思辯論述，重點在解說貫穿核心

價值的「爲何」，生成大量能量，滋生獨特價值，吸引對方注意的眼光。然後便可說明外表部位的「如何」以及「是何」，完成此一整段的說明程序。

例如，在爲何要學習中，重點在說明「爲什麼」，說明讀大學的原因，激勵自己，產生學習動力。如此就不會漫無目標的虛度時光，在高中課業緊繃壓力後但求解放，進而在「由你玩四年」的聲浪中迷失自我。這時，需要清楚說明「爲什麼我需要讀書」，從而影響他人，幫助他人發展潛力來領導群倫。當然也需要說明「是什麼」以及「怎樣做」，學習怎樣管理好自己的時間，進行效率化學習。

二、三種論述類型

一般而言，在闡明論述時需涵括三種類型的論述，即「爲什麼型」、「是什麼型」、「怎樣進行型」【4-2】，亦即完整的論述需要包括爲什麼型、是什麼型、怎樣進行型三個部分，而各部分的比重稍有不同。茲說明於後：

> 完整的論述需要包括為什麼型、是什麼型、怎樣進行型三個部分。

(一) 爲什麼型

爲什麼型的論述係主要說明「爲什麼」，並兼及「是什麼」、「怎樣進行」二部分。即闡述爲何會如此發展。如以生涯規劃爲例，即「爲什麼要進行人生規劃」，可回答：人生規劃能夠使個人有努力方向，能夠有效管理時間，能夠取得人生智慧等。詳言之可涵括：

1. **開場**：即簡要說明「是什麼」，透過「定義」、「構面組成」或「意義內涵」的陳述，引入本論的目的與動機。開場占全部論述的比重約 1/6。

2. **本論**：即完整說明「爲什麼」，闡述「爲什麼」的理由，詳細說明該項事件、方案、事務或議題的「實施目的」、「重要性」、「功能或優勢」、「獨特價值」、「採用理由」、「時代意義」、「需求聯

結」、「趨勢方向」、「理論意義」等內涵，本論比重至少需占2/3強。

3. **結語**：即簡要說明「如何操作」、「怎樣進行」的方法或步驟，以及「實施時程」，藉以激勵他人共同完成此項事務，結語的比重約占1/6。

(二) 是什麼型

是什麼型的論述係主要說明「是什麼」，並兼及「為什麼」、「怎樣進行」二部分。即闡述此為何種內容。如以生涯規劃為例，即「什麼是生涯規劃」，可回答：生涯規劃是事先計畫我們的人生的方向和內容，生涯規劃更是職涯規畫、成家規畫與理財規畫的綜合體等。詳言之可涵括：

1. **開場**：即簡要說明「為什麼」，簡約說明「為什麼」的原因，點出該項事件、事物、方案或議題的「重要性」、「實施目的」、「獨特價值」或「時代意義」等，引入本論的意義本質，開場占全部論述的比重約1/6。

2. **本論**：即完整說明「是什麼」，透過「定義」、「本質描述」、「意義闡述」、「比喻類比」、「寓言故事」、「類型」、「細分類」、「內涵構面」等內涵來說明，本論比重至少需占2/3強。

3. **結語**：即簡要說明「如何達成」、「怎樣實現」的方法或步驟，以及「進行與操作步驟」、「實施時程」，藉以激勵他人共同完成此項事務，結語的比重約占1/6。

(三) 怎樣進行型

怎樣進行型即論述係主要說明「怎樣進行」，並兼及「為什麼」、「是什麼」兩部分，闡述應該如何進行。如以生涯規劃為例，即「要怎樣進行生涯規劃」，可回答：生涯規劃需要先行檢視個人能力和興趣，生涯規劃需要劃分成數個生涯階段，生涯規劃的內容需要實用可行等。詳言之可涵括：

1. **開場**：即簡要說明「是什麼」和「為什麼」，透過說明「定義」、「意義」，以及闡述「為什麼」的理由，提點該項事物、事件、方案或議題的「實施目的」、「重要性」等，引入本論的內容，開場占全

部論述的比重約1/6。

2. **本論**：即完整說明「如何操作」、「怎樣進行」、「實施時程」的方法或步驟，提出具體實施方案，條列各項例證與解說，以及執行原則與特例等，藉以引導他人確實完成此項事務。詳言之，需要包括何時、何地、何人、如何做、執行階段、步驟、操作方式與施行細則、注意事項、意外事件處理等諸環節，本論比重至少需占2/3強。

3. **結語**：即簡要說明執行後的預期結果，以及可能衍生的影響，藉以激勵他人致力落實此項論點，結語的比重約占1/6。

【智慧語錄】

知識就是力量。讀書可使人愉悅，增加文采及充實才能。
　　　　　——培根（Nicholas Bacon），散文作家，著有《論説文集》
　一本書像一條船，帶領著我們從狹隘的地方，駛向生活的無限廣闊的海洋。
　　　　　——海倫凱勒（Helen Keller），瞎聾教育學者，著有《熱淚心聲》

4.2理性思辨的基本要素

一個基本立場，一項主要論點，再加上三個命題，和支持此命題的推論思想，便足以構成理性思辨論述的基本元素。

【問得好】：你應當怎樣運用理性思辨清楚說明你的意見？

在面對錯綜複雜的人事物環境，如何抽絲剝繭、理出頭緒，不至被問題表象煙霧彈所迷惑，一個有效方法是理性思辨的批判性思考，跳脫問題或事物現象的「形式」（**form**），切入事物的「實質」（**content**），追根究柢，深入問題本質，即透過邏輯性推理，妥適演繹事物可能發展途徑，以及可能的結局發展。另外，據以挑戰既有理論的知識架構，提出創新理論與學說，獲得全新知識面貌，皆為理性思辨的產物。

在大學生活中，若能運用理性思辨檢視所接觸的各學科理論知識，深信必能培養強而有力的理性思辨能力，儲備日後面對各種工作與家庭事務所需的思考能量，有能力管理自己，開創美好人生。

理性思辨即將邏輯思考和論述鋪陳付諸文字或話語，理性思辨的基本要素涵括六項因子【4-3】，如圖4-2所示，茲說明於後：

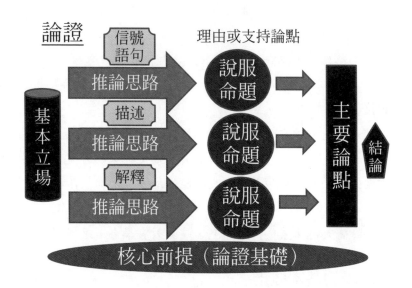

圖4-2　理性思辨的基本架構

一、基本立場

基本立場（**position**）係指提出者的心中，所站的某一立足點或觀點，即站在何種角度來考量，並藉此引申出主要論點以說服對方，接受此一論點【4-4】。理性思辨在提出論述主要論點時，需先說明提出人所秉持的基本立場。

例如，在臺北市政府和遠雄的大巨蛋合約爭議事件中，甲方的基本立場是公共安全，乙方的基本立場是法律合約，丙方的基本立場是商業發展，丁方的基本立場則是政府施政，各人所表述的觀點自不相同。

再如，在臺海兩岸簽署服務貿易與貨物貿易協議的爭議中，甲方的基本立場則是國家安全，乙方的基本立場是自由經濟，丙方的基本立場是民

主人權，丁方的基本立場是國際合作，各人所考量的觀點南轅北轍。

二、主要論點

主要論點（**overall argument**）係表現提出者個人的立場或觀點，代表論證者所提出的理由，以及各項支持論點的綜合。而提出者在說明個人所秉持基本立場的當下，即必須提出個人在該項議題的主要論點。

例如，在兩岸簽署服務貿易與貨物貿易協議中，站在國家安全立場的甲方，其主要論點則是和大陸密集交流，過於躁進冒險危及國安資安。至於站在自由經濟立場的乙方，其主要論點是和大陸密集交流符合經濟利益，有助國計民生。

三、命題與前提

(一) 命題

命題（**propositions**）指藉以支持個人主要論點的論述。命題和假說的意義十分接近，命題意指基本假定為真，論述者再提出若干理由或支持論點，引導對方的思維來接受論述的內容。假說則是將命題轉變成可以做成接受或拒絕的統計檢定敘述。論述提出者在說明主要論點之後，即需繼續提出一至三個命題來論證。

例如，在臺海兩岸簽署服務貿易與貨物貿易協議的爭議中，甲方的主要論點是危及國安，而後續的命題可包括：

1. 兩岸貿易自由化會危及國家安全、
2. 罔顧程序正義即無實質正義可言、
3. 兩岸交流必剝奪臺灣人民的工作機會、
4. 兩岸協議無法照顧產業弱勢、
5. 兩岸協議將導致陸資大舉犯臺、
6. 兩岸協議結果是以經逼統、
7. 兩岸協議自由貿易獨厚大企業而不利中小企業、
8. 接受國會監督是必然也是必須等。

至於乙方的主要論點是服膺經濟利益，其後續的命題可包括：

1. 兩岸貿易自由化有助於經濟發展、

2. 區域聯盟是國際現勢難以避免、

3. 若不簽署恐遭國際孤立與邊緣化、

4. 可增進臺灣的全球競爭力、

5. 依照國際法例已簽署的雙邊協議若欲修改等於重啟談判、

6. 在雙邊談判下各方利益勢必有所取捨、

7. 有利於國際企業的全球經營、

8. 服務貿易協議是ECFA的後續協議等。

(二) 前提

　　前提（premises）指某個被信以為真，同時可充做論證基礎根據的某一項命題。理論上，最接近核心的一項前提通常會構成論述提出人的基礎命題，從而核心前提多被稱為「論證基礎」。**論證基礎（predicate）**係構成論述提出人在論證時的基本假設，其為論述人提出命題、推論思路、論證，乃至於信號語句的根基，自然會是論述提出人的最核心論點。

　　例如，在臺海兩岸簽署服務貿易與貨物貿易協議的爭議中，甲方的前提是經濟過度依賴中國，必然無法避免政治的統一，乙方所持的前提則是經濟成長，必然能夠保證國家發展的安全；雙方的前提實在是天差地遠。

四、推論思路

　　推論思路（a line of reasoning）係指論述提出人透過有系統、妥善整理的若干原因，鋪陳出一條邏輯推理的思考路徑，引導他人循著論述提出人所提出的理由，逐步的踏進論述提出人所設的「命題」。此時論述提出人需要針對每一項命題，提出具說服力的推論思路。此時，推論思路必須滿足前後邏輯順序，藉以表現某個理由。並且需要提出可被檢驗的客觀統計數字，乃至於提出可被檢驗的客觀推論思路。並且確保各個推論思路之間條理分明，論點環環相扣，全盤指向該項命題為真。從而當各項命題皆被證實為真時，自然能夠推論主要論點為真。

> 論述提出人需要針對每一項命題，提出具說服力的推論思路。

至於詳盡的推論思路涵括五種方法，即：(1)搭橋法、(2)分解法、(3)替代法、(4)實例歸納法、(5)其他演繹方法，茲說明於後（圖4-3）：

(一) 搭橋法

搭橋法（bridging method）係在變數A和變數B當中，搭建起推論的橋墩，此時通常至少需要設置兩個橋墩（M和N），充當支撐點，便可推論

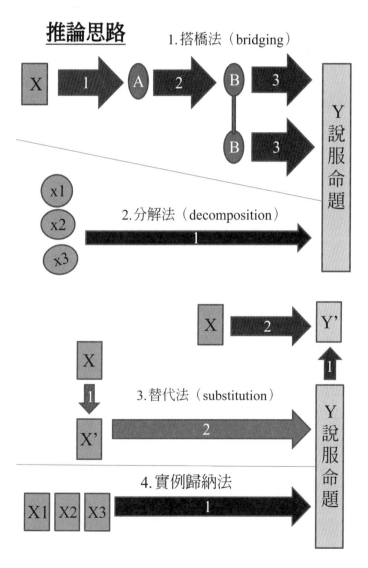

圖4-3　四種不同的推論思路

出A變數能夠導致B變數的命題結果。

例如，在臺海兩岸貿易自由化有利於經濟發展的命題中，自由貿易（A）能夠享有全球產業合作的分工利益（M），經由比較利益法則的運作，臺灣得以在全球產業經營價值鏈當中扮演某一特定的角色（N），享受經濟增長的豐碩果實（B）。同時在區域聯盟為國際現勢無法避免的命題當中，經濟市場開放的自由貿易（A）誠為推動自由貿易區的重要環節，此舉必然有利於融入區域經濟整合的全球架構（M），從而在現行自由貿易組織體制下，全球盛行的多邊談判經貿體系當中，不致遭到邊緣化對待，進而被國際社會孤立（N），從而能夠享有全球經貿區域聯盟的各項利益（B）。

(二) 分解法

分解法（decomposition method）係在變數A和變數B當中，將A分解拆成數個子部分，例如A_1、A_2、A_3，再分別推導出A_1至B、A_2至B、A_3至B的三條因果子路徑，成為細部分解子路徑，如此遂能夠推演出變數A可以影響變數B的命題結果。

例如，在臺海兩岸經貿自由化有利於經濟發展的命題中，自由貿易當能使國際企業滋生三項利益優勢。第一，國際企業透過大規模的勞動和資本投入，生成資本運作上的「所有權優勢」利益（A_1）。第二，國際企業透過將生產活動轉移到低勞動成本的地區，並將銷售活動轉移到高市場需求的地區，便能形成地理上的「區位優勢」利益（A_2）。第三，國際企業藉由水平整合和垂直整合的推動，擴大自身的價值鏈，同時透過企業併購和直接投資的多角化經營行動，便能達到風險分散的目的，生成管理上的「內部化優勢」利益（A_3）。綜合以上三點，國際企業能夠藉由貿易來獲利，取得顯著的經濟發展利益。

(三) 替代法

替代法（substitution method）係在變數A與變數B中間，另外尋找變數A'，當做變數A的代換點，意指在A等同於A'的情況下，透過A'抵達B後，便可推演出變數A可生成變數B的結果。同時，更可尋找變數B'，當做變數B的代換點，即指透過A抵達B'後，在B'等同於B的情況下，亦可

推演出變數A可生成變數B的結果。

　　例如，在兩岸貿易自由化可資提升臺灣的全球競爭力的命題中，兩岸貿易自由化（A）可導引臺灣的產業結構轉型（A'），搭乘全球技術創新的浪潮，導致提高企業競爭能力，提升臺灣的全球競爭力（B）。此外，欲提升臺灣的全球競爭力（B），需要倚賴全面改善臺灣的企業體質，重視研發和企業創新，並藉由兩岸貿易自由化（A），使臺灣企業和全世界最大的大陸市場無縫接軌（B'），據以使國際競爭的實效得以落實。

(四) 實例歸納法

　　實例歸納法（induction method）係在變數A和變數B中間，經由具體實例的驗證，推演出變數A可生成變數B的結果。亦即可經由數學歸納法的形式，間接推演出X和B中間具備一定因果關係的結果。

　　例如，在臺海兩岸貿易自由化（A）可資增進臺灣的全球競爭力的命題中，香港（n=1）、新加坡（n=2）、紐西蘭（n=3）、澳洲（n=4）和韓國（n=5）等國皆因開放自己的國內市場，因而使其全球競爭力明顯提升，從而臺灣若能開放市場，將會提升臺灣的全球競爭力（B）。

(五) 其他演繹方法

　　此外，亦可採用其他演繹方法（deduction method）來推演命題【4-5】。例如，在臺海兩岸貿易自由化會危及國家安全的命題當中，基於臺海兩岸貿易自由化會導致臺灣的經濟活動更多仰賴大陸提供資源，大陸便能夠使用經濟利益，逼迫臺灣遂行政治統一談判；同時加上在文字出版、電信通訊、交通運輸、廣告媒體、金融體系上的大幅開放，恐將臺灣的生存命脈拱手奉送，新聞媒體受陸資掌控，資訊安全門戶全然洞開，能源、交通、金融體系被大陸挾制等國家安全危機。

五、論證

　　論證（argument）係指論述提出人企圖透過所提出的理由，使得對方能夠同意，據以說服對方接受自身的論點，也就是所謂的「以理服人」。論述提出人在闡述各項命題的「推論思路」中，當中的基調就是其間的論證。此時，論述提出人所提出的論證，需要涵括三項基本元素：(a)說服對方接受論證提出人的推論詞語。(b)提出支持此項論點的相關理

由或支撐論點。(c)說明特定立場或觀點的信號語句。茲說明於後：

(一) 說服

說服（**persuasion**）是論述提出人提出特定論證的主要想法，亦即透過提出相關證據，試圖勸誡對方，認同論述提出人的相關論證。這當中又以統計數據資料最具有說服力。

(二) 理由

理由（**reasons**）或稱支撐論點（**contributing argument**），係指論述提出人在陳述論證的過程中，所指出的個別性理由或相關客觀事實。

(三) 信號語句

信號語句（**signal words/phrases**）係論述提出人提出一些關鍵性語句，表示論述提出人所想要提出的立場觀點、論證內容或主要論證，藉以導引對方逐漸依循論述提出人的「推論思路」方向行進。經常出現的信號語句有：「所以」、「因此」、「儘管如此」、「結果」、「這將是」、「實際上」、「這應該就是」、「這些表示」、「最後」等。論述提出人通常使用前述語句強化說服過程和支持論點的強度。

六、描述、解釋和其他資訊

最後，論述提出人在解說論證的當下，通常也會提出描述、解釋和其他資訊，充當輔助工具，茲說明於後：

(一) 描述

描述（**description**）係指說明事實，即某件事情的發生前後經過，以及當下的發生實況。描述的目的旨在使對方對於論證提出人所闡述的主題能夠深化印象，而非想要試圖說服對方認同論證提出人的若干論點。因此，描述僅是單純描繪事實現象，即一如新聞記者般的報導現場實況，而並不會加上報導人主觀上的價值評判，也不去解釋該項事情會這樣演變的原因，或是如何逐漸演變成現在狀況的理由。而在理性思辨中，描述事實是十分必要的，因為論證提出人需要陳述事實，避免主觀評斷。

例如，在新北市新莊區設置測速照相機的例子，描述車禍實況的現場為：「某報社報導此車禍事故系列並刊登現場照片，可見車禍現場血跡斑斑，另有遭車輛碾斷的手掌和四處散落的人體內臟，足見當時車輛撞擊的

力道是何等慘烈」、「受害者當中另有四歲幼童，在路旁飲泣痛哭，還有癱軟倒地躺臥的年邁祖母，場景淒涼令人不忍側目」。是段描述，雖足以使旁人對車禍現場具高度解析，但此描述並無法對論證生成絲毫貢獻。

(二) 解釋

解釋（explanations）係說明發生某一事件的原因（即為何會有此一變化），或事件發生的過程（即如何演變成現在的狀況）。解釋更會是說明某項理論定律、觀察內涵或相關資訊。同時，解釋意在協助說明事實，而不在於說服對方，故需要迴避價值判斷；當然，在解釋過程當中，不免會出現描述事件、事實理由、信號語句、結論等語句。

例如，在路旁設置測速照相機的例證，可解釋若干必須裝設的理由。例如，很多駕駛在開車時都會想要超速，他們的想法是：

「公車駕駛員想要超速，多跑幾趟車可以多賺些里程獎金；」

「計程車司機想要超速，快點抵達目的地，可以多做一些生意；」

「業務員跑業務時想要超速，早點拜訪客戶，可儘早談成生意；」

「至於若干酒後駕駛的車友，在不勝酒力下，不自覺的就已經超速了。」

(三) 其他資訊

其他資訊（other material）係指相關的背景資訊、摘要，以及其他不相干資料，皆為雜訊資料，此皆不屬論證的本身。

例如，在路旁設置測速照相機的例證，可以加油添醋的增添其他資訊如：

「後來這個危險的T字路口即聲名大噪，因為本週又添加三起車禍事件；」

「上週五市長座車會耽誤剪綵的時間，就是由於該個T字路口發生車禍所致。」

最後，理性思辨的共同性原則有五個，即清楚明確的立場、前後一致的論證、前後一致的邏輯、清楚的思路推論、提出歸納式的結論【4-6】，如圖4-4所示。

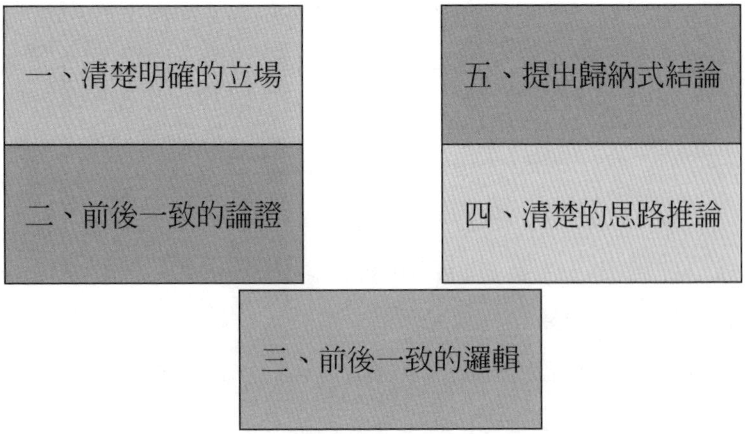

圖4-4 理性思辨需遵守的共通性原則

資料來源：整理修正自史特拉‧寇提列（2010）

【智慧語錄】

　　活到老學到老。時間考驗真理。

——英國古諺

　　你熱愛生命嗎？那麼，別浪費時間，因為生命是由時間組成的。

——富蘭克林（Benjamin Franklin），科學家，發現電力

4.3 網路資訊社會與理性思辨

　　在網路資訊社會，社會大眾多利用谷歌（Google）網站，或各種應用軟體（APP, application），瀏覽網頁資料檢索並進行下載，這已經是APP世代的日常，更是重要的學習方式。例如：想要尋找餐廳，谷歌一下，該餐廳獲得幾顆星便可一目了然。想要準備餐點，谷歌一下，食譜料理便可信手拈來。想要外出旅遊，住宿旅館，購買名產，谷歌一下，便可輕鬆搞定，谷歌已經變成萬事通。甚至是碰到新的專有名詞，谷歌一下，維基百科就能解釋清楚；碰到不懂的英文，谷歌一下，翻譯成中文輕而易舉。在這種情況下，食衣住行育樂各種生活瑣事，倚靠谷歌便可一指搞定。既然生活大小事都能靠谷歌先生解決，那年輕人逐漸不愛課室上學，不購買教

科書，不閱讀書本。試問大學教科書、專業書籍和書店店頭書的用處爲何？這是當前大學生、年輕人以及現代公民，需要先想清楚的問題。同時這也是這一本管理與人生，紙本教科書的角色、地位，和功能所在。

在這裡，有兩個問題需要先釐清、回答清楚。

第一個問題是：怎樣區分從資料、資訊、情報到知識？

第二個問題是：谷歌和專業書籍要怎樣取捨或相輔相成？

當我們能完整回答上述兩個問題，管理與人生便能夠找到足夠的立論基礎。便能夠有效率用專業書籍中的理論當作鋼筋骨架，利用書籍中的知識當作磚塊，利用谷歌搜尋化做水泥，共同來建造房屋，建造屬於你自己的人生管理大樓。當然，你也可以透過前人智慧或生活情報，來當作房屋的內部裝潢，使你能夠居住的更加舒適，這就是更細微的部分。

一、問題一：怎樣區分從資料、資訊、情報到知識

這個問題的重點是使用文案的資料品質。基本上，我們所接觸到的資料可分成資料、資訊、情報、知識、理論等五個等級（參見圖4-5）。你需要知道，你谷歌所接觸到的資料是屬於哪一個等級。

圖4-5　由資料到理論的五大層次

1. 資料：資料（data）是最為原始、粗略，沒有或甚少經過他人整理和編譯過的文字、數字、表格、圖畫或影音等資料。資料是指個別性、零碎性的相關文案，資料是第一級、最基礎、最原始的文字或數字，是用來檢驗事實真相的最終基礎。例如，個人基本資料、企業資料、各級地方政府或國家資料、地質與水文、氣候與生物變遷資料等。

2. 資訊：資訊（information）是經過一般性的目的而編譯過的文字、數字、表格、圖畫或影音等資訊。資料是經過整理過後的相關文案，以供一般社會大眾使用者，是為第二級的文案，資訊在現實社會中十分常見，為提供民眾生活便利來服務，然其知識的含金量較低，為其特色。例如，公車路線和候車資訊、車船與飛機的時刻表和價目表資訊、新聞報導、天氣預報和颱風地震動態資訊、電視節目表或電影播放時地資訊等。

3. 情報：情報（message）是指為某個特定用途，而經由特定人士宣稱為具有實用價值的文字、數字、表格、圖畫或影音文案等情報。情報是為某種特定用途而悉心編纂的相關文案，是第三級的文案，在谷歌搜尋中最為常見，情報是信仰或信念層次的產物，通常是為發訊者來服務的文案，使用時需十分謹慎。例如，企業文宣和廣告、企業行銷或財務規劃、投資理財趨勢說明、股匯市走向分析、房地產榮估動向情報、產業趨勢指南、經濟景氣動向、焦點話題專題報導、民意動向解析等。情報的使用應經由專家認證，例如，公司財務報表應經過會計師簽證、公司土建藍圖應取得建築師認證和建造執照、企業藥品文宣應經由專業醫師認證等。

4. 知識：知識（knowledge）是指已經被大部分專業人士實際運用的文案，是相當接近正確無誤的文字、數字、表格、圖畫或影音文案等知識。知識是經過學者專家初步驗證無誤的文案，是第四級的文案，在現實社會中較為少見，需仔細辨認出來，在使用知識時也需要經專家檢視。例如，大學教科書、專題研究計畫報告、經專家推薦的店頭書、學術研討會研討論文、專業學術期刊論文等。必須指出的是，前人智慧（wisdom）係歸屬於知識前期的範圍，因為這是經過歷史傳承

下來的前人經驗或生活警語，以及攸關為人處世的原則性宣示等，只是多半未經過科學驗證。在使用時應小心謹慎，不可以照單全收。例如，人生格言、生活箴言、世俗諺語等。

5. **理論**：理論（theorem）是指經過科學精神和科學方法，反覆驗證後成立的各項命題、假說、公理（axiom）、演算式（algorithm）、模式（model）、定律（law）、理論（theory）等。理論是經過學者專家反覆驗證無誤的文案，是最高等級、第五級的文案。理論是最接近永遠不改變的事實，或恆為真的事物。理論是依照現有知識反覆驗證為真的文字、數字、表格、圖畫或影音文案等。在使用上係以簡單的因果關係陳述，成為定律或法則，供有識者遵行。例如，人類需求層級理論、理性決策模式、水平溝通模式、期望理論、領導根基理論、社會認同理論、兩因素理論、邊際報酬遞減定律、比較利益法則、80/20黃金管理法則、熱力學第二定律、牛頓運動定律、質量不滅定律、波義耳定律等。

在接觸文案時，重點是需要應用最高級的各項理論，兼及部分第四級的知識（智慧），至於第三級的情報則特別需要慎用，避免被情報誤導。如此才是做好文案管理把關。至於第二級與初階的資訊和資料素材，則是充當最後的實際驗證用途。

另就實際決策層面，世人對於資訊文案的處理態度可分成社會大眾、有識之士兩個等級：

(1) 社會大眾：社會大眾是指一般普羅大眾，他們所使用的文案多半停留在第二級「資訊」或第三級「情報」，因為這些資料是人人可及。他會透過各種APP，來運用各種「資訊」，使日常生活更加便利舒適。然而多半被大量的「情報」導引，十分需要經由對情報的合理解讀和判斷，來過濾情報，並多使用「知識」、「理論」等級的文案。

(2) 有識之士：有識之士是指能夠充分使用知識或理論來解決問題的人，特別是受過高等教育的有識之士。他們係升級到第四級「知識」，甚至是第五級「理論」。他有能力洞察出某項決策為何會成

功或爲何會失敗。並且在下一次做類似決定時，將不會犯同樣的錯誤，做到孔子所說的不貳過。也就是將「資訊」、「情報」，進階到「知識」、「理論」的等級。並且透過科學驗證眞僞，達到追求眞理、服務人群的境界，擁有專家學者等級的金頭腦思考。

準此，在職場上要實際解決問題時，文案的蒐集和處理十分關鍵，你能否充分運用知識和理論等級的文案，以確保資料品質，絕對是職場解決問題，工作成敗的決勝點。

二、問題二：谷歌和專業書籍要怎樣取捨或相輔相成

這個問題的重點是APP世代的資料品質盲點。現代人的生活離不開手機，特別是大學生、年輕人的APP世代。高度倚賴谷歌（Google）先生來取得資料並閱讀學習。這種資料取得與學習方式，具有以下特質：

1. 快速獲得解答：只要提出特定問題，就能夠快速獲得答案。例如，要詢問某家餐廳或旅館的評價、要詢問某菜餚的食譜、從中和往三峽的公車和等待時間、某個颱風的明後天動向、某醫院某科別的掛號及號次等，都能在一指之間迅速搞定。

2. 取得記憶性資料：網頁資料檢索與下載的資料多爲記憶性資料，多爲第一級的資料、第二級的資訊、第三級的情報，透過這種方式蒐集資料，明顯能夠大幅減輕大腦的負擔。

3. 容易編輯剪貼：在提出問題後，能夠獲得多份所謂的「答案」，同時能夠透過複製與貼上來編輯剪貼答案。例如，教師發出一份作業題目，學生便在相關領域上網檢索，不日內便可得到數份相關資料，再將其剪下、複製與貼上，便成爲一份作業報告，於是學生便不會用心閱讀相關的專業書籍。

但是，這種所謂的「問題─解答」檢索方式，明顯會有若干盲點和限制：

1. **資料文案良莠不齊**：由於每個人都能夠在網頁中平等的發布資訊，這使得在網站中檢索到的資料、資訊和情報實屬五花八門，形成良莠不齊、魚目混珠的情況。只能由資料使用人自行判斷其眞僞。由於當事人受限於自己的知識和能力水平，通常難以判斷其正確與否，進而被

情報誤導而錯用和誤用資訊，自然是必然的結果。

2. **限縮思考深度**：由於社會人士習慣使用「問題─解答」的檢索方式，這會省下深入思考問題的時間；也會限縮大腦思考的深度，使思考淺碟化，較少做出深入性的思考，因此只能夠處理表面的小問題，而無法面對更深層的核心性問題，結果是根本上弱化了解決問題的能力。現階段民眾風行的「小確幸」思維，則是這種現象的代表。

3. **缺乏整體思維**：大學教科書和專業書籍都是作者整體思維的結晶，從書本的架構鋪陳、章節安排，到內容陳述，到處可見作者的匠心獨具。作者更是該領域的專家或學者，確保資料的品質。閱讀書本就是要完整掌握作者在特定領域上的整體思維，從而培養讀者的獨立思考能力，這絕對不是谷歌網路檢索的零碎性資訊所能替代。現階段大學生、年輕人繳交的各類作業或專案報告，邏輯不順文句不通，錯誤百出且錯字連篇，這些都是問題的冰山一角。

　　簡言之，APP世代所接觸的網頁檢索與下載內容，較少探索智慧、理論與定律，以及背後的思辨論證，長久以往，自然不易培養深邃的思考，以及應有的解決問題能力。準此，谷歌和專業書籍需要相輔相成，汲取各自的優點，不偏廢一方，方能有效提升理性思辨的解決問題的能力。

【智慧語錄】

　　學而不思則罔，思而不學則殆。工欲善其事，必先利其器。

　　　　　　　　　　　　　　　　　──孔子（Confucius），教育學家

　　只有在知道自己懂得很少的時候，才說得上有了深知。當你自己感到十分渺小的時候，才是你經歷大豐收的開始。疑惑隨著知識的增進而增長。

　　──歌德（Goethe），文學家，《少年維特之煩惱》與《浮士德》作者

【本章註釋】

4-1 黃金圈的論點，請參閱賽門・西奈克著，姜雪影譯（民101），《先問，為什麼：啟動你的感召領導力》，臺北市：天下雜誌出版。

4-2 「主題、引論與本論鋪陳」的詳細說明，亦請參閱施達雄（民87），《實用講道法》，臺北市：中國主日學協會出版。

4-3 理性思辨與批判式思考的相關論點，敬請參閱鄭淑芬譯（民101），Stella Cottrell著，《批判式思考：跳脫慣性的思考模式》，臺北市：寂天文化出版。

4-4 有關論證的基本程序，敬請參閱：鄭淑芬譯（民101），Stella Cottrell著，《批判式思考：跳脫慣性的思考模式》，臺北市：寂天文化出版。

4-5 有關論證的三個元素，即三角邏輯法，敬請參閱：黃玉寧譯（民103），《60分鐘圖解訓練：邏輯思考技術》（茂木秀昭著），臺中市：晨星出版。

4-6 參閱洪翠薇譯（民98），Stella Cottrell著，《大學生了沒：聰明的讀書技巧》，臺北市：寂天文化出版。

行動作業：我要怎樣去為某一個事件，安排不一樣的結局發展？

表4-1：「理性思辨」單元課程學習單──理性思辨學習單

課程名稱：	授課教師：		
系級：	姓名：	學號：	
討論主題			
1. 主要的「邏輯脈絡」為何？			
2. 分析問題的「視角立場」與「理論依據」為何？			
3. 質疑事情的「表象」何在？			
4. 辨識主要的「證據」何在？			
5. 辨識「結論」的完整性？			
6. 評估證據是否「支持結論」？			
7. 個人意見贊成或反對			
老師與助教評語			

第貳篇 生活規劃溝通力：I LINK

總有一天你我會明白，智慧比聰明更美好，幸福比金銀更重要。聰明可以與生俱來，而智慧卻是一種選擇。在生活中，誰會走進你的生命，或許是由環境和命運來安排；但是，誰會真正停駐在你的生命中，卻必須由你自己做出智慧的選擇。也就是有些人是你看過便忘記的風景，有些人卻會在你的心底發芽長穗。而一個人最幸福的生活，就是在人際關係中找對的人，對的同事、對的朋友，以及最重要的是對的配偶，和對方孕育愛的結晶，並且一起慢慢的變老，這才是生活中最美麗的風景。

第五章　建立美好自我形象

【白雲生涯漫步】

現在請安靜的坐下來，對你自己重複地說這一句話：

「我就是我自己。」

這句話似乎說起來很簡單。但是，

你需要在生活中的每一時、每一刻都記住這句話。

不管是在你工作時，或是在你休息時，或是在你和朋友會面時，

也就是「now and here」，你可以放下所有的角色。

你便可經驗到，你無需對任何人證明什麼。

你是百分之百自由的，你就是你完整的自己。

你無需被你的弱點和缺點所控制，也不需用力證明自己是誰。

特別是你在別人面前丟臉的時候，或是在競賽中失敗的時刻。

要記得維持住這個自己。

這是沒有人可以傷害的、奪去的，這個眞實的自己。

這是自由、自在、自信的你自己。

5.1檢視自我形象

找到屬於獨特的自己，包括自己的個性風格、興趣偏好和學習方式，這能認清我爲什麼是我。

【三國小啟思：劉關張的自我畫像】

在蜀國群英中，桃園三結義三位主角，**劉備**擅長揮弄雙股劍，**關羽**則熟練揮動青龍偃月刀，**張飛**則是善於舞弄大刀，此三人都是軍人武將，但卻武藝超群，具有能在百人中直接割下對方項上首級的實力。

在**劉備**麾下中，另有武將**趙雲**武藝精湛，具備率領百萬雄兵的將軍英雄氣概。至於**麋竺**和**麋芳**是一介文士，精於書寫文墨、協調事務。

在其中，劉備雖貴爲漢皇苗裔，但卻能禮賢下士，具有整合各路英雄好漢的能力，所以能夠帶領各地英雄豪傑。然而此時環顧麾下人物，帳中獨缺運籌帷幄的輔佐軍師，劉備後來在徐庶居中引薦下，親自三顧茅廬力邀諸葛孔明下山相助。

至於**諸葛孔明**的獨特能力，則是長於策略規劃與運作執行。孔明能夠審視全局、洞燭機先，預先規劃並提出三分天下的「隆中策」。後來更在運籌帷幄中而決勝於千里之外。即如在聯吳制曹上，首先孔明親赴孫營舌戰江東群英，逼使主和人士啞口無言、噤聲相待。再者孔明與魯肅聯合，取得直接通報孫權的態勢，握有政治的制高權。第三孔明透過曹操想要強娶大小二喬，使用激將法戰術，刺激周瑜直接向孫權提議迎戰曹操。

【問得好】你是誰？你到底是誰？

在生涯規劃過程中，若要進行生活規劃，建立黃金般的人際關係，進行有效溝通、尊重式溝通等環節，必須先行建立正面自我形象，從而由當中衍生合宜的溝通技巧（如傾聽能力、提問能力、說話能力與對話能力）。亦即個人若能建立正向的個人自我形象，人際溝通的效果自是事半功倍；相反的，個人若具備負向的自我形象，則人際溝通的成效會事倍功半。因此本篇的首章即行探討建立美好自我形象的內涵。

爲建立美好自我形象，第一步需要檢視個人的自我形象內涵。此時即需認識和面對自我，認清「我爲什麼是我」，從而在生活中建立踏腳石，人際關係能夠看得透徹，從而建立厚實人脈。

一、自我形象的兩個層次

自我形象（**self-image**）或稱自尊（**self-respect**），係自我認知評估的總合。例如，我是一個很友善、很親切、很棒的人；我是一個幽默風

趣、活潑樂觀、個性開朗的人。自我形象涵括兩個層次，茲說明於後：

(一) 自己給予他人的印象

　　自己給予他人的印象，即是在他人的眼中怎樣看你。涵括兩個細目：

1. **公眾我（arena）**：係你知、我也知的部分。或稱開放我，為個人面對社會大眾時的自我裝扮樣式，是自我感覺舒適的領域。例如，姓名、身高、衣著、長相、教育程度、聯絡方式、工作頭銜等。

2. **盲目我（blind spot）**：係你知、我不知的部分。或稱盲眼我，是被社會大眾知道，但自己卻不知道的自我，是自我無知的領域。例如，小動作、取綽號、口頭禪等。

(二) 自己看待自己的印象

　　自己看待自己的印象，即是自己看自己是屬於哪一種人，為自我認知、自我認同的烙印印象。基本上，烙印印象係已根深蒂固，埋進大腦中，成為個人的意念思維，甚至形成部分人格【5-1】。涵括三個細目：

1. **公眾我（arena）**：係你知、我也知的部分。已如前述，例如，姓名、身高、長相等。

2. **隱藏我（façade）**：係你不知、我知的部分。或稱隱匿我，為自我有意識但在社會大眾面前明確保留的部分，也就是願意自我坦露的領域。例如，陳述失敗過往和傷痛故事、難堪回憶。個人若願意勇敢自我揭露，誠實面對自己，必然有助打破僵局，再創新局。

3. **未知我（unknown）**：係你不知、我不知部分。或稱未識我，是社會大眾與自我兩造皆無此意識的範圍，為自我待開發的領域，又稱潛意識。例如，潛力、爆發力、靈感等。

　　以上為周哈里窗戶（JoHari window）的內涵，為認識四個內在自我的管道。即你知我知的公眾我、你知我不知的盲目我、你不知我知的隱藏我，以及你不知我不知的未知我四者【5-2】。

> 自我形象或稱自尊，係自我認知評估的總合。

通常隨著人際關係的擴展，「公眾我」的部分會逐漸擴大，「盲目我」和「隱藏我」的部分會逐漸縮小。個人若能藉由擴大公眾我的大眾領域，縮小隱藏我的私人領域，便能有效削減人和人之間由於認知差異所產生的誤會。詳言之，即藉由主動向對方言明自我保留的事務，並減少不必要的時間和精神浪費，即是雙方坦誠相待，必能增進彼此間的認識。

總之，自我形象是如何真實的看待自己，是個人獨處時，自己對自己的真正感受；自我形象並非他人強加在個人身上的壓力，自我形象其實是從內心深處發生的。因為愛裡沒有懼怕，愛既完全，就把懼怕除去【5-3】，故需要在上帝的大愛中完全接納自己。

二、自我形象的神奇力量

自我形象係來自個人的外在（如身高、體重、特徵、長相、容貌等），亦會來自個人的內在（如智商、能力、才藝、個性、品味等）。自我形象是一項自我認知的總合評估，如自我評估成正向、積極、樂觀、有信心的高自尊；亦評估成負向、消極、悲觀、沒有信心的低自尊。基本上，自我形象係個人主觀認知，故能夠致力改變它。

若個人業已具備正向自我形象，看待自己十分正面且積極，進而在行為上表現出積極進取、勇往直前的動力。自然容易和他人建立親切的人際關係，容易建立厚實人脈，有利於建立穩固事業版圖和美滿家庭。

相反的，若個人素來抱著負向自我形象，看待自己十分負面且消極，進而在行為上表現出消極退縮、自卑退後的心態。出現退縮、易怒、暴力傾向，容易對外在事物敏感等行為。如此自然不容易和他人和平相處，不容易建立穩定的人脈關係，從而明顯會損及事業發展與家庭建立。

歌德說：「一棵樹上很難找到兩片一樣的葉子，一千個人中也很難找到兩個人在思想情感上完全相同。」切記，世界上每一個人都是獨一無二的，世界上並沒有另外一個你。因此，一定要欣賞你自己，欣賞上帝獨特的創造。我們無須迎合多數人的眼光，被迫改變自己，也無須自誇自視過高，亦無須自卑自視過低，而是需要看自己看得合乎中道，力求內在的心意更新而變化【5-4】。

三、自我形象的形成

　　個人的自我形象如何形成？通常自我形象泰半成形於孩童和青少年代，從而自我形象和個人的成長過程密切攸關，故需要探索自己的生命故事（life story）。自我形象的形成涵括三層面，如圖5-1，茲說明於後：

圖5-1　自我形象形成的三個面向

(一) 家庭樹

　　家庭樹（**family tree**）係為記載個人的血親關係與姻親關係的枝幹圖，以及家人親屬間的重要生命故事。例如，出生、畢業、結婚、離婚、單身、遷移、罹病住院、亡故等事件。藉由家庭樹，個人能夠探索自己生命的根源與個性成展的重要記錄，進而訪查出個人自我形象形成的脈絡。

　　泰戈爾說：「我希望你照自己的意思去理解自己，不要小看自己，被別人的意見引入歧途。」此提醒個人需先接納自己，做好建立美好自我形象的基礎工作。

(二) 踏腳石

　　踏腳石（**stepping stone**）係記載著個人成長的重要紀事，藉以導引出個人如何成為現在樣式的始末，所牽涉到的各項生命重要事蹟。踏腳石係指明個人從先前的A點，踏步進到現在的B點的過程。藉由踏腳石，個人能夠探索自我生命成長的動向，乃至於其間的關鍵發展事件以及對個人的

影響，進而探究出個人自我形象的形成導向。

在個人成長歷程中，無論原生家庭（**family of origin**）、學校、社團、工作的經歷，皆會發生若干事件，包括關鍵事件。在事件中，個人會遭受到他人的善意接待或惡意虐待。此時他人的善意協助或溫和對待，會使個人生成正向自我形象；別人惡意欺負或惡言相向，便會使個人形成負向自我形象。而上述皆會形成個人的生命刻痕，形成生命踏腳石。

申言之，由國小、國中、高中以及大學時期，父母雙親是否支持、學業成績是否優異、師長評語是否正面、兄弟姐妹反應是否友善、同學玩伴的態度是否正面，以及是否發生特殊重大事件，皆是形成個人自我形象的養分溫床。

此時個人生命中的歡樂、溫馨和愉悅歲月，若經精心處理面對，在個人心中生發相近撞擊的心靈感應，產生長期記憶，即會在腦海中留下長期印象，驅使個人成為他人所對待的樣式，必然有助於建立正向自我形象。相反的，個人生活中的挫敗、哀傷、失落經驗，若未能妥善安慰面對，便會在內心留下負面傷痕，驅使個人成為他人所指定的樣式，結果形成負向自我形象。

(三) 內在誓言

內在誓言（**inner vows**）【5-5】係針對生命的某特定事件，其中某位關鍵人士口中所說出的言語，如同下達某項「口令」般，被自己百分之百採信吸收，烙印在心版上，從而個人行為不由自主的朝向口令方向發展，最後形成性格，導致最終命運。觀乎「命」字，即由「口」加上「令」二個字所構成，足見他人話語口令對於個人性格與命運的影響力。

內在誓言經常會發生在孩童與青少年時期。因為此時個人尚屬年幼，生命安全係由年歲較長的成年人所掌控宰制，而會由成年人口中所說出來的話語，特別是自己家人至親的話語，完全吸收到內心，影響孩童或青少年怎樣看待自己。從而此時個人生命中的自我形象，係泰半受成年人所影響。

因此，整理個人生命中的關鍵事件，並且依照時間前後順序排列，指出最具正面影響的事件，以及最具負面影響的事件。再從當中問自己以下

的問題：

「當時自己的情緒感受如何？」

「當時自己是否對該事件做出解讀，甚至對自己生命價值做出批判？」

「該事件對自己形成某種的『內在誓言』？」

「該事件是否業已影響到自己現在的生活？」

藉由回答以上的問題，便能檢視該事件對個人自我形象的影響。

例如，志明的大哥志清曾經對志明怒吼：「你是個沒有出息、沒有用的人」，結果志明聽進這句話，並且烙印在腦海中，成為志明的內在誓言。這句話會督促志明成為一個沒有出息、沒有用的人，以實現志清大哥的話語。因此志明便會表現出常年失業在家、酗酒鬧事、沉迷電玩，甚至吸毒，來印證其兄長志清所說過的這句話語，自然也形成志明的負向自我形象。

後來，志明和交往多年的女朋友春嬌分手，並且不久後春嬌嫁給別人。發生此一事件，志明感覺到十分生氣，非常痛苦，很受羞辱，覺得自己很沒有用，甚至認定女生都非常現實，志明便對自己說：「志明不好，志明不是個好人，志明是一個爛咖。」形成非常負面的自我形象。結果志明便在羞愧的情緒糾纏中，以自殺結束生命。

在此時，志明若能夠透過別人協助，用心反思自我，並且讓思緒重回分手事件現場，志明能夠對自己說：「春嬌沒有選擇我，不是志明不好，而是雙方彼此並不合適」。從而此一事件不會形成志明的負向自我形象。志明便在重新檢視自己後，對自己說：「志明需要重新振作，發揮所長。」志明選擇重拾書本，努力讀書投考研究所，後來取得博士學位，產生完全不同的人生命運。

【智慧語錄】

我希望你照自己的意思去理解自己，不要小看自己，被別人的意見引入歧途。

——泰戈爾（Robindronath Thakur），文學家，《新月集》與《園丁集》詩作者

　　每個人都有他的隱藏的精華，和任何別人的精華不同，它使人具有自己的氣味。
　　——羅曼・羅蘭（Romain Rolland），《約翰・克利斯朵夫》，《母
　　　　與子》作者

5.2管理自我形象

　　一花一世界，一草一天堂，每一件事情都有正反兩個層面。
　　你若能正面思考，你必然發現，每一朵小花都有它獨特的風采。

【問得好】你怎樣才能重建自己的負面自我形象？才能夠建立正向的自我
　　　　　形象？

　　管理自我形象包括重建業已破損的自我形象，以及建立並維護正向的自我形象兩部分，茲說明於後：

一、重建業已破損的自我形象

　　若要重建業已破損的自我形象，高偉雄指出，在溝通時至少需要經歷自我察覺、自我覺醒和自我改變的三個階段【5-6】，而自我察覺、自我覺醒和自我改變，更是重建業已破損自我形象的三大工程。如圖5-2所示，說明如下：

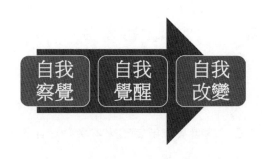

圖5-2　重建破損的自我形象

(一) 自我察覺

自我察覺（**self-awareness**）係個人感覺到需要修補負向自我形象，願意勇敢面對過去的痛苦記憶。這是一種意志上的堅定勇氣，因爲面對過去的傷痕會觸動情緒引爆的開關，在妥善處理下，自我察覺會啟動生命成長的泉源。

自我察覺需要用心體會，理由是察覺負面想法和意念，通常不容易捉摸，它往往是瞬間閃過、稍縱即逝的。若個人能夠自我察覺到自己腦海中，有意義的負面想法，體會並掌握到腦中出現的負向意念，便已經啟動自我成長的潘朵拉盒子，開啟重建個人破損自我形象的第一道按鈕。

> 自我察覺需要用心體會，理由是察覺負面想法和意念，
> 通常不容易捉摸，它往往是瞬間閃過、稍縱即逝的。

例如：個人留意常態性的胸悶時，自己腦中浮現的意念；或是規律性肚子痛時，自己心中出現的想法；乃至於經常性的頭痛或失眠時，腦海中所呈現的意念，並且進一步認定這個想法或意念，和某一個事件之間密切相關。

現在給自己兩分鐘的時間，先大口吸一口氣，讓自己的意念更加清楚。進而感覺並體會到自己在過去這一天當中，自己在掛心什麼事。現在要留意或傾聽自己所說出的一些話語，看看這當中是帶著擔心害怕、憂愁煩惱、憤怒報復的負面情緒比較多；還是帶著開心歡笑、快樂滿足、喜愛溫馨的正面情緒比較多，現在就從自我察覺開始。

(二) 自我覺醒

自我覺醒（**self-awake**）係探索個人破損自我形象的生成根源，自己醒悟過來，看出自己負向自我形象背後的根源。即透過回想個人過去的生命故事，記錄事件發生當時的內容細節，記下當時自己的言語和思想，以及個人當下的感受，從而尋求重建破損自我形象的機會。

若個人業已自我覺醒到自己的內在誓言，且認定爲形成負面自我形象的根本原因，便已開啟重建破損自我形象的第二道按鈕。

這時切記不可只停留在自我察覺中，而是必須努力再向前邁進。理由是自己若越關注這些負向內在誓言，便越會長出更多的負向思想，落入負向自我形象漩渦中，難以自行脫困。因為自己的心關注什麼，個人便會長出什麼，此為「吸引力法則（**law of attraction**）」【5-7】的運作。這時候需要進行下面三個步驟：

1. 現在大力吸口氣，給自己一點新鮮空氣，直到自己感覺並體會到自己已經厭煩，厭煩過這種一而再，再而三，讓自己生氣發怒的日子。

2. 進而醒悟到就算自己再生更多的氣，只是會對自己製造出更多的生氣環境，使自己掉進一直在生氣的深淵當中；同時自己也覺悟到一件事實：其實自己的問題仍舊在那裡，它並沒有消失。這時候，面對自己負面情緒的「黑狗（**black dog**）」【5-8】，也就是因為錯誤的負面想法，所引起的一連串負面情緒感覺。

3. 最後就是從內心中生起一股力量，就是以正向思考來面對，這時便可以進入到第三個階段。

(三) 自我改變

自我改變（**self-change**）係自己開始改變內在的心思和意念。是改變自己的思想方式、說話方式、認知方式和面對內在誓言的方式。這時要恭喜你，因為你已經啟動重建自我形象的第三道按鈕。理由是要形成外在的正向自我形象，需要先行改變內在的思想意念。

自我改變就像是整理自己的思想意念，有如大掃除般，整理搬動桌椅廚櫃，惹動一些灰塵。而改變自我形象，需先打碎內在誓言，挪移舊有思維，打掃內心房屋。一個房間一個房間的搬動物品，清掃灰塵，清洗地面，然後灑下清潔劑，使用清水洗刷地面，也就是用正確思維，重新移入灌進心中。

例如，志明察覺到自己容易在事情還沒有發生前過分緊張，將自己搞得神經兮兮，也無法享受當下的快樂。後來，上帝賜下啟示，志明感覺到自己實在是一位未雨綢繆、事前準備周到的人，這是負責任的，是很好的。但只要不過分緊張，因為不僅於事無補，反而添加身心負擔，容易出錯。於是志明開始自我整理，建立新思維，並對自己說：

「志明你做得很棒。」

「事實上,志明你已經表現很好了。」

「這一切眞的沒有什麼大不了的。」

於是志明逐漸學習全身放鬆,不再變得過分緊張,而是開始會微笑、會放下,甚至會大笑,能夠開始自我解嘲,志明開始改變了。

二、建立並維護正向的自我形象

> 你我要為今天以後的自我形象負起完全責任,
> 也就是「自尊是自己的責任」。

然後,個人要管理自我形象,建立並維護正向的自我形象。此時需做到以下兩點:

(一) 為自己思考

一項關鍵事實是:「我們已經長大,是成年人了」,在上帝的光中,我們可以自己做主,決定要怎樣合理看待別人所說出來的每一句話。也就是學會「為自己思考」【5-9】,成就建立正向自我形象的根基。

(二) 自尊是自己的責任

一個關鍵要件是:「若沒有經過自己同意,沒有人可以隨便貶低你」,遵守建立正向自我形象的基本原則。因為這是我們的基本人權,不管別人對我們說些什麼,自己有權利決定,要不要接受它,要不要認同它,甚至是成為別人所說的這個樣子。一個明顯的事實是:「上帝看一切所造的都甚好」【5-10】,這當然包括你我在內,因為「God is good, all the time」。因此,只要我們已經年滿二十歲,是個法律上擁有選舉權的成年人,就要為日後的自我形象負起百分之百的責任,看自己是好的,做成「自尊是自己的責任」【5-11】。

當然,嘴巴長在別人的臉上,別人自然可以說些你中聽的話討你開心,對方當然也可以說些你不中聽的話來惹你生氣。但是,只有我們自己可以決定要不要接受對方的話,還有要怎樣回答對方,做成我們的基本生命態度【5-12】。

　　例如，「臺灣之光吳季剛」，因爲他設計的時尚禮服，經由美國總統夫人蜜雪兒在歐巴馬的總統就職舞會時穿著，蜜雪兒光芒萬丈、驚豔全場，從而使服裝設計師吳季剛名號大起，躍升至全球舞台。然而，吳季剛在年幼時，也曾經歷自我形象重建的過程。吳季剛在幼年時期很喜歡蒐集芭比娃娃，打理芭比娃娃的服飾，甚至親手爲娃娃編製衣裳，也因此吳季剛不敢對同學訴說，深怕被發現後遭受嘲弄和恥笑，因此吳季剛在學校時經常是孤單的。吳季剛的母親雖然一開始會擔心，但是在確認兒子的興趣和專長後，便毅然決然地鼓勵、栽培吳季剛，陸續引導孩子到蒙特婁、東京、巴黎、紐約學習深造，在比較適合吳季剛的環境中，讓他全心發展服裝設計事業。試想，若是沒有母親的背後支持，或是吳季剛在年幼時候無法抵擋同儕們對於他自我形象的否定和嘲弄，那麼吳季剛便很可能無法建立正面肯定的自我形象。

【智慧語錄】

　　人在世界上中所扮演的角色，愈離開庸俗，愈接近自己，就會愈覺得幸福。

——亨利・盧梭（Henri Rousseau），政治學家

　　事實上，成功者和失敗者唯一的差別在於，他們擁有不一樣的習慣，其中之一是我們很少想到自己所擁有的，卻總是想到自己所沒有的。

——叔本華（Arthur Schopenhauer），文學家

5.3 學習知足感恩

　　人間最甜美的聲音是讚賞的話語，人群中最感人的悸動是感恩的心靈，有了這些正向話語，地上好像是天堂。

【問得好】：你會怎樣看待在你四周圍的人？

　　要擁有正面自我形象，需要使內心充滿正向的思維，要做到主動且熱

切地正向對話，此需要在以下三方面持續練習【5-13】。茲說明於後：

一、培養感恩的心

　　感恩的心是正向自我形象的核心，表現在外的行動即是感謝他人。當他人向你提問或表達意見時，隨時隨處以一顆感恩的心來回應，如此便能孕育健康的自我形象【5-14】。茲說明如下：

1. 對周遭服務我們的人

　　我們從早晨起床到夜晚就寢，生活中所接觸的事物，如捷運車船、餐飲供應、超商物品、服飾百貨，都是藉由他人服務來做成，也是眾人力量的結晶。我們若能隨時隨處想到有許多人在服務我們，使我們的生活更加便利。這時心中自然會產生感謝，「感恩的心，感謝有你。」也從而具有一顆感恩的心。

　　永遠記得要對別人說聲「謝謝」，因為若沒有說聲「謝謝」的時候，就等於想要拿走別人的所有功勞。所以，說聲「謝謝」的能力，就是具有正向自我形象的記號。例如，面對早餐店的服務人員，你可以說：

　　「謝謝你的燦爛笑容，使我在一天的開始，心中感到快樂、開心。」

　　「謝謝你的親切服務，使我有頓豐富的早餐，有好精神開始一天的工作。」

> ### 永遠記得對人說「謝謝」。

2. 對周遭發生互動的人

　　無論是工作同事或是萍水相逢的路人，都有可能發生互動。或臨時起意詢問我們某件事情，或需要詢問對方某件事情。即令在逛街購物或搭乘公車、捷運、高鐵時，對周遭他人回應一句「感謝您」，都能傳遞一份關懷給對方，給出一份仁愛與溫暖。透過此一感謝行動，自己也增添若干幸福感受。這時，能夠隨時向對方道聲「謝謝」的能力，就是具有正向自我形象的記號。

　　特別是在各種感動的時刻。如在開心時刻，感恩身邊有個人可以分享喜悅；在難過時分，感恩身邊有個人可以傾聽苦處；在生氣時刻，感恩身

邊有個人可以同仇敵愾；憂愁時分，感恩身邊有個人可以陪伴哭訴。有一顆感恩的心，便是這個世界上最幸福的人，感謝有人能陪在身邊，這個世界便不再孤單，而擁有一份珍貴友誼，便是最美的祝福【5-15】。所以，「常常喜樂，不住禱告，凡事謝恩」，便可說是人類最美麗的風景【5-16】。

例如，面對你的同學、同事或朋友，你可以說：

「謝謝你的陪伴，使我在快樂時有個人可以分享我的喜悅，在痛苦時有個人可以分擔我的悲傷。」

「謝謝你這些日子來的照顧和陪伴，使我可以進步、成長，我也才會有今天的成就。」

泰戈爾說：「蜜蜂從花中啜蜜，離開時屢屢道謝。浮誇的蝴蝶卻相信花兒是應該向他道謝的。」一語道破擁有一顆感恩的心，才是世界上最美麗的人。

二、培養讚美的心

在日常生活中，讚美是隨手可及、隨處可見的事情，更是培養正向自我形象的絕佳習慣【5-17】。當對方向你提問或表達意見時，若能以一顆讚美的心回應承接，便業已培養正向自我形象的能力。茲說明於後：

1. 對周遭服務我們的人

我們需學習讚美，千萬不可將他人的服務行為看做平常。開始服務我們的人士，需試著發自內心表達欣賞，甚至讚賞。而讚美的行動可包括以下層面：讚美他人的人格特質、讚美他人為你服務的事情、讚美他人的優良成果等。

例如，感謝巷口供應早餐的美而美店家，你可以說：

「你做的三明治早餐真棒，非常好吃。」表現出肯定店家，讚美需具體且特定。又如，看到公園處的工人在種花，你可以讚美說：

「您好，你種的花好好看喔！」另外，對親愛的家人更要說：

「你把客廳掃得好乾淨，感覺真舒服！」

2. 對周遭發生互動的人

面對周遭和我們互動的人士，需要時常讚美對方。有如要使汽車車輪

轉動順暢，潤滑油是不可少的。時常用話語讚美對方，是搏得對方好感的絕佳方法。卡內基說：「人際溝通需要隨時隨地肯定與讚美他人，甚至是最親密的夫妻間、最單純的家人間，讚美和稱讚更是不可少。」記得，對方喜歡被人讚美的事情，往往是他們覺得比較沒有把握的事情。特別是當我們聽到對方讚賞我們某些事情後，若再聽到他的批評抱怨，在心中也會比較好受。【5-18】」而我們若需要被他人讚賞、尊重、關愛，那麼就需要先讚賞、尊重、關愛他人，這時必然會發現，我們所給出去的那一份，不久後會回到自己的身上。此印證耶穌說：「你要別人怎樣對待你，你就要怎樣對待別人。【5-19】」

　　例如，看到某位同事穿著很特別，請立刻開口讚美說：

　　「你穿這件衣服真好看，是在哪兒買的？」

　　又如，看到隔壁老伯伯正在種花，請馬上讚美說：

　　「阿伯您好，您種的花好好看喔，顏色有好多種啊！」

三、培養品味的心

　　品味的心意指擁有一顆喜樂滿懷的心，藉由人文素養而能享有生活品質，而不僅僅是擁有財富田產，這是培養正向自我形象的良好習慣【5-20】。當對方向你提問或表達意見時，若能以一顆品味的心回應承接，便業已培養建立正向自我形象的能力。茲說明於後：

1. 對周遭服務我們的人

　　面對服務我們的人，要建立某種「賞識」周圍服務的心境和意向，能欣賞生活中的細枝末節，常規服務中的貼心微小動作，同時保有對文化象徵符號的內心敏感度。認真看待服務人員所散發出來的不同文化象徵。例如，美國的自由與簡約，英國的紳士和玫瑰午茶，日本的茶道與和服，西歐的文藝復興與教會文化等。透過服務人員，我們能欣賞四周美好的人事物，欣賞各行各業的工作百態，欣賞各門派藝術創作和文藝風格，乃至於欣賞晨間朝露和落日餘暉，欣賞士農工商與販夫走卒，當我們能用另類眼光來觀照這個世界，自然能夠培養出品味生活的能力。

　　例如，面對服務生打翻你的咖啡杯盤並向你再三道歉時，你可回答說：

「沒關係，這比飛機空難好多了！」或是

「還好，這件衣服剛好需要送洗了。」一個小小幽默，可以化解雙方的尷尬。

2. 對周遭發生互動的人

品味生活更是放慢原來匆忙步調，觀照烏雲消沒、賞識冬陽露臉，仰觀路旁街樹的搖曳英姿，俯視枝枒叢中的小小紅花。品味生活能提升我們的人品高度，特別在忙碌都會的生活腳步中，工作壓力擔子沉重時，面對周遭產生互動的人士，更需要用一顆品味的心來舒緩緊繃的身心，解開身心束縛，從而能夠紓壓，改以感謝和讚美回應對方【5-21】。

例如，面對隔壁同事要你欣賞她小女兒的水彩畫，除表面讚美外，你可以這樣說：

「這件畫作真是畫得炯炯有神、氣宇不凡啊！」

再舉步從容端起一杯清茶，讓同好觀看茶葉在茶水中所激起的漣漪，然後再徐徐說出：

「這幅水彩畫的筆觸，好似茶葉在茶水中的跳舞舞姿。」

「這真是出神入化，舉世無雙呀！」

如此一來，你必然得以發現，在生活中四處洋溢著歡喜、雀躍和驚嘆。此有若：「喜樂的心乃是良藥；憂傷的靈使骨枯乾【5-22】。」

盧梭說：「生活得最有意義的人，並不是年紀活得最久的人，而是對生活最有感受的人。」

總之，品味生活的能力並非僅是參加藝文活動而已，而是本乎各人不同的生活品味。例如，觀雲望月、品茗賞鳥、飲酒高歌、登山踏青、海濱垂釣、滑草戲雪、修剪花木等，皆能令人看盡人生百態，超脫凡塵俗事，陶冶心靈生命，藉以涵養生活深度，從而達到「因為我因信，所以我如此說話【5-23】」的超凡境界。

在這個時候，完成行動作業是個不錯的嘗試，可具體瞭解你如何培養正向自我形象的能力，能夠健康的看待周遭他人的各種作為。

【智慧語錄】

蜜蜂從花中啜蜜，離開時屢屢道謝。浮誇的蝴蝶卻相信花兒是應該向他道謝的。

　　——泰戈爾（Robindronath Thakur），文學家，《新月集》與《園丁集》詩作者

要使別人喜歡你，首先你得改變對人的態度，把精神放輕鬆一點，表情自然，笑容可掬，這樣別人就會對你產生喜愛的感覺。

　　——卡內基（Dale Carnegie），人際溝通專家，創立卡內基溝通訓練

【本章註釋】

5-1 有關自我的意念和思想的說明，敬請參閱Allen, J. (2009), The Wisdom of James Allen, London: LISWEN Publishing。以及魏郁如、王潔、陳佳慧譯（民98），《我的人生思考》，詹姆士・艾倫著，臺北市：立村文化出版。另有關認知議題，敬請參閱Robbins, S.P. (2013), Organization Behavior, the fifteen edition, New Jersey: Prentice-Hall, Inc.

5-2 有關周哈里窗戶的說明，美國社會心理學家Joseph Luft和Harry Ingham在1955年，提出周哈里窗戶（JoHari window），並以兩人名字中的前兩個字母來命名。敬請參閱陳皎眉（民102），《人際關係與人際溝通（二版）》，臺北市：雙葉書廊。

5-3 「愛裡沒有懼怕，愛既完全，就把懼怕除去」，原文出自聖經約翰壹書，第4章第18節。

5-4 「不要效法這個世界，只要心意更新而變化。各人不要看自己過於所當看的，要照著上帝所分給各人信心的大小，看得合乎中道」，原文出自聖經羅馬書，第12章第2-3節。亦請參閱林瑜琳著（民100），《從聖經中尋見自我》，臺北市：福音證主協會出版。

5-5 內在誓言（inner vow）係指一個人在遭逢一件傷害事件後，在他內心中產生某種正面或反面的強烈決定，並導致某種行為、態度或改變關係，進而影響其個性和人格。敬請參閱屈貝琴譯（民98），《面對心中的巨人》，路卡杜著，臺北市：校園書房出版。以及吳維傑著（民100），《你可以進行內在醫治》，臺北市：多加幸福婚姻促進協會出版。

5-6 敬請參閱高偉雄著（民97），《有傷害，沒傷痕》，臺北市：橄欖文化出版。

5-7 吸引力法則（law of attraction）係由阿特金森（Atkinson）在1906年，於《思維波動或思維世界的吸引力法則》一書中所提出。指兩位思想類似的人，雙方會互相吸引，同時也會尋找、吸引其他人士的某種歷程，此為某種互相吸引的程序，而不僅是在某種思想上，對他種思想的單面向影響。

5-8 情緒黑狗（blackdog）係指某種精神官能症的症狀，係緣於邱吉爾首相，他素來以對待慢性病患者之方式照顧他飼養的一隻黑狗‧並讓牠服用一種名為「小甜甜」的藥物，藉以控制這隻黑狗。後來森田正馬博士更循此提出森田理論，指稱可藉由個人觀念來治療精神官能症，透過學習方式，將自己投射成一位馴獸師，來馴服自我內心中的頑皮小黑狗，同時由不安全的阻力轉化成卓越的動能，藉以成功治療。

5-9 有關「為你自己去思考」，敬請參閱Urban, H. (1995), *20 Things I Want My Kids to Know*，曹明星譯（民99），《黃金階梯：人生最重要的二十件事》（三版）（伍爾本著），臺北市：宇宙光出版。

5-10 「上帝看著一切所造的都甚好」，原文出自《聖經‧創世紀》，第1章第31節。

5-11 有關自我形象與生命態度的相關論點，敬請參閱陳澤義（民101），《影響力是通往世界的窗戶》，臺北市：聯經出版。簡體字為陳澤義（民103），深圳市：海天出版。

5-12 有關態度的論點，敬請參閱Robbins, S.P. (2013), Organization Behavior, the fifteen edition, New Jersey: Prentice-Hall, Inc.

5-13 人際溝通需要隨時隨處讚美、肯定和尊重他人，敬請參閱蕭美惠、林家誼譯（民101），《改變一生的人際溝通法則》（卡內基訓練機構），臺北市：商周出版。

5-14 感恩是一種最好的習慣，敬請參閱劉玉潔譯（民84），《祝福——和諧人生的秘訣》，史摩利‧特倫德著，臺北市：校園書房出版。以及參閱Urban, H. (1995), *20 Things I Want My Kids to Know*, Woodside, CA: The Free Press, 曹明星譯（民99），《黃金階梯：人生最重要的二十件事》（三版）（伍爾本著），臺北市：宇宙光出版。

5-15 敬請參閱陳澤義（民108），《幸福學：學幸福》（三版），臺北市：五南出

版。

5-16 「要常常喜樂，不住禱告，凡事謝恩，因為這是上帝在基督耶穌裡，向你們所定的旨意」，原文出自《聖經・帖薩羅尼迦前書》，第5章第16-18節。

5-17 隨時隨地展開笑容、記住對方的姓名、專心傾聽對方的意見想法、經常關切對方的利益等，都是能夠讚美和激賞對方的重要方法。敬請參閱蕭美惠、林家誼譯（民101），《改變一生的人際溝通法則》（卡內基訓練機構），臺北市：商周出版。

5-18 敬請參閱柳珍姬譯（民95），《第四度空間的靈性》，趙鏞基著，臺北市：以斯拉出版。

5-19 「所以無論何事，你們願意人怎樣待你們，你們也要怎樣待人」，原文出自聖經馬太福音，第7章第12節。

5-20 敬請參閱Buscaglia, Leo (1983), *Living, Loving and Learning*, 簡宛譯（民75），《愛、生活與學習》（巴士卡力著），洪建全文化基金會出版。

5-21 敬請參閱張篤群、江麗美譯（民87），《耶穌談生活——熱情與喜樂的處世哲學》，羅莉・瓊斯著，臺北市：智庫文化出版。

5-22 「喜樂的心乃是良藥；憂傷的靈使骨枯乾」，原文出自《聖經・所羅門王箴言》，第17章第22節。

5-23 「我因信，所以我如此說話」，原文出自《聖經・大衛王詩篇》，第116篇第10節。

行動作業：1. 請試著寫下五件你值得感謝的事物，以及對三個人表達你對他的讚賞。

2. 請評估你的「自我形象」與「自尊」如何？你會建議做哪些立即的「決定」來提升你的自我形象？你還會建議做哪些「溝通學習計畫」？

表5-1：「建立美好自我形象」單元課程學習單——自我形象學習單

課程名稱：	授課教師：
系級：　　　　　姓名：　　　　　學號：	
1. 某事件或主題的內容	
2. 你對該事件或主題的主要「解讀」是什麼？	
3. 你對該事件或主題的解讀，反映出你的哪些自我「價值」？	
4. 你有沒有發現哪些是「事實」？哪些不是「事實」？	
5. 在其中有哪個「關鍵點」是需要去改變或重塑的？	
6. 請評估你的「自我形象」與「自尊」如何？	
7. 你會建議做哪些立即的「決定」來提升你的自我形象？	
8. 你還會建議做哪些「持續學習計畫」？	
老師與助教評語	

第六章　關係的黃金階梯

【曉月生涯漫步】

請關燈，點上一根蠟燭，然後安靜坐好，

看著搖拽晃動的燭光，好好跟自己相處，真實面對自己。

在你的生命中，你喜歡你的家人嗎？你能夠感謝他們嗎？

你在哪一方面已經成為你家人的祝福，或者是傷痛？

這最為重要，因為他們是你最親近的關係圈。

再來，思想在你的生命歷程中，哪些是你不想面對的事情，

或是哪些事情是你沒有辦法面對的。

在工作或是交友上，有哪些事讓你感到悲傷或憤怒的？

你能夠用一顆感恩的心去看待這些事情嗎？

也就是你能夠感謝你所經歷到的這些事情嗎？

現在讓你在安靜和沉默當中，

回想你過往的生命故事，

現在你想對自己說一些什麼呢？這就是本章的起頭。

你要和你的過去和好，也接納你現在的自己，

這樣——

你才能夠開始去經營「從我到我們」的群我關係，

進而擁有美好的關係人脈。

6.1 黃金關係圈

人際關係有親疏遠近，正如居住地區有距離遠近之分，內層關係圈的重要性明顯高於外圍關係圈。

【三國小啟思：劉備結交趙雲建立核心關係圈】

在《三國演義》中，**劉備**本擔任高唐縣令，然受黃巾賊攻擊以致失去領地，故投靠公孫瓚麾下。公孫瓚上表漢室將劉備提升任別部司馬，派遣劉備協助田楷對抗袁紹，並指派趙雲任劉備隨從，替劉備帶領軍馬。即趙雲原是公孫瓚將軍麾下的別部司馬，負責照管軍隊馬匹，後來劉備轉投至公孫瓚帳下，公孫瓚便將趙雲轉送給劉備做貼身護衛。

劉備長於識人，劉備善待**趙雲**，經常向趙雲問候、噓寒問暖、討論軍務。且劉備素來善待趙雲，趙雲也忠心追隨劉備。

後來，趙雲的大哥因故過世，趙雲向公孫瓚請喪假回家鄉奔喪。劉備知道趙雲此去定不復返，故緊握趙雲雙手不放，捨不得分開。劉備並向趙雲說：「我即將要失去賢弟」。趙雲向劉備辭行說：「雲終不肯背離玄德也。」在趙雲不受重用的日子，心生惆悵，劉備刻意關心，禮遇惜才，當如寒天送暖、雪中送炭，這深深溫暖趙雲內心。劉備不捨的是趙雲的才華，趙雲不捨的是劉備的相知。趙雲被劉備深情重義感動，遂起長久跟隨志向，也由於這段深交之情，成就日後趙雲的堅定投靠。

後來，劉備被曹操打敗後只得投靠袁紹。趙雲則是辦完兄長喪事，便積極探聽劉備下落，後來兩人在鄴城重逢，劉備和趙雲相談甚歡，成天痛飲，甚至徹夜談心，成為相知莫逆，然後密派趙雲外出招募數百兵士，趙雲從此追隨劉備，後隨劉備前往荊州，劉備對趙雲深信不疑，使趙雲發揮所長，全心投效劉備。

漢獻帝建安十三年間，曹操親率百萬大軍南下，劉備措手不及，無力阻擋，遂狼狽逃竄至江陵。曹操派輕騎兵追趕，在當陽長阪近郊趕上劉備。劉備狼狽丟妻棄子，僅帶數十人向南逃逸。後來，趙雲在長阪坡上單騎救主，大喊斥責嚇退曹操軍隊，並救出劉備幼子阿斗。劉備則說：「你這個小畜牲，差點害我損失一員上將」，趙雲則抱起**劉禪**阿斗，跪拜哭泣說：「雲雖肝腦塗地，不能報也。」

自此，趙雲至死忠心追隨劉備，建立許多汗馬功勞，後世傳爲美談。

人際關係有親疏遠近之分，正如人居住地有路途遠近距離，內層關係人士的重要性明顯高於外圍關係人物。

【問得好】：你的同心圓關係圈中，有哪些人呢？

我們的生活基本上是人際關係的縮影，生命是我們人際關係的展現，其他的事情只是細節，也因此人生中眞正最最重要的事，就是我們的人際關係。因爲我們對自己一生的看法感受，多半可用我們對周遭人際關係的看法和感受表示。因此本篇特闢人際關係專章，探究建立優質關係人脈的基本原則，用以規劃生活，成就做自己人生的CEO。

人際關係專家卡內基（Carnegie）說：「一個人在世上的成功，只有15%是來自於他的專業能力，另外的85%則是需要依賴人際關係和處世技巧」，人際關係就是關係人脈。專業能力是硬實力，善於處理人際關係，建立關係人脈的本領是軟實力。軟實力和硬實力是相對的。而美好人際關係的第一課，就是你要別人怎樣對待你，你就要怎樣對待別人，眞正做到和對方平等與互惠，這是人際關係的本質核心。

> 我們一生中真正重要的事就是人際關係。

熱鬧非常的菜市場裡，到處是買菜人。

「來來來！香噴噴的香腸喔！」怡萱被這股濃郁香味吸引，便湊過去向老闆娘說：「老闆娘，我要買兩斤香腸。」

「小姐，兩斤香腸很多耶，要不要先買一斤香腸試試看。」

怡萱嚇一跳，怎麼有這款做生意的，怡萱心裡犯嘀咕著。

心中正懷疑時，老闆娘笑著對她說：「小姐，你看起來很年輕，應該才剛結婚不久，兩斤香腸你們可能吃不完呀！」

「對呀，我們家只有三個人。」怡萱點點頭。

「是的，一次買兩斤太多啦，香腸若放太久，味道會走掉，就沒那麼好吃囉，建議你買一斤就好，等吃完再來買新鮮的。」

望著老闆娘的笑容，怡萱笑著，後來，怡萱就成這家香腸店的老主顧。

在探究人際關係時，分辨各種關係的親疏遠近，以及在有限的時間限制下，如何致力溝通以經營較爲重要的人際關係，是建立美好人際關係的關鍵，此時首需檢視個人的同心圓關係圈。

一、同心圓關係圈

在生命成長過程中，我們需要不斷和他人互動並建立良好的人際關係，從父母、兄弟姊妹、親朋好友、同學、同事、鄰居、密友、夫妻關係，甚至是和萍水相逢的服務人員、素不相識的陌生人交流。由互動經驗中，使我們有機會藉由溝通分享，對他人更瞭解，同時也將自己的想法和感覺傳遞給對方，並且瞭解和接納對方的想法和感覺。也就是從我到我們之間，由內而外，逐層的建立關係。

上述人際關係中，即形成所謂關係圈，是我們和周遭人士的關係縮影。關係圈有親疏遠近之分，此即所謂「同心圓黃金關係圈（**Concentric zone golden relationship circle**）」，簡稱「黃金關係圈」或「關係同心圓」【6-1】，如圖6-1所示，茲說明於後：

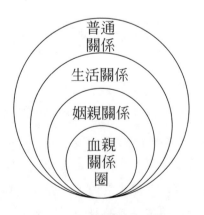

圖6-1　同心圓黃金關係圈

資料來源：整理修正自史邁利‧麥瑞（2005）

(一) 血緣關係圈

　　血緣關係圈一稱核心關係圈，可分成兩個內圈，即狹義上包括直系血親，即祖父母、父母、配偶、子女等血親親屬。廣義上包括旁系血親的兄弟姊妹、叔伯、姨嬸、甥姪等其他遠房親戚和姻親親屬，這是我們最內圈、最親密的人際關係圈。這包括兩種層面的親近，說明如下：

1. 血緣關係的親近

　　基本上，直系血親和我們具有血親關係，至於旁系血親的血緣關係程度較次。特別是直系血親關係圈，其代表自己生命之所出和基因之所傳。《禮記》中的《大學篇》有云：「先修身，後齊家，然後才是治國和平天下」，即明白揭櫫關係親疏遠近，乃至於和他人建立關係的先後順序。我們的人際關係基本上即是核心圈關係的縮影，而其他的關係則為次要，理由是我們對於周圍人際關係的感受，即代表我們對於人生的想法。因此，我們若能穩固維繫住核心關係圈的人際關係，即可有效提升個人幸福感，且在社會奮鬥時，能為我們構築堅固的保護牆。

2. 生活能見度的親近

　　在血緣關係圈中，特別是直系血親，相當有可能居住在同一個屋簷下，朝夕相處，故生活能見度相當高，溝通頻繁而且高度透明，從而容易爆發生活摩擦和意見爭執。若因激烈衝突導致感情撕裂和關係離斷，對當事人的傷害最為強烈並且刻骨銘心，故我們需花心思去管理維護此一關係。

(二) 生活關係圈

　　生活關係圈是核心關係圈外的第二層關係圈，一般包括同學、同事、同黨、同工、同行、同道、同鄉、同宗、朋友的號稱「同」字輩的關係網。在生活關係圈當中，主要是透過「相同」兩個字的連結，即相似度的串接，互相交流以建立情感。這時雙方係在生活條件上有些相似，如省籍、教育程度、畢業學校、工作場所、居住地區、黨派、宗教信仰等。因而彼此在生活場所、意見表述、特定經驗、文化底蘊、價值傾向等內涵較為接近，較容易互動發展成朋友般的友誼關係。若一旦關係撕裂，雙方仍會感受到一定程度的傷害。

(三) 普通關係圈

關係圈的最外層是第三層的普通關係圈，其涵括社會機關行號的各種服務人員、萍水相逢過客，還有素昧平生的路人甲、路人乙等，這是關係程度最低的關係人士，而若關係斷裂，彼此較少感受到傷害。

二、管理信心循環

不管是最裡層的血緣關係圈，中間層的生活關係圈，或是最外層的普通關係圈，我們在溝通時都是藉由「**信心循環（trust cycle**）」的過程，來深化彼此之間的信任強度，從而形塑良好的**關係品質（relationship quality**）。為管理信心循環，需要透過需求、表達、滿足、安全、相信等五個步驟環節，循序漸進的建立彼此在溝通對話上的信心水平，如圖6-2所示，茲說明於後：

圖6-2　信心循環

(一) 需求

需求（need）是個人一旦缺少某項物質時，從內心產生、表現出來的一種主觀短缺狀態，代表此人對於某項客觀事物的心中渴望，是個人心中真正的欲望和渴求。至於需求的類型，若依照馬斯洛的人類需求層級模式，人類有五種需求，依順序是生理需求、安全需求、愛與歸屬感需求、

自尊需求、自我實現需求等。

（二）表達

　　當個人的某一項需求，外在供應不足夠時，則會形成某種期望（expectation），代表此人期望藉由取得某項事物，來滿足此項需求，這是身心的某種失衡狀態。從而個人需要清楚表述（present）自己需要和期望，健康的抒發此一需求；而不是一昧予以壓抑隱藏，或是轉向成用指責自己或謾罵他人的方式來呈現，這都不是正常的抒發需求方式。而倘若長期上無法有效抒發需求，咸會產生心理上或生理上的多項疾病，例如憂鬱症、躁鬱症、精神官能症、強迫症、各種疼痛等。

（三）滿足

　　一旦個人獲得某件事物以滿足需求，便會確認該項期望已獲得滿足，形成滿意或滿足感（satisfaction）。這是表示需求獲得供應，形成身心靈平衡的一種狀態，這時個人心中會形成「心想事成」的滿足喜悅感受，身心靈會因為滿足而表現出輕鬆自在的舒適感覺。

（四）安全

　　個人在輕鬆自在的滿意情況時，身心會放下自我武裝，卸下自我防衛機制，轉而採取某種安全狀態的形式呈現，展現高度的安全感。這個時候個人的真我就會自然浮現，表現出平安、喜樂和幸福感，若長此以往，此人的人格即會長大成熟。

（五）相信

　　個人在高度的安全感中，自然會逐步促成信任感的萌芽，相信周圍的人事物都是善意的。個人即會願意將自己的弱點曝露在別人的面前，而且相信對方不會故意的傷害他。這就是個人對於環境和對他人的信任感。在高度信任之下，就容易推動下一個信任，形成善意的信心循環。

　　特別在人際關係日漸疏離的現代社會，個人需要有能夠表達個人需求的親密朋友，這是面對孤單和寂寞的最有效藥方。個人需要有效管理信心循環，在面對核心關係圈的人士時，能夠脫下虛假面具，完全做自己，擁有高度安全感，能夠相信對方，這是我們的內在生命能否持續維持健康的關鍵。

三、兩種信心循環

信心循環可分成正常循環和異常循環兩個類型，茲說明於後：

(一) 正常循環

此時是藉由某一方明白個人需要，在溝通時明確表達出個人需要，再透過對方及時供應產品或服務，使其需要能夠獲得滿足，進而使提出需要一方的內心產生足夠的安全感，進而能夠相信對方，建立起信任感。從而在雙方建立信任後，促成對方也提出需要，再由己方供應來滿足，進而建立安全感，信任對方，形成正向的信心循環。

(二) 異常循環

此時係由於某一方基於心中的害怕或膽怯，以致於在溝通時隱藏自己，不敢表達真正的需要，或是表達的不夠明確，從而對方並沒有供應產品或服務來滿足此一需要，心中產生緊張、不滿、憂慮的不安全感，進而懷疑對方，無法建立起信任。接著因為雙方信任不足，不容易提出真正的需要，所以無法產生正向的信心循環，即為異常循環。

> 若能妥善維繫核心關係圈的人際關係，即能明顯提高幸福感。

四、維持健康生命的基本因素

在此必須指出的是，配偶（夫妻）間的人際關係，應為最重要的人際關係。理由有三個，茲說明於後：

(一) 家庭的元素

首先，家庭是傳宗接代、綿延後代的必要單位，而配偶是關鍵人物，這是生理上的必備要件，具有生命傳承的意義，無人能夠替代，故當為人際關係之首。此正呼應「生命的意義，在創造宇宙繼起的生命」。當然，此時仍然容許存在收養關係、代理孕母等例外的情形。

(二) 親密的關係

再者，惟有配偶，是個人在晚間就寢時分、卸下工作壓力、解除生活武裝後，同床共枕的親密對象；更是肉體上寬衣解帶、共享歡愉性生活、魚水之歡的特定伴侶。同時也是生育、養育、教育下一代的長期夥伴，具

備長期親密生活的實質，故應居人際關係之首位。因為個人並不會在父母親面前或在子女面前，寬衣解帶以享受性愛，因此：「人要離開父母，與妻子聯合，二人成為一體」【6-2】，可見配偶關係的重要性。此時，夫妻雙方需要親密聯合，如同一人般，不再依戀父母，方能自原生家庭關係中長大成熟，建立新生的衍生家庭，再一起同心孝順父母，養育兒女。

(三) 生活的照護

　　三者，配偶是彼此生活上相互照護的對象，具有生活上相互陪伴的需要。甚至是一方晚年病老時，能夠陪伴床榻，相互護持，甚至是晚年含淚送終的至親。配偶具備日後互相照顧的功能，故當為最重要的人際關係。因為父母通常會比我們較早終老逝去，子女則會建立新的家庭而需要照顧。

　　必須指出的是，本書並不是主張無需孝順父母，而是指配偶間需要先行建立穩固的婚姻關係，然後才能夫妻同心的孝順雙方的父母。因為只有新建立的衍生家庭能夠美滿幸福，方能無後顧之憂的共同孝順父母；若衍生家庭關係業已失火岌岌可危，如何能夠另分心力來孝順父母，這樣就會本末倒置。因此，個人要先離開父母的原生家庭，才能夠新建立美滿的衍生家庭，並且將夫妻關係視為最為重要關係來維護，這是最重要的原則。又如：「要孝順父母，使你得福，在世長壽，這是第一條帶應許的誡命」【6-3】，更揭櫫孝順父母的必要性，這是摩西十誡中的第五誡，其重要性自不待言。

【智慧語錄】

　　家庭和睦是人生最快樂的事。

　　——歌德（Goethe），文學家，《少年維特之煩惱》與《浮士德》作者

　　在光明中高舉，在死的陰影裡把它收起。和你的星星一同放進夜的寶盒，早晨，讓它在禮拜聲中開放的鮮花叢裡找到它自己。

　　——泰戈爾（Robindronath Thakur），文學家，《新月集》與《園丁集》詩作者

6.2遵守人際界線

界限就是界線，是雙方的楚河漢界的那條線；界線更是分別室內室外的一條建築線，是人際關係的一套保護機制。

【問得好】：你怎樣做才能尊重對方的人際界線呢？

合宜的溝通管理不免會涉及人際界線，因為在傾聽、提問、說話、對話的各個溝通過程中，必然會與自己和對方之間的人際界線相關聯。因此，本章特關專節來說明。

基本上，人際互動係在平等互惠的基礎下展開，此時具體的溝通管理落實即需尊重人際界線，本節即加以說明。

一、界線的意義和內涵

界線涵括「界」和「線」二者。因此，界線的意義自然包括「界」和「線」兩個層面，茲說明於後：

(一) 各別之地「界」

「界」係指地界、疆界或邊界，是兩個不同獨立主權的國家、區域、縣市、城市、企業、個人間的區分中線，用以分隔並宣告歸屬個別的主權領域。而在所屬地界中的土地和居民，皆有其應當享有的權利和應該擔負的責任。例如，城市與城市之間的劃定市界，用以界定個別的市地歸屬、市民權利和應盡義務。即如，臺北市與新北市之間以淡水河和新店溪為界限，臺北市位居河東，其居民享有首都的社會福利；新北市位於河西，新北市民的福利並不同於臺北市的居民。

(二) 彼此之界「線」

「線」指中間線、分隔線，是分隔雙方的一條有形或無形的中間線，其具有區別的意義。意指區分並隔開兩個個別主權的領域。至於中間線可用山嶺、河川、牆垣、欄杆、圍籬、隔間、門窗、身體的不同形式。因此，既言其界，必然有雙方，即我方和對方，且皆具獨立主權，應當予以尊重，這是管理並尊重人際界線的核心準則。

此外，「線」也是「限」，是各別之「限」制。即限制各方的行動，未經對方允許，不得隨意越過界線。例如，我們經常可見在房舍花圃內的某處，有人立起碑牌，牌中標示「此處為私人地界，不得侵入，違者究辦」。又如，X國和Y國中間劃定疆界。此時任何個人與機具（飛機、車船）皆不得隨意越界，違反極可能會遭到擊落（飛機）、擊沉（船隻）、擊毀（車輛）、擊殺（人員）。另兩人之間亦有界線，常指身體界線，個人不得隨意碰觸對方的身體。特別是女性身體，男性不得任意碰觸，否則即會以性騷擾送辦。又如小學生常在教室的長條課桌椅上畫上一條白線，若對方超越此線，即予以拍打。

以下繼續討論人際界線的功能。

二、人際界線的功能

克勞德與湯森德（Cloud & Townsend）指出，人際界線（**interpersonal boundary**）的功能是我們制定人際界線的理由。而人際界線的功能有三【6-4】，茲說明於後：

(一) 保護自己

人際界線可以保護每一個人，在屬於自己地界上立下一道有形無形界碑，不會在溝通當中遭受他人的任意侵犯。且使對方知道此處是屬於某個人的領域，並告知對方何處是自己和對方中間的分界線。

例如，志明在自己的土地和房屋內具備所有權，能夠自由管理該土地與房舍，在志明的房間內要怎樣置放家具是志明的權利，這是一條保護界限，他人不得干涉或阻止志明在自己家中的裝潢舉動。

(二) 尊重對方

界線可提醒自己，在溝通時需要尊重對方的地界，不可踏入他人的領地。即在他人地域裡業已立下界碑，宣告對方主權，也使己方明白需要尊重對方的主權。這是人際間的基本尊重，是待人接物的基本禮節。因此，界線昭示應尊重他人，自己無權介入、干涉，甚至要求改變他人的生活習慣，更不可強迫他人過和你相同的日子。

例如，夫妻雖同住在一個屋簷下，但丈夫不可命令妻子改換穿衣方式；妻子也不可要求丈夫變動生活作息，更不可強迫對方轉換工作或生養

兒女。

(三) 警示衝突

界線也預先警告可能發生衝突，因為若一方隨意越線，侵犯對方，必定會引發衝突。因為當有人侵入越界，另一方必會起來抵抗，保疆衛土，啟動物理武裝與心理防衛。

例如，父母親想要掌控子女，強迫子女改讀某一熱門科系或從事某項職業，會導致雙方爆發口角衝突。再如，父母親未獲子女認可，即行進入子女房間搜索取物，檢查衣櫃，也會爆發爭吵衝突，甚至拳腳相向。

三、錯誤人際界線的傷害

相反的，錯誤的人際界線必然造成傷害。這包括以下兩種形式：

(一) 喪失成長機會

錯誤的人際界線會使一方失去成長機會。由於此時某人若干份內應當完成的事務，反被他人完成，致使得某人喪失成長，承擔責任的機會。例如，父母親過度保護、關懷子女，多次代替子女完成學校課業；或藉由關說來減少子女應當擔負的作業或實習；當子女闖禍時幫助子女收拾善後，以上做法皆會使子女失去獨立成長的機會，導致缺乏在社會中獨立生活的能力。

(二) 喪失自我人格

錯誤的人際界線會使一方過於依附對方，喪失自我人格。例如，妻子容易將自己是否快樂，依附在丈夫心情是否愉悅身上。甚至將自己婚後的悲慘遭遇，皆歸罪在先生或婆婆的逼迫與虐待上。又如，子女將父母親的婚姻離異或感情失和，歸咎在自己行為不乖身上，進而生發錯誤的罪咎感。甚至當某人被他人恣意欺侮、惡意對待，由於缺乏勇氣向對方說「不」，以致於被他人予取予求，形成人為刀俎，我為魚肉，任人擺佈的情形，這是錯誤人際界線的例證。

四、開關人際界線的方法

基本上，界線是一扇門窗，而不是一座城牆，門窗可以隨時打開或關閉，適當連結人事物；城牆則是橫亙阻路，隔絕進出道路。至於開關人際界線的方法有四，如圖6-3所示，茲說明於後【6-5】：

將界限之內美好的事物存留下來

將界限之內不好的事物清除出去

將界限之外美好的事物吸入進來

將界限之外不好的事物隔絕在外

圖6-3　人際界線管理

> 界線是一扇門窗，而不是一座城牆，門窗可以隨時打開或關閉，
> 適當連結人事物；城牆則是橫亙阻路，隔絕進出道路。

（一）將界線內的美好事物存留下來

個人若要妥善開擴人際關係，首需對於界限內的美好事物，加以保存。其包括三類美好事物，說明於後：

1. **經典好書和名言佳訓**：在個人四周，若有經典好書和名言佳訓，理當予以留存。例如藝術文物和文學詩詞書畫，皆應加以保存，從而思想人文藝術、思想眞善美聖、思想信望愛樂、思想道德倫理，乃至於思想上帝創造等。

2. **溫馨回憶和美善經驗**：在個人過往生活經驗中，若遇溫馨回憶和美善經驗，皆須加以留存。例如旅遊相片、活動剪影、紀念實物、簡訊日記等。從而懷念回憶、省思珍惜，進而刻印心田，藉以擁有美好人生【6-6】。

3. **感謝、感恩和讚美**：在個人內心若想要感謝四周他人，感恩造物主上帝、讚美歌頌新生命等，啟動美好意念，即須讓此一美好感動持續留存，蔚爲活水江河，竟日川流不息。

　　例如，科學家牛頓發現萬有地心引力【6-7】。然而牛頓也是位神學家，他鑽研聖經的興趣絕不下於科學研究，牛頓發現科學理論和宗教信仰並不會彼此牴觸。因著牛頓信仰上帝並堅定留存內心，不管遭遇何種事情牛頓都能夠感謝上帝，讚美上帝，榮耀上帝，這使得牛頓的生命更臻美好，更臻美滿成熟。

(二)將界線內的不好事物清除出去

　　個人若要妥善開擴人際關係，更需對於界限內的不好事物，徹底清除淨盡。其包括兩類不好事物，說明於後：

1. **明顯的骯髒汙穢事物**：舉凡各種色情書報或影片、各級毒品或菸酒淫具，都是明顯的骯髒汙穢事物，應當堅定的將它們掃除淨盡。因為這是有害垃圾，需要加以清除，確保身心靈不受汙染。這就好像在自己家中，若是堆積垃圾、腐爛木材、腐敗廚餘、過期食品等，都應當立時清除，以免發出惡臭，引來蚊蟲、蟑螂、螞蟻，傳播病媒，甚至危及生命。

2. **不明顯的陰暗灰色事物**：舉凡各種貪心邪念、驕傲嫉妒（他人的美貌或財富）、前途無著的灰色思想、憤世嫉俗的黑色暴力等，而不論是內心意念、實體書報或虛擬3C物件，皆應驅逐出去，直接將它清掃乾淨。這就像我們每天需要刷牙、洗臉、洗澡、如廁、換洗衣物、傾倒垃圾，清掃自己的垃圾一樣。

　　面對界線內的不好事物，除了應當每天清潔和打掃外，更須定期大掃除全面整頓，才不會任其敗壞身心靈，產生錯誤的態度和行動。

　　例如，在2000年時，吳建豪因為演出流星花園的F4美作角色而紅遍東南亞，那時他僅22歲，從而在演藝圈中迷失自己，陷入色情誘惑、嫉妒迷陣、錢財陷阱中。吳建豪說，這段時間是他遠離上帝的時刻，他的人際關係和家庭關係都非常惡劣。後來吳建豪認識生命中最重要的耶穌基督，自此決心拋去不好的貪心、驕傲、嫉妒、欺騙意念，透過上帝信仰勝過環境誘惑，開始邁向美好人生。

(三)將界線外的美好事物吸入進來

　　個人若要妥善開擴人際關係，亦需對於界線外的美好事物果斷的說：

「是的，我要」，將它吸收進來，其包括三類美好事物，說明於後：

1. **美好景物**：對於外界的美麗風景和歡樂時光，要及時吸收進入內心。例如，在旅遊時，若遇見美麗風景或活動歡樂時，需要將此美好景物框進內心。

2. **美好事蹟**：對於外界的美善人物，例如古今中外的先聖先賢，就其所發生的美好事蹟，需要看成是生命典範，吸納心中以進行**典範學習**（**paradigm learning**）。例如，在課堂中，聽聞良師諄諄教誨古聖先賢的美好事蹟；或在書報攤中，閱讀良書嘉言訓誨，這時就應當將此視為生命標竿，邀請至內心以豐富個人生命，成就**標竿學習**（**benchmarking learning**）【6-8】。

3. **真心勸誡**：對於外界人士的真心勸告，出自他人的箴言勸誡，需要虛心接受此一忠告。例如，面對良師益友的真心勸誡，此固然忠言逆耳，但需要用心體諒對方為何願意大費周章的苦苦冒犯。此時，需要放下自己的面子和驕傲，打開心房接受勸告，這是最為難能可貴的品格。

　　例如，唐太宗重用正直敢言的魏徵，他察納雅言、明察秋毫，遂能振興國是，成就歷史上的「貞觀之治」，成為勤政英明的君王典範。在魏徵過世時，唐太宗傷心不已，說：「人以銅為鏡，可以正衣冠；以古為鏡，可以知興替；以人為鏡，可以明得失；魏徵沒，朕亡一鏡矣。」可見唐太宗對於魏徵所提供的界線外美好事物，十分懷念。

(四) 將界線外的不好事物隔絕在外

　　最後，對於界線外的不好事物，個人需要信心堅定的對它說：「我不要」。並將之阻絕在外，其包括兩類不好事物，說明於後：

1. **損人但利己的不好事物**：舉凡走私、販毒、洗錢、色情援交、強姦、賄賂、內線交易等都是害人的事情，雖會有金錢利益或肉體滿足，仍應斷然拒絕此一誘惑。另在旅遊過程中，如遇見不道德的風土民情、器物或飾品，更應拒絕購買，阻絕它進入自己家中。

2. **害人又害己的不好事物**：如吸毒、賭博、偷竊、搶奪、殺人，更需勇敢拒絕，無須擔心被他人排斥或是報復。另在電視、電影、網路、手

機或電腦中，遇見暴力、色情或血腥影片，即應當將該項不好事物隔絕在外。

再則，如遇見他人的言詞暴力或肢體騷擾，甚至性侵犯時，更需要堅定的說：「不要！」並機警求救、報警、告發，絕不要姑息養奸。

例如，2012年夏，藝人李宗瑞的拍攝小模淫照案件，占據各報章媒體的頭版版面。社會大眾多瘋傳、分享那些邪淫照片或影片。此時身爲一位有原則的大學知識分子，應該設定明確界線，勇敢對那些淫照說「不」。或許你的同儕會認爲你假道學或是很無趣，但你個人卻當藉此自保，拒絕汙染心靈的照片和物件。正如藝人范瑋琪即對此一事件宣示立場，聲明「三不」：「不收看、不傳閱、不討論」，此舉不僅可保護淫照受害人，更可將不好的黃色邪淫事物，隔絕在個人界線之外。

界線更包括心理界限，即分辨此一事情是屬於「自己的事情」，或是屬於「別人的事情」；亦即釐清此一事情是屬於「自己應負的責任」，或是屬於「別人應負的責任」。若是自己分內的責任，理當自己勇敢承擔；若是別人的責任，則應由對方自力承擔。這時我們只能基於愛心的緣故，協助對方處理，而不是幫對方全部扛下。這是個人執行「愛、生活與學習」事物的基本原則【6-9】。

例如，經濟不景氣中，若有人遭遇裁員風暴而失業。個人可以買個便當探望對方，並提供對方教育訓練資訊或介紹工作機會，而非給予金錢或物資。因爲尋找並努力工作以養活自己和孩子，這是對方應當承擔的責任。

【智慧語錄】

世界上最寬闊的東西是海洋，比海洋更寬闊的是天空，比天空更寬闊的是人的心靈。

——雨果（Victor Hugo），詩人，《鐘樓怪人》與《悲慘世界》作者

上帝給了人兩耳和雙眼，但卻只有一張嘴，意思是要人多看多聽而少說。

——蘇格拉底（Socrates），古希臘哲學家

6.3 人際關係的三個尊重

尊重心牆、尊重對方、尊重差異，是建立和諧人際關係的重要通關密語。

【問得好】：你怎樣才能和他人維持和諧穩固的人際關係？

此外，在溝通時需要留意人與人之間那微妙的安全感尺度，不要刻意侵犯對方，因爲每次的侵入，皆會提取關係存摺中的款項。

所謂的安全感尺度，指雙方現有關係程度中，令人感覺舒適的說話方式。此時，爲建立和諧的人際關係，史邁利（Smalley）指出，在溝通時需要留心「三個尊重」，以保有雙方的安全感尺度，即尊重心牆、尊重對方、尊重差異【6-10】，茲說明如下：

一、尊重心牆

尊重心牆是尊重現況，就是在溝通時尊重對方設下的不安全感防備城牆。其中包括兩種心牆，說明於後：

(一) 尊重逃避閃躲的心牆

由於對方並未準備好面對我們的莽撞闖入，因此會引動對方的防衛機制，築起防衛心牆。若對方強行闖入，必將導致對方的慌張失措和不必要的難堪及尷尬。或是雙方關係尚未熟絡，因此一方會築起一道心牆，用來逃避對方的搜索，保護在牆內脆弱的心靈。

(二) 尊重害怕緊張的心牆

由於對方對若干事物曾有不好的經驗，因此心生恐懼和害怕，進而築起高牆，避免再次經歷類似的景物。若對方欲強行闖入，必將引發深層恐懼，甚至情緒失控導致發生危險。

個人的內心則會有想打破對方心牆的衝動，但這時卻需要先做些預備動作，例如，我們爲對方做些服務、做些友誼示好舉動、表達我們若干善意等，醞釀日後雙方進一步溝通的氛圍，這樣自然可使對方感到誠意，逐步卸下心防，自行打開心牆。事實上，對方會築起那道心牆是有原因的，

我們需先承認此事實，且我們需讓對方了解，我們不會強迫他限時拆掉這道牆，除非他感到安全而心甘情願拆除。直等到那時自然水到渠成，進到更美善的境地，因為我們已經尊重對方照顧自己那道心牆的自由意志。

二、尊重對方

尊重對方即尊重生命，在溝通時要尊重對方這個人，維持尊貴般的尊敬。其中包括兩種權利，說明於後：

(一) 尊重生命人權

尊重生命人權就是尊重對方是位活著的生命個體，是某位父親的兒子或是母親的女兒。不要因為對方的種族、出身、身高、體重、容貌、職業收入、社會地位、居住地區等不同，即輕看鄙視對方。要將對方看成是上帝美好創造般的尊重他，給予應有的尊榮。因為每個人都是上帝神聖、奇妙的創造，是無價之寶。當我們用上帝眼光尊敬對方，肯定對方價值時，我們和對方之間就形成足夠的安全感，能增進雙方關係的成長。

(二) 尊重所有物權

尊重所有物權就是尊重對方所擁有的物品、房間或土地等，不要因為和對方已經熟絡、關係匪淺，因而失去對對方的起碼尊重。例如，父母私自進入子女房間、妹妹私自打開姐姐衣物、教師私自侵犯學生隱私、上司粗暴言語冒犯下屬等，上述不尊重的行為必破壞雙方現有的關係。

> 當我們用上帝的眼光，尊敬對方，肯定對方的價值時，我們和對方之間就會形成足夠的安全感，能增進雙方關係的成長。

三、尊重差異

尊重差異即尊重特色。即在溝通時要用好奇的眼光，而非評斷的角度，看待我們和對方之間的不同點。其中包括兩種差異，說明於後：

(一) 尊重天生自然性差異

尊重差異是尊重上帝的創造，上帝創造的各人都是不同個體。有人是白皮膚藍眼睛，有人是黃皮膚黑眼睛。有人身高達七呎，有人則不足五呎。有人運動細胞發達，有人心思敏銳。有人活潑開朗，有人內向沉靜

等。

　　這時，我們不能切掉對方某個部分，而必須全部接受對方，看成一個整體。如此便給予彼此足夠的空間，讓大家皆能表現自己，也覺得有安全感。他不必刻意遮掩自己的某個面向，因爲好奇心會帶來安全感和彼此敞開，滋生生命的互動關係。

(二) 尊重後天社會性差異

　　尊重差異更是尊重社會化的影響，在不同國度，有人生在原野森林而善於騎射，有人長於城市都會而諳於金融。有人家中崇尚開放教育而重視創新多元，有人家中多禮教薰染而重視規矩次序。又有人自幼即失怙而勇敢獨立，有人則因父母溺愛而懦弱無能。

　　面對後天的差異，我們需要用一顆好奇心來欣賞，用一顆探險的心來品味對方。基於好奇心會產生興趣和安全感，探險會帶來驚喜和相互尊重，進而開啟生命的互動喜悅。至於妄加評斷會貶抑對方的價值。也只有在彼此選擇珍惜對方的情況下，能開始安全的了解爲什麼對方的行爲和我不相同的原因。因此，尊重差異是維護雙方安全感尺度的重要機制。

【智慧語錄】

　　向上級謙恭，是本分；向平輩謙虛，是和善；向下級謙虛，是高貴；向所有的人謙讓，是安全。

　　　　　　　　　　　　——亞里士多德（Aristotle），哲學家

　　平凡的人，最大的缺點是常常自以爲他自己比別人都要高明。

　　　　　　　　　——富蘭克林（Benjamin Franklin），科學家，發現電力

6.4 愛的語言

　　透過關愛的語言，能夠表達愛的關懷非常必要，特別是在家庭生活。因爲愛的語言就像是暖心溫泉，可以融化冰冷的關係高牆，可以打破冷漠的關係隔閡。這是一道強而有力的人際關係強化工具，說明於後：

一、愛的存款多多益善

　　朋友或家人之間的情感水位高低，很像是到銀行的存款和提款行動，

代表著你們之間的愛的存款水平。當你給對方一次愛的行動，就相當於在家人的存款簿上，存進一筆愛的款項；而當你得罪對方或是讓對方失望一次，就相當於在家人的存款簿上，提走一筆愛的款項。

這時，若是朋友或家人之間的感情水位高漲，例如已經有1000萬元，則萬一發生一次傷害事件，提款100萬元，則彼此之間的感情水位仍然還有900萬元，該負面事件影響不大。相反的，若是彼此之間的感情水位很低，例如只有50萬元，則萬一發生一次傷害事件，提款100萬元，則彼此之間的感情水位就蕩然無存（–50萬元），可能分道揚鑣，這次負面的事件就影響深遠。感情存款不足，一件區區小事，恐怕就成為壓垮駱駝的最後一根稻草，不可不慎。

怎樣快速累積愛的存款呢？一個有效的方法是「存一進百」。要投其所好，而不是給己所要。就是愛要做在對方的需要上面，也就是需要愛在對方所看重的地方上面。絕對不要「自己做到流汗，反而被對方嫌到流唾（台語）」，那就沒有智慧了。

一個人會快樂，兩個人（配偶）則會成長，三個人以上（配偶加上兒女）就會邁向成熟。事實上，婚姻雖然不能有後門，但是卻有天梯，只要雙方同心協力，一起爬天梯，自然會有美滿的結果。有道是：「花若盛開，蝴蝶自來；人若精彩，天自安排。」美滿婚姻的結果絕對是你眼睛未曾看見，耳朵未曾聽見，內心也未曾想到的，超過你所求所想的美好。因此多多累積愛的存款吧！

二、五種愛的言語

累積愛的存款就是積極向對方表達關愛，努力提升彼此之間的感情存款。關愛是需要表達出來的，因為沒有經表達出來的關愛，對於接受者而言，效果等於零。將關愛表達出來則是需要言語和行動做為工具。

蓋瑞切皮曼（Gary Chapman）所提出的「五種愛的言語（5 love languages）」。就是五種表達關愛的方法，包括肯定的言詞、精心的分享、創意的禮物、貼心的服務、身體的接觸等。說明於後（參見圖6-4）：

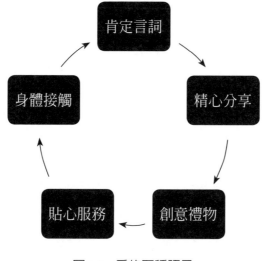

圖6-4　愛的五種語言

1. 肯定的言詞

　　肯定的言詞就是支持、欣賞、肯定對方，是表達關愛家人的話語。愛在心裡，口就要開，千萬不要愛在心裡口難開。例如，更肯定的使用「很好」、「超讚」、「非常棒」、「好厲害」的肯定言詞。來取代中性、模稜兩可的「不錯」、「普通」、「還可以」的說法。還有，要多說「我愛你」、「我好想你」、「你好美」、「你好帥」等愛的言語。切記，千萬不要用「死」、「鬼」等的惡毒字眼來咒罵對方。例如，使用「去死」、「鬼打架」、「爛死了」、「死到哪裡去了」等負面話語。

　　要說出肯定的言詞，需要經常欣賞家人的優點，看他們比自己強。你要學習多看家人的優點，少看家人的缺點。況且所謂的「缺點」，其實只是優點的過度使用而已，故不需要將焦點放在家人的缺點上面。反倒是應該將眼光全部集中在家人的「優點」上面，這樣才能夠看見家人最美好的一面。看他們比自己強，進而發出由衷的讚美和驚歎。同時切記，若是不得已要提家人的一個缺點時，需要先提出家人的三個優點，使家人樂在其中。這樣才能夠使家人在面對你的指責時，有足夠的承受力量。事實上，與家人之間的任何差異，是帶來生命豐盛祝福的機會，從而可以將差異轉

換成爲祝福。

2. 精心的分享

精心的分享就是用心的對待對方，包括兩種層次的分享。第一是精心的交談，交流分享生活上的瑣事，表達關心和在乎對方，這絕對是家人間最難能可貴的甜蜜時光。第二是精心的陪伴，因爲時間是最寶貴的資源，願意花時間和家人在一起，就是愛的表示。對於深陷忙碌漩渦中的現代人，單純的陪伴更是最高級愛的境界。特別是手機等3C產品無孔不入，經常會打斷破壞陪伴的和諧氣氛，因此，在與親密家人共處時，將手機關機或轉成震動，乃是成就精心陪伴的重要條件。事實上，上帝也是差派祂的獨生兒子耶穌，道成肉身來到世界上，又差遣聖靈無時無刻的來陪伴你和我。

3. 創意的禮物

創意的禮物不在乎禮物的大小和貴重，而是留意到對方的眞實需要，以及對對方具有特別意義的禮物，不管對方是不是已經擁有相類似的物品。例如，爲對方畫一幅畫，做爲心意的表達，使對方心動，成爲對方珍愛的創意禮物。事實上，上帝也爲我們預備創意的禮物，就是把祂的獨生兒子耶穌當作禮物，降臨到世間來送給世人。

4. 貼心的服務

貼心的服務是針對方的特定需要，所做的窩心服務。例如，配偶身心俱疲返家，立刻給配偶愛的按摩，和準備熱水洗澡；或是配偶月事來潮的時候，就特別外出爲她買一碗熱騰騰的紅豆小湯圓，暖身又補血。這時仍需要注意個人應該擔負的責任，不可以一味的付出，進而使家人錯失長大成熟的機會。例如，媽媽爲兒女做牛做馬，照顧的無微不至，承擔過多。卻是使兒女成爲「媽寶」，永遠長不大。還有，家事服務也不可使用金錢報償做爲對價，例如，洗碗給個十塊錢，買醬油給個五塊錢等。這樣會使家事服務變質，淪爲工作服務的另一戰場，將情感關愛的意義喪失殆盡。事實上，所謂的「家事」，就是「家裡面的事情」。而「是家人就需要做家事」、「不是家人才不需要做家事」。故只要是家中的人，就需要來做家事，來表示自己是這個家中的一分子。而不是使用金錢當做對價，來鼓

勵家人做家事。不管是折衣服、擺碗筷、買衛生紙，或倒垃圾等家事，都是一樣的。事實上，上帝也是差派祂的獨生兒子耶穌，爲有如家人的門徒們洗腳服務。

5. 身體的接觸

身體的接觸是指肢體的撫摸，包括握手、拍肩膀、擁抱、親嘴等關愛的動作。基本上，每一個人都喜歡肢體上的碰觸，因爲適度的身體碰觸，會激發出快樂的酵素，使一個人感到興奮和愉快，而擁抱家人更是最熱情的方式之一。基本上，適當的肢體碰觸，如擁抱家人，這是一件好事，可以表達關愛。然而在東方社會則往往是「知易行難」，需要特別用心來突破。當然，若彼此並非家人或準家人，身體的接觸仍需保有一定的界線，不可越線。

愛的存款要怎樣進行呢。提供如何使關愛的五種愛的語言進行順暢，需要有智慧、有計畫的進行，不可以莽撞亂動。下面是一般的原則：

(1) 在家人非常忙碌的時候，需要安排精心的分享。例如，安排生日派對或是燭光晚餐。

(2) 在家人十分疲累的時候，需要安排貼心的服務。例如，爲配偶按摩或是放熱洗澡水。

(3) 在家人努力創業的時候，需要安排肯定的言詞。例如，言詞鼓勵對方或是正面強化行動。

(4) 在對方久未見面的時候，需要多做身體的接觸。例如，緊緊擁抱或是性愛纏綿。

(5) 在生活平淡無奇的時候，需要安排創意的禮物。例如，結婚週年禮物或是生日禮物等。

最後，關愛的行動是需要眞心的表示的。因爲關愛如果不是出於眞心，這就好像是鳴的鑼，響的鈸一樣。這不是爲了執行規定，也不是爲了落實責任，更不是爲了達成承諾，而是出於內心關愛的表示。愛的表達也需要及時，關愛絕對不是開立遠期支票，而是要珍惜現在。不是等到退休以後，再帶對方去環遊世界；而是這個禮拜六，就陪她到附近公園散散步；只要是還有機會，就需要用心的做，這樣才不會後悔。因爲，彼此相

愛，不是只在口舌和言語上，總要在行為和誠實上。配偶或家人通常是不會主動改變的，除非他感受到被愛和被接納。這就是幸福家庭的祕訣。

三、家庭有愛自然美

在與親愛家人或準家人相處時，不免會碰到許多事情，這當中通常包括一些問題。而當你的心思意念面對問題的本身時，你天然人的本性會很想集中精神在環境上，就是專注在問題上，你會很想把自己丟到問題中，和問題混戰，好像自己需要馬上戰勝問題。在這個時候，你的聰明才智會為了處理問題而快速運轉，你的全身會變得緊張僵硬。除非你能夠馬上解決問題，否則你就會陷入、籠罩在陣陣的挫敗感當中。

在這時，你便已經是掉進問題的系統當中，失去焦點，反而看不見上帝的那一隻看不見的手。也就沒有辦法用超然的角度，從上帝外在的角度來處理與家人相處的問題。若是你能夠在問題或難題臨到時，試著和上帝討論和對話，並且用上帝的眼光來重新看待問題。這樣來說，你便會在你自己和你的緊張憂慮間，放進一個緩衝劑。從而你能夠「跳出三界外，不在五行中」，用上帝的眼光來看這樣的事情。你便會發出會心的微笑，或許是淡然處之，甚至是大笑三聲，從而能夠溫柔靈巧的處理每天的各種問題。

在你在與親愛家人或準家人相處中，時時刻刻都會有一些決策點，有許多時間是你必須馬上要做出決定。例如，決定吃哪一種口味的晚餐、晚上要不要一起吃晚餐、一起走路時要走快一點還是慢慢走、要不要一起快跑幾步追上公車、家門口的電梯門快要關了要不要一個箭步衝進去、要不要點開LINE、臉書或簡訊等社群軟體等。在這個時候，你需要一些基本原則，來幫助自己做出更好的決定，而且不會因為小事情不如你意而悶悶不樂，甚至情緒抓狂。多數人的決定是透過習慣性反應、自利動機，或是刻意討好別人來做決定。這樣來說，便容易失去快樂的心情，而沒有辦法做到「常常喜樂」。

在這個時候，你要想辦法將上帝拍進到你自己的相機中。心中想到上帝，看上帝一眼。在靈光一閃當中，想一想你要怎樣做，上帝就會開心。於是你便能夠做出正確的決定，在這個時候，上帝同在的喜樂自然會在心

中，湧流出來。

【智慧語錄】

　　人的生活離不開友誼，但要得到真正的友誼才是不容易；友誼總需要忠誠去播種，用熱情去灌溉，用原則去培養，用諒解去護理。

　　──馬克吐溫（Mark Twain），小說家，《湯姆歷險記》和《頑童流浪記》作者

　　真誠的、十分理智的友誼是人生的無價之寶。你能否對你的朋友守信不渝，永遠做一個無愧於他的人，這就是你的靈魂、性格、心理，以至於道德的最好的考驗。

　　──馬克吐溫（Mark Twain），小說家，《湯姆歷險記》和《頑童流浪記》作者

【本章註釋】

6-1 核心關係圈的黃金關係圈之說明，敬請參閱趙燦華譯（民94），《關係DNA》（蓋瑞・史邁利著），加州：美國麥種傳道會出版。

6-2 「因此人要離開父母，與妻子聯合，二人成為一體」，原文出自《聖經・創世記》，第2章第24節。

6-3 「要孝順父母，使你得福，在世長壽，這是第一條帶應許的誡命」，原文出自《聖經・以弗所書》，第6章第2-3節。亦是摩西十誡中的第五誡，請參見出《聖經・埃及記》，第20章第12節。

6-4 敬請參閱蔡岱安譯（民90），《過猶不及》（亨利・克勞德、約翰・湯森德著），美國加州：臺福傳播中心出版。

6-5 開闢人際界限的方法，敬請參閱葛幼君譯（民95），《從NO到GO：界限越清楚，自由越無限》（大衛・麥肯納著），臺北市：啟示出版社。

6-6 要珍惜溫馨回憶和美善經驗，珍惜感恩是一種最好的習慣，敬請參閱Urban, H. (1995)，*20 Things I Want My Kids to Know*，曹明星譯（民99），《黃金階梯：人生最重要的二十件事》（三版）（伍爾本著），臺北市：宇宙光出版。

6-7 有關萬有地心引力，即牛頓提出「萬有引力定律」係來自於其手稿《樸次茅斯文

集》之中，藉此合理解釋潮汐之生成和地軸二分點的運動與歲差之問題。

6-8 有關典範學習（paradigm learning）和標竿學習（benchmarking learning）的說明，敬請參閱Jossi, F. (2002), "Take A Peek Inside," *Human Resource Magazine*, June, pp. 46-52.

6-9 有關劃分「自己的事情」和「別人的事情」；「自己的責任」和「別人的責任」，即指立定人際界線。敬請參閱葛幼君譯（民95），《從NO到GO：界線越清楚，自由越無限》（大衛‧麥肯納著），臺北市：啟示出版。以及趙燦華譯（民94），《關係DNA》（蓋瑞‧史邁利著），美國加州：麥種傳道會出版。

6-10 有關尊重心牆的內容，敬請參閱趙燦華譯（民94），《關係DNA》（蓋瑞‧史邁利著），美國加州：麥種傳道會出版。

6-11 和界限共處的前提是界限必需清楚被他人看見，敬請參閱葛幼君譯（民95），《從NO到GO：界限越清楚，自由越無限》（大衛‧麥肯納著），臺北市：啟示出版。

6-12 「不要自欺，上帝是輕慢不得的，人種的是什麼，收的也是什麼」，原文出自《聖經‧加拉太書》，第6章第7節。

6-13 「愛裡沒有懼怕，愛既完全，就把懼怕除去」，原文出自《聖經‧約翰壹書》，第4章第18節。

行動作業：請試著針對一個事件，說明你需要怎樣重新調整來尊重雙方的人際界線，以增進彼此的友誼感受。

表6-1：「關係的黃金階梯」單元課程學習單──關係建立學習單

課程名稱：	授課教師：
系級： 姓名：	學號：
1. 特定友誼關係說明。	
2. 相互認識與默契培養的過程說明。	
3. 特定事件意見交流和共識建立的過程。	
4. 友誼關係建立的經驗請先不評價，盡可能描述行動經驗內容。	
5. 友誼關係建立反思觀察，你對上述行動經驗有何感覺？與自己期待符合？	
6. 行動和友誼關係維護連結圖，說明你運用哪些知識、概念、經驗、技能來維護關係？	
7. 友誼關係維護行動結果是否達成前述目標？距離多遠？如何改進？	
8. 你的其他意見	
老師與助教評語	

第七章　有效溝通力

【曉月生涯漫步】

　　現在請注意你的呼吸！

　　想像你每一口的吸氣就像是吸入上帝的慈愛，

　　吸入一口氣息，這一份愛的能量穿透你全身的細胞，

　　停下來感受一下，你是不是覺得自己是很可愛的呢？

　　你的一舉手，一投足，動靜之間，是不是都是姿態優雅，笑容可掬
呢？

　　另外，你每一次的吐氣，就帶著一連串的卸下重擔、壓力釋放，

　　也就是傾倒出你心中的憂慮、煩躁、憤怒與不安情愫。

　　在你的內心裡面，這些負面的能量是不是都完全丟掉了呢？

　　若是你能夠感受到，你活在這份愛的幸福感受裡面，

　　上帝給你的愛的呼吸，就已然充斥在你的全身當中，

　　充滿在你全身上下的每一個細胞當中。

　　那麼，當你去接觸你四周圍的人們，你必然可以散發正向愛的能量，

　　做出有意義的人際溝通，體驗到什麼是真正的和諧人生，

　　就會自然形成人際關係愈溝通愈幸福的豐收景象，

　　而這也正是本篇章人際關係溝通寶典中的最核心部分。

7.1 PAC 交流分析

　　人與人的對話就像是打乒乓球一般，有三種不同位階，可以時高時
低，這回高下回低，變化多彈性大，雙方需拿捏得恰到好處，好像雙人芭
蕾舞般的美麗，這就是溝通力的巧妙之處。

【三國小啟思：關羽大意失荊州係自傲不與人溝通】

在曹操親自率領百萬大軍揮軍江南之際，諸葛孔明曾向孫權提議，組成吳蜀聯軍來對抗曹操，這是知名的軍事聯盟提案。因此才有後來的孔明和周喻策略聯盟，大敗曹操水軍於赤壁，史稱「赤壁之戰」。

後來，劉備攻下西蜀漢中等地，劉備待在成都稱帝，並委派**關羽**鎮守軍事要地荊州，諸葛孔明對關羽提出八字箴言：即「北拒曹操，東和孫權」，此為明察天下大勢的月且箴言。可惜後來關羽因為恃才傲物，輕看孫權的水陸大都督陸遜將軍。進而北上攻打曹操，和曹操大軍於襄陽、樊城地域相持經月。此時**陸遜**見到大好機會出現，遂偷襲荊州，攻破荊襄地域之間多個狼煙鋒火台，據以切斷關羽和荊州的聯繫通道，荊州於是被陸遜奪取，關羽因此大意失落荊州。

後來，關羽兵敗襄樊，在麥城附近被陸遜生擒，當時最靠近麥城的是劉封，他雖然鎮守在上庸地區，卻因為關羽為人高傲，不和他交往。劉封和關羽無交情便見死不救，遂使關羽被孫權生擒而殺害。這是因為關羽平日心高氣傲不與他人合作，因此在急需別人相助之際，得不到他人的奧援。

人與人的對話就像是打乒乓球一般，在雙方話語一來一往之間，掌握得恰到好處，就會像是雙人芭蕾舞般的美麗，這就是溝通力的巧妙之處。

【問得好】：你上次和家人快意溝通時，你是怎樣和他對話的呢？

在實際的溝通過程中，係包括平時的一般狀況以及戰時的特殊狀況兩種大分類，此即本章的內容安排梗概。在平時的一般狀況，即雙方的日常對話，使用「PAC交流分析」可有效改善溝通效率；在戰時的特殊狀況，特別是對方遭遇到哀傷和挫敗事件時，「同理心溝通」即可派上用場，逐步進入對方的內心，進行有效溝通。

有一位大學生請教老師，要怎樣才能夠獲得人生智慧。

「智慧來自能做出正確的決定，」老師緩緩說道。

「那要怎麼樣才能做出正確的決定？」大學生問道。

「這要從原則和經驗上雙管齊下，」老師這樣回答。

「那怎麼樣才能得到原則和經驗？」大學生繼續追問著。

「這個嗎，從聖經中可以找到很多人生原則；至於經驗則要從做出錯誤決定來獲得！」老師笑著回答。

「例如，每次爆發的爭吵衝突，就表示雙方在溝通的過程中發生障礙，這就需要用溝通交流分析，好好的面對，」老師舉例說明後，學生點點頭。

所羅門王箴言記載很多人生基本原則，若能遵守這些原則，則可讓人少走很多冤枉路，因為遵守命令的必少遭禍患，這是千古不變的真理。至於所做出的每個錯誤決定，也是十分寶貴的人生經驗，誠所謂：「不經一事，不長一智；前事不忘，後事之師。」我們實在應記取每個寶貴人生經驗，才不會平白受苦，原地空轉，虛度光陰。

首先指出的是，溝通中的對話（**dialogue**）一字，實為「dia」和「logue」的合體字，其中「dia」指穿透，而「logue」則源自「logos」的字形，指字面意義的本身。故對話是需要穿透雙方說話的字面表層意義，進入內心的深層交流，這是雙方溝通對話交流的本義【7-1】。

此時若想呈現對話溝通的能力，恩里貝能（Eric Berne）的**PAC交流分析**（**PAC transactional analysis, TA**）【7-2】便非常合用，如圖7-1所示。

PAC交流分析很像是兩個人打桌球、打羽球或打網球的情形。在說話時是一來一往的說，且是有來有往的應。呈現出有規律的輪流發言，同時有規律性的輪流傾聽。這時就需要合適的對話規則，有如道路交通規則般的要求用路人遵守，才能夠確保溝通對話時的通暢，產生溝通交流的快樂。PAC交流分析就像是溝通高速公路上的交通規則，車輛駕駛人透過適當運作來達成有效率的溝通對話，同時避免溝通撞車，因而成為雙方溝通對話的必要規則。

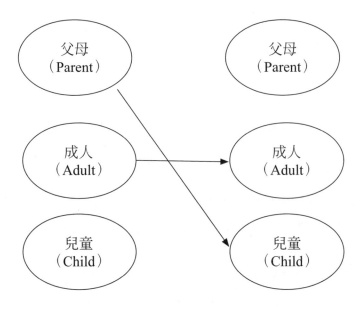

圖7-1　PAC交流分析模式

資料來源：整理自恩里貝能（1950）

一、三種交流角色

　　一個人表達自己意見時，按照說話語氣口吻的壓制性高低，可以分成三種位階，分別代表父母（parent, P）、成人（adult, A）、兒童（child, C）三種身分，即為「PAC」交流分析。至於PAC的說話角色，即指透過父母、成人、兒童的三種對話角色扮演，所形成的九種對話交叉組合。這是指二人在對話過程中，所表現出的下達命令、扭捏作態、倚老賣老、理性對話、天真無邪等不同的對話方式，進而逐漸超越字句本身的涵意，進行深層對話。PAC交流分析模式具有三種對話交流身分，如圖7-1所示。茲說明如下：

> 個人表述自己意見時，按照說話語氣口吻的壓制性高低，可分成三種位階，分別代表父母、成人、兒童三種身分

（一）父母的身分

　　「父母」（P）的身分角色，是一個人使用長者或權威人士的優越感身分，用高姿態位階，來和對方說話。這時個人在說話時，是根據個人主觀印象，站在高處的位置，來向對方說話，表現出獨斷獨行和強勢掌控的氣勢。至於父母身分的說話方式，更可分成三種子表達形式，茲說明於後：

1. 父母對父母（P對P）：這時是表現出父母對父母般的老成持重。例如，「現代的年輕人都不懂事，都很沒有禮貌」。

2. 父母對成人（P對A）：這時是表現出父母對成人般的倚老賣老。例如，「小老弟啊，聽我的勸，我走過的橋比你走過的路還要來得多」。

3. 父母對兒童（P對C）：這時是表現出父母對兒童般的命令權威。例如，「不准再玩耍，快點念書，馬上就去」。

（二）成人的身分

　　「成人」（A）的身分角色，是一個人使用理性溝通的方式表述意見，用平輩的位置，來和對方對話，表現出說理論證的架式。至於成人身分的說話方式，更可分成三種子表達形式，茲說明於後：

1. 成人對父母（A對P）：這時是表現出成人對父母般的恭敬尊重。例如，「請你退開，不要管我這件事情，好不好」。

2. 成人對成人（A對A）：這時是表現出成人對成人般的理性思辯。例如，「根據最新統計資料顯示，臺灣每三對的新婚夫婦，就會有一對夫婦是以離婚收場，值得關切」。

3. 成人對兒童（A對C）：這時是表現出成人對兒童般的命令下達。例如，「現在給我馬上回家，因為時間已經到了，你再也沒有理由留下來」。

（三）兒童的身分

　　「兒童」（C）的身分角色，是一個人使用天真無邪的溝通方式表述自己的意見，說話位置是以低姿態位階發言。至於兒童身分的說話方式，可分成三種子表達形式，茲說明於後：

1. **兒童對父母（C對P）**：這時是表現出兒童對父母般的撒嬌要賴。例如，「你一定要讓我買這一件衣服，拜託、拜託你，好不好嗎？」

2. **兒童對成人（C對A）**：這時是表現出兒童對成人般的投機取巧。例如，「媽媽說我可以晚點回家，只要我有先打電話回家報備就可以」。

3. **兒童對兒童（C對C）**：這時是表現出兒童對兒童般的天真無邪。例如，「讓我們繼續玩，繼續玩，就是愛玩啊，耶耶耶」！

　　這時溝通是使用上述三種角色，和他人進行溝通交流，這就是「交流分析」，又可分成互補式交流和交錯式交流兩種子形式，首先說明互補式交流如下：

二、互補式交流形式

　　基本上，發訊者和收訊者之間的對話，就像是在打乒乓球一樣，在雙方話語的一來一往之間，掌握得恰到好處，就會像是雙人芭蕾舞般的美麗，這就是溝通力巧妙的地方。

　　互補式交流（complementary transaction）是指個人的意見表述方向和對方的意見回應方向間。這時刺激和反應的流動路線，呈現出「平行式」的互補形式。這時雙方的交流動線保持暢通，並沒有出現相互衝突和衝撞交錯的情形，是相對優質的溝通互動方式。如圖7-2所示。茲列舉四種常見的互補式交流形式如下【7-3】：

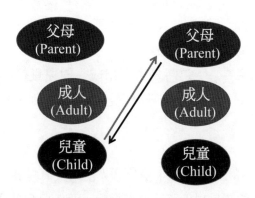

圖7-2　PAC的互補式交流

資料來源：整理自恩里貝能（1950）

（一）（P對C）與（C對P）

　　若一方以父母對兒童（P對C）的權威命令型態來說話，另一方則回應以兒童對父母（C對P）般的順命服從姿態，便會形成PC對CP的互補式對話交流。這時由於一方用長者的位階自居，另一方則順應以孩童的位階來回應，就會形成互補順暢式的交流溝通形式。如以下的對話：

　　P對C發訊：「這件事情沒有完成，你該當何罪？」
　　C對P回訊：「是的，小的罪該萬死，甘願受罰。」
　　P對C發訊：「還不快點給我拿著包包。」
　　C對P回訊：「老佛爺吉祥，喳，奴才接旨！」
　　P對C發訊：「這是你的責任，你忘記了嗎？」
　　C對P回訊：「是的，老婆大人，小的這就去辦。」
　　P對C發訊：「你什麼都會丟，你到底什麼東西不會弄丟！」
　　C對P回訊：「老婆大人，我丟掉過很多東西，但是我絕對不會把妳
　　　　　　　　弄丟的。」

（二）（A對A）與（A對A）

　　若一方用成人對成人（A對A）的理性分析的型態來說話，另一方則回應以成人對成人（A對A）的理智應對形式，同樣也會形成AA對AA的互補式對話交流。如以下的對話：

　　A對A發訊：「我相信你能夠完成這件任務。」
　　A對A回訊：「是的，如果沒有意外的話，我一定可以準時做完
　　　　　　　　它。」
　　A對A發訊：「我想，現在我們必須先坐下來，好好的談談。」
　　A對A回訊：「對啊，只有心平氣和把話好好說清楚，才能夠真正的
　　　　　　　　解決問題。」
　　A對A發訊：「根據報紙，最近油價電價都上漲，老百姓的日子更加
　　　　　　　　難過。」

A對A回訊：「沒有錯，什麼都上漲就是薪水沒有漲，也難怪老百姓
　　　　　這些日子都怨聲載道。」

(三)(C對A)與(A對C)型

　　若一方用兒童對成人（C對A）的低位階型態來說話（撒嬌）時，另
一方則回應以成人對兒童（A對C）的理智照管型式，同樣也形成CA對
AC的互補式對話交流，這時可形成順暢溝通，這類型交流經常發生在好
朋友、夫妻、閨密間的溝通。如以下的對話：

C對A發訊：「幫幫忙，我快不行了，只有你能夠幫助我！」
A對C回訊：「沒有問題，這一件事情就包在我的身上，你得救
　　　　　了。」
C對A發訊：「人家不管啦，我就是要它，我就是喜歡這個東西
　　　　　嘛！」
A對C回訊：「好了，寶貝，看在你這麼喜歡的份上，買給你就是
　　　　　了。」

(四)(A對P)與(P對A)型

　　若某一方用成人對父母（A對P）的理智語調發言時，另一方則回應
以父母對成人（P對A）的監督性防範和控制型式，這時就會形成AP對PA
的互補式交流對話，同樣會形成順暢交流，這種類型在同事、上下級、夫
妻間，都經常會發生。如以下情形：

A對P發訊：「來，幫我看一下地圖，我想我快要迷路了！」
P對A回訊：「沒有問題，這裡我很熟，我們不會迷路的，不過，我
　　　　　還是先看一下衛星導航定位。」
A對P發訊：「這件事情，可能需要先請示主任的意見？」
P對A回訊：「我想也是，這事不能草率決定，我們一起到主任辦公
　　　　　室走一趟。」

這時，因為前述發言說話和回應反應的對話交流路徑，是呈現出相互平行的交流狀態，並沒有產生相互交叉和彼此交錯的情形，因此會產生順暢式交流溝通結果，達成互相分享的快樂。這就像是「一句話說得合宜，就如金蘋果在銀網子裡【7-4】。」這種情況實在是無比甜美的。

(五) 美好對話的交流經驗

發訊者和收訊者雙方間的溝通對話交流，實在值得你我用心經營，來達成美好的交流體驗，形成效率化溝通以及身心舒爽的快樂效果。例如以下的對話：

> 發訊者和收訊者間的對話實值得經營，以收美好交流體驗，
> 形成身心舒暢的效益。

工作忙碌一整天，覺得超級疲累，在家門口前的巷子口，志明看到妻子春嬌便說道：

「我好累，整個人快癱掉，我的腳好痠好痠，我快走不動了，」志明不自覺的向春嬌撒嬌，

「好可憐哦，看你累成這個樣子，來，我扶你一把，回到家裡，先給你捶捶背，馬殺雞一下，」春嬌用成人對小孩方式的話語，張開雙手回應志明的需要，

「待會兒我要抹那個精油油，」志明還是像孩子向母親般的說話，要東要西……，

「那有什麼問題，馬上給您伺候，」春嬌用父母溫柔回答孩子般的來回應，由於溝通順暢，加上精油按摩，這使志明很快就感到十分的舒爽。

就在志明休息許久，抹完精油，也洗個熱水澡，躺在沙發上閉目養神，元氣恢復過來後，春嬌這時才將身子靠過來說：

「老公，老公，你知道明天是什麼日子嗎？」春嬌像小孩子一樣，開始對志明撒嬌，

「嗯，先別說，讓我來猜一猜。哦，明天是你重新上班的週年紀念日，這真是值得大大的慶祝一番，」志明用一種像國王一樣的口氣宣布這

個結果。

「那我們要怎麼樣來慶祝呢？」春嬌仍然孩子氣地説話。

「我們先一起在好口味餐廳吃午餐，然後，我們一起去土城玩，看油桐花，好不好？」志明好整以暇的慢慢説出計畫，一如慈祥父母哄孩子般的溫柔語氣説話。

「好耶，讓我們一起去好口味餐廳吃午飯吧，」春嬌興高采烈的回應著。

「太棒了！」志明也高興的附和著。因志明與春嬌之間相互溝通的順暢，遂得以享受美好的快樂人生時光。

【智慧語錄】

生命所提供的最好獎賞就是，有機會爲值得做的事情辛勤工作。千萬不要爲所沒有的來抱怨，要珍惜現在所擁有的。

——羅斯福（Franklin D. Roosevelt），美國總統

最要緊的是，要眞誠地對待你自己，而且要繼續下去，夜晚和白天，你不能對任何人虛假。

——莎士比亞，（William Shakespeare），文學家，《奧賽羅》、《哈姆雷特》、《李爾王》作者

7.2交錯式交流

發訊者和收訊者之間的對話若形成交錯交流，將會失去控制，產生有如高速公路爆發車禍般，車群連環碰撞，哀鴻遍野。

【問得好】你上次和你的家人發生爭吵時，你是怎樣和他對話的呢？

本節繼續說明PAC分析中的交錯式交流部分。

交錯式交流（**crossed transaction**）是一方的意見表達方向和對方的意見回應方向間，就是發言說話和回話反應間的交流路線發生相互「交

叉」的交錯形式，以致發生交流中斷的對話衝突或交錯糾結情形，這是相對劣質的溝通交流互動情形，應該盡量避免。如圖7-3所示。茲舉以下三種常見對話形式來說明【7-5】：

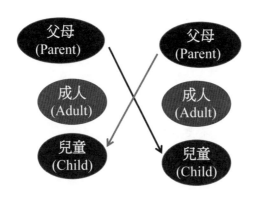

圖7-3　PAC的交錯式交流

資料來源：整理自恩里貝能（1950）

一、（P 對 C）與（P 對 C）型

　　若一方用父母對兒童（P對C）高位階的姿態，以命令式溝通的型態來發言時，另一方則回應以父母對兒童（P對C）高位階的指責式口吻，這時雙方就會形成PC對PC的相互交錯式對話交流。由於一方採取命令式口吻，而另一方並不服氣，同樣也採用相同的口氣回敬對方。基於雙方都是用高位階的掌控式意見表述，這時就會相互衝撞，使得溝通交流的對話過程發生撞擊而中斷，這種溝通的情況經常會出現在上級對下級、父母對子女間、丈夫對妻子間，如以下的對話：

P對C發訊：「快點給我去洗澡，你沒有看到我現在要洗衣服嗎？」
P對C回訊：「你沒有看到我現在正在讀書嗎，我現在沒有空洗澡。」
P對C發訊：「電視機的聲音開得太大聲了，現在馬上給我關小聲一
　　　　　　點。」
P對C回訊：「要你管，電視機我愛開多大聲就開多大聲。」

二、（A 對 A）與（P 對 C）型

若一方用成人對成人（A對A）理性分析的型態發言時，另一方卻回應以父母對兒童（P對C）的武斷式口吻，這時就會形成AA對PC的交錯式交流對話，同樣會導致溝通的中斷，然後雙方很有可能就會言語開罵，相互傷害。這在上下級、同事、夫妻、兄弟姐妹中經常會發生。如以下的對話：

A對A發訊：「我告訴你，家裡現在的開銷很大，你能不能就少花一
　　　　　　點錢，不要買這支手機。」

P對C回訊：「你不可以管我，我就是一定要買這一支手機。」

A對A發訊：「請你去倒垃圾，因為家裡待一會兒有客人要來，家裡
　　　　　　面有垃圾的味道，很沒有禮貌。」

P對C回訊：「叫弟弟去啦，我現在很忙，沒有空倒垃圾。」

三、（A 對 A）與（C 對 P）型

若一方用成人對成人（A對A）理性分析的語氣發言時，另一方卻回應以兒童對父母（C對P）低位階的感情撒嬌式口吻來應對，這時也會造成AA對CP的交錯式交流，導致溝通中斷，這在上下級、同事間、父母子女間、夫妻間經常會發生。如以下的對話：

A對A發訊：「我告訴你，家裡現在的開銷很大，你能不能就少花一
　　　　　　點錢，不要買這一支手機。」

C對P回訊：「人家不管啦，人家就是喜歡，喜歡這一款的手機。」

A對A發訊：「現在，爸爸躺在醫院，需要有人照顧，我看，我們輪
　　　　　　流照顧爸爸，好不好？」

C對P回訊：「不要叫我，這不關我的事，我不會做這件事的。」

這時，由於說話表述和回應反應的對話交流路徑，是呈現出相互交叉式的狀態，而不是平行式順暢狀態，因此會產生意見錯亂般的溝通混淆，

導致溝通阻擾，甚至溝通中斷、惡意漫罵的苦果，產生不快樂的對話。

四、（P對P）與（P對P）型

此外需要留意的是，在互補式交流中，另外還有雙方都用父母對父母的PP對PP溝通方式，雖然這時並沒有交錯溝通的矛盾和危險。但是，由於雙方都採用獨斷式的語氣，容易擦槍走火，一發不可收拾，形成壓制反制的惡性循環。如以下的情形：

P對P發訊：「你把衣服洗一下，家裡現在很亂。」
P對P回訊：「你沒有看到我很忙，你找別人做吧。」

五、（C對C）與（C對C）型

同樣的，CC對CC的雙方都是用兒童對兒童的溝通交流方式，也可能會造成場面一團混亂的結果，形成低效率的無政府狀態，需要特別留意。如以下的情形：

C對C發訊：「不管，不管了，我今天就是不想要做晚飯。」
C對C回訊：「不做就不做，那就完蛋了，大家都沒有晚飯吃了。」

總之，在交流對話方面，個人對生活的感受，某一層面會表現在對他人交流對話的品質上，這是促成有效溝通的踏板，也是做自己人生CEO的敲門磚，因而形成個人的有效溝通力。簡言之，個人欲和他人建立關係、強化關係和維護關係時，需要展現溝通力，避免由於交流對話方式的不協調，發生衝撞衝突，甚至破壞關係，這實在是不智之舉。

【智慧語錄】

爭吵是一種每個人都愛玩的遊戲。然而它是一種奇怪的遊戲，沒有任何一方曾經贏過。

——富蘭克林（Benjamin Franklin），科學家，發現電力

　　只有肚子餓的時候，吃東西才有益無害，同樣的，只有當你有愛心的時候，去同人打交道才會有益無害。

——托爾斯泰（Tolstoy），文學家，《戰爭與和平》作者

7.3同理心溝通

　　透過用心和用情的真心聽，可使收訊者跨越人際鴻溝，和發訊者站在同一陣線上，也就是和發訊者同國，對發訊者進行同理心溝通。

【問得好】：你要怎樣使用有情傾聽，來聽你同事的說話？

　　本章繼續將有效溝通的焦點置於「聽」的層面。在正常的PAC交流之外，當適逢特殊事件，如突然生病、發生車禍、工作遭到挫敗、考試落榜等意外時，需要透過同理式溝通來引導對方說出尚未說出來的話語、想法、情緒、心情和感受，此時需要敏銳對方的感受，藉由同理心將對方的心聲說出來。如此感同身受的溝通，當能贏得對方的尊重與信任。例如，父母在家中做好積極聆聽，願意專心聆聽，了解孩子的心聲，讓孩子感受到父母親重視他們。因為在未聽完就先回答的，就是他的愚昧和羞辱【7-6】。

> 同理式聆聽需要先聽出對方沒有說出來的話語、想法、心情和感受。

　　同理式溝通（empathy communication）是以對方的角色立場，站在對方的立場，以傾聽為起步，運用合宜的同理行動，在心態上感同身受，瞭解對方的內心感受，和對方站在同一陣線【7-7】，進而將關懷分享出去，達到愛心同享的結果。

　　同理式溝通包括感受情緒、角色移轉和同心共情三個子步驟，同理式溝通如圖7-4所示，以下先說明感受情緒：

圖7-4　同理心溝通的內涵

資料來源：整理修改自卡內基訓練機構

一、感受情緒

感受情緒就是「有情」，即用心感受的傾聽，茲說明於後：

感受情緒是「用心、用情感受對方情緒的聽」，此時需要用心感受，感受傾聽對方的情緒流露。專心聽、用心聽、用情感來聽、有情感的聽出對方的情緒走向和真實需要。當我們願意用心感受對方的情緒，就表示願意關心對方活生生的這個人，對對方這個人現在所經歷的所有事情抱持濃厚的興趣。這樣才能真正關心對方，專心「聽」出對方現在到底發生什麼事情，以及現在的情緒狀態。即我們用一個「專注且聽心」的態度，逐漸進入對方主觀的情感世界中。

這時有情的傾聽態度需要清楚呈現，有幾種有用的感受方式，說明於後：

(一) 邀請對方繼續說話

用心感受中，基本的方式是邀請對方繼續說下去，鼓勵對方持續說話，不要中斷，表示我們想要多知道一些，想要多了解這件事情的發展動向。例如：

「然後呢？」「還有呢？」「再來呢？」
「現在情況怎麼回事？」

「這件事情後來怎麼發展下去？」

「現在請你一定要告訴我，那邊到底是發生什麼事？」

「情況到底怎麼了？你真正的需要是什麼？」

「不是這樣的喔，看你眉頭深鎖、悶悶不樂，到底發生什麼事情？」

(二) 表示個人的位置

用心感受中，落實的方式是表示我們現在所在的位置，來支持對方持續說下去的心情。例如：

「我現在就活生生的站在你的前面。」

「我就待在你身邊，一直陪著你，等著聽你說話。」

「我想要連結你心中的想法。」

「我很想知道你這幾天所發生的事情。」

「我對你心中上下起伏的心情很有興趣，真正的感到興趣。」

(三) 專注傾聽

用心感受中，增強的方式是需要做到專注傾聽（intensity listening），專注在對方的情緒展現上，發現對方的情緒流露、辯識情緒種類，做到讓對方覺得我們願意專心聽他將話全部說完，然後才提出自己的想法。例如：

「由你說的話聽起來，你似乎很掛心這一件事情。」

「聽起來你有些不耐煩，因為你希望這件事情有人出面關心。」

「聽起來你很擔心，因為你以為這樣下去一定會出事。」

「在這個時候，我相信你一定很擔心他現在的安危。」

「你現在感到很害怕，覺得沒有人保護你，是嗎？」

「所以，你覺得很不公平，你需要有人來主持公道。」

「我感覺出來你有一點緊張和害怕，你害怕自己表現不好。」

「你看起來很失望，你看重工作能夠準時做完，不是嗎？」

(四)宣告合作的意願

用心感受中,高階的方式是宣告雙方的合作意願,我們向對方發出善意,願意共同努力承擔這件事情,來鼓勵對方續續說下去。例如:

> 「讓我們一起找出可以滿足你心中需要的方法。」
> 「讓我們站在一起,共同把這一件事情做好。」
> 「讓我們一起來做點事,使你的生活變得更好。」

也只有在上述的情況下,我們能夠開啟和對方內心的對話,有機會體會對方的真實感受和真正需要,給予真心回應,完成有情傾聽。

準此,有情傾聽實為必經之路。這時需聽出對方最近發生的事情,並且過濾對方的個人評斷。進而感受到對方的真實情緒和需要,同時過濾對方的個人想法,以及連帶產生的指責聲調,接得住對方所提出的幫助請求,並且不被對方的命令口氣所激怒。記得:「回答柔和,使怒消退;言語暴戾,觸動怒氣【7-8】。」只有透過感受情緒,才能孕育真正的同理心溝通,這是建立深層人際關係的起步。

二、移轉角色

移轉角色就是「移情」傾聽,就是我們轉移情感到對方身上,以換位來思考,也就是「傾聽加上辨識」,轉換立場,進行角色移情,站在對方的角度來思考,做到感同身受。移情傾聽涵括三種形式的轉換,即角色轉換、同理心轉換和情感移入轉換,說明於後:

(一)角色轉換

當我們站在對方的立場來看事情時,就表示我們願意先行放下自我優越感的位階,將對方真實的生活經驗,直接傾倒在自己的思維中。去想像若是自己有著如同對方同樣的成長背景和生活體驗時,是不是也會這樣做,甚至接受對方這樣的做法是對的,從而認同接受對方這個人。

換言之,這時是藉由「換位思考」的角色轉換,傾聽並體會對方的心情、感動、情緒和感受。並把自己想像成對方,想像自己是基於哪種心

理、基於哪種環境條件，才會發生這種做法，進而啟動這項事件。這時我們若是能夠完全換位，站在對方的角度思考，並且感同身受，抓住對方眞實的心境，定能踏進對方的內心【7-9】。因爲一顆溫暖的心腸，並接納對方的軟弱，會給對方強烈安全感和高度信任感，使對方願意卸下心防，分享內心祕密，從而我們能聽聞對方的心聲。如此一來便能和對方同心，建立深度人際關係。正如「人心憂慮，屈而不伸；一句良言，使心歡樂【7-10】。」

> 一顆溫暖的心腸，並接納對方的軟弱，會給對方強烈安全感和高度信任感。

(二)同理心轉換

在角色轉換後，便可進到同理心轉換，此時需確認以下幾個問題，包括對方看到什麼？對方聽到什麼？對方眞正的想法和感覺是什麼？對方說些什麼話、對方做些什麼事？對方的痛苦是什麼？對方會得到什麼好處？此六點即是同理心的六個層面，爲同理心地圖（empathy map）的內容主體【7-11】，茲說明於後：

1. **對方看到什麼**：描繪對方在他所在的環境中，他所看到的一切。包括報章雜誌、實體市場、寰宇世界、媒體網路、親朋好友（Line和臉書）等提供的訊息。

2. **對方聽到什麼**：描繪對方在他所在的環境中，他所聽見的一切。指外在環境怎樣影響對方。包括父母說的話、配偶說的話、朋友說的話、上司說的話、同事說的話、競爭對手說的話、其他重要人士說的話語等。

3. **對方眞正的想法和感覺是什麼**：試著描繪出在這種情況下，對方內心世界的眞實想法。包括眞正重要的事情、心中最關切的事情、最感到憂慮、不解和擔心的事情、心中最渴望的事物等，以及由當中所產生的內心想法和感覺。

4. **對方說些什麼話、對方做些什麼事**：想像對方可能會說些什麼，會做

些什麼，也就是對方當時可能會有哪些舉動。包括對方的外表和穿著、在公眾場合的發言、在重要場合的態度、對待他人的行動等行為。

5. **對方的痛苦是什麼**：感受一下對方的痛苦，可能是擔心事情的發展無法控制、恐懼某些事情會發生、令人困惑的事物，或面對橫亙在前的阻礙等。

6. **對方會得到什麼好處**：感受一下對方獲得哪些好處，包括有形和無形的利益。可能是某些想要取得的利益，或是需要獲得的利益。這些利益是對方眼中所看重的成功嗎？或是仍然有一些障礙在當中，它們是什麼樣的阻礙。

(三) **情感移入轉換**

在移情傾聽時，要有效發揮傾聽力，不僅要傾聽言語字句的本身，而且要超越話語背後的情感層面，也就是要傾聽出對方的情感。因為真正的訊息通常是話語背後的情緒感受。因此我們要傾聽對方的話語、聲音、手勢、經驗、行為等身體語言。若對方覺得在情感上被我們支持和瞭解，對方便會在內心感受到被關愛、被觸摸。因此當我們用情感傾聽對方，並且用情感和對方接近時，我們便能夠直通對方的情感內心，了解對方的情感內涵，形成情感移入傾聽。

首先我們要先問自己：「對方的這句話，對他的心情上發生哪種撞擊？」

當我們開始用情感來思想對方的話語內容，以及發訊者這時候的心情時，我們便是已經站在情感傾聽的大門口，很能夠抓到發訊者說這句話的真正用意，聽出他的心情、他的感動、他的情緒。

例如，當對方額頭深鎖，慢慢的說出：

「我覺得大學畢業生不該只領22K薪水，我認為他們不應跑到東南亞地區去打工。」

這時對方的心情多半是：「我很擔心臺灣現在大學生的競爭力，也擔

心東南亞國家的經濟發展比臺灣快速。」

這些超越外在言語的感動，會直通對方的心情和情緒。

這時，我們若能「聽見」對方的心情感受，便能以自己的感覺來迎合對方的感動，準備移情，即向對方說：

「哦！我看得出來，你真的很不快樂（或其它情感語句）！」

這時，若我們能進一步試著向對方說出以下對話：

「我知道你的感受！因為你是我的最要好的朋友！」

這樣的溫柔話語能夠使對方感到有人在關心他，就能強化情感移入的腳步，直通進到對方內心的同心共情。

同時，我們也可以試著探索自己的內心，去問自己：

「現在對方覺得怎麼樣呢？」

藉由這樣短短的一句話，我們可以檢驗情感移入傾聽的成果，探究對方內心的感動。再啟動自己的情感來觸動對方的心房，做到感同身受，在情感上和對方站在同一陣線。

此時，自己內心便會湧出許多感覺，如泉水般湧流出來，自己便可以開始觸碰對方的情緒（例如，擔心、害怕、緊張、痛苦、厭惡等），也在同時間進入對方的感覺中，故能夠設身處地體會對方的心情，從而自然完成流暢的情感移入傾聽。

例如，自己有感而發，由心底大嘆一口氣，說：

「我看得出來，這件事情傷害你很大，這件事情使你受到很大的打擊。」並接著說：「我在乎你的感覺，我在乎你現在的不好感受。」

也只有當我們了解對方的感覺，方能真正面對對方的難題，做好同心共情。

> 也只有當我們了解對方的感覺，方能真正面對對方的難題，
> 做好同心共情。

三、同心共情

同心共情即「共情」，我們和對方共情同心，共同進入對方的情感世界中，即說出對方內心的真正情懷，真心並同理地對待對方。

我們藉由「簡述語意」的共情語言，在傾聽後簡短表達我們了解對方的心情、感動、情緒、感受。藉此進入對方的內心，深度探索對方的內心世界，並且接納對方現在的心情，諒解該事件發生後的感受和事件背後的因果關聯。這時我們是和對方真正的同心合意，陪對方來面對此一問題。

在同理對方話語時，是透過傾聽和辨識的程序，做好同理對方的基礎工程。這時，我們若能藉由共情對話，和對方進行深度的心靈互動，和對方的內心發生共鳴，達成共情對話。這時我們需將心比心，易地而處，同理對方的心情。因為在對方分享自己（或他人）事情時，多半會引起自己想要分享本身事物的慾望，這時我們需要學習先放下自己的發表慾望，而去傾聽對方的經驗，讓對方覺得你是和他站在同一邊，你會和他共同來面對此事，當對方能夠喘一口氣後，我們才可找機會分享自己的事情。這樣的同心共情方式，能夠給對方相當大的安全感，成就同理心溝通。

例如：當對方沉迷於網路遊戲時，我們千萬不可直接阻止對方，因為這招一定無效。而是需要站在對方立場，有情、移情與共情和對方的內心互相對話：

「我學到一件事，就是你已經把電動玩具和網路遊戲，都做得很厲害、很熟練。」

「我也知道打電動玩具和網路遊戲是你現在所能做的事情當中，做得

最好、最棒的一件事情。」

「因為打電動玩具和網路遊戲，可以好好滿足你心中的需要。」

「你可以告訴我打電動玩具和網路遊戲，會滿足你內心的哪些需要嗎？」

「讓我們一起來想一想，是不是還有其他更好的辦法，同樣的也可以滿足你的需要，但所付出的代價卻比較小。」

也只有透過這樣的有情、移情與共情的辨識對話，方能讓對方放下武裝，卸除心防，願意和我們開始對話，這樣一來，真正的同理和行為改變方有可能產生【7-12】。理由是我們願意站在對方的立場，即是代表謙虛，願意放下自己的成見和驕傲。

泰戈爾說：「當我們大大謙卑的時候，便是開始接近偉大的時刻。」卡內基也說：「在人生的道路上若能謙讓三分，便能使天空寬、地表闊，消除困難，解除糾葛。」此點值得三思。

四、同理心傾聽小結

最後，若收訊者能夠做好同理心傾聽，深信就算遇到大衝突、大裂痕，也能夠縫合恢復，有辦法復合。例如以下的例證：

有一天，國雄也不知道是怎麼回事，整個人就是覺得很不對勁，覺得渾身無精打采，病懨懨的。妻子怡君見到國雄如此狼狽景況，便探過頭來問道：

「怎麼樣了，看你氣色很不好，整個人不太快樂。」

「是啊！」「今天實在是糟糕透了！」國雄回應。

「來！說說看，到底發生什麼事情，」怡君關心的問著，

「小張今天很差勁，自己做錯事情，還對我大小聲！」國雄提高音量說話。

「聽起來你感覺很不舒服，覺得自己很委屈，」怡君同理的探詢著，

「豈有此理，自己沒有做好，還推拖責任，」國雄生氣的說，

「你覺得很不公平！對於這樣一件事情，你很生氣，」怡君同理的說，

「對啊，眞是令我生氣，」國雄同時大力摔出一粒枕頭，心裡頓時覺得好爽。

「再說，看你的眼睛，好像還有一些事情沒有說，」怡君繼續接著問道，試著同理國雄的內心。

「喔，妳也看出來了，事實上，我好擔心這一件事情被我搞砸，」這時國雄的話語帶著陣陣的顫抖。

「是怎麼一回事，你能不能多說一點，」怡君繼續同理著，

「我好擔心，這一件事情我完全搞砸了，我害怕我做不好，我不好；」這時國雄的話語帶著陣陣的顫抖。

「不！不！不！這一件事情跟你完全沒有關係。你仔細想一想，這一件事情根本不是你的事，是別人的事情。不需要你來負責任，而是應該由別人來負責，」怡君的話語清楚而有力，使國雄茅塞頓開。

「眞的嗎，這不關我的事，我也不用爲它負責任，是我管過頭」，國雄語氣輕鬆，快樂地說。

「對啊，你只是扮演幫忙的角色，事實上，應該負起責任的人是小張，而不是你！」現在怡君這麼一說，國雄終於聽懂了，

「唔，唔，」國雄用力的點點頭，

「對了，再提醒你一下，你也不要再罵你自己。」怡君提醒說，

「事實上，這一件事情做得好與不好，跟你一點關係都沒有，你要把你自己和這一件事情，好好切割乾淨。」怡君繼續說，

好像如五雷灌頂一般，國雄突然覺得耳聰目明起來，全身重擔整個消除，原來，國雄給自己加上許多無謂的重擔。

這時國雄整個人十分輕鬆，全身舒爽，國雄更自由自在的唱起歌，讚美上帝的奇妙大能。

這時，完成行動作業是不錯的嘗試，可以學習怎樣進行同理心溝通，並建立起有效的溝通能力。

【智慧語錄】

如果你擁有某種權力，那不算什麼；如果你擁有一顆富於同情的心，那你就會獲得許多權力所無法獲得的人心。

——卡內基（Dale Carnegie），人際溝通專家，創立卡內基溝通訓練

眼睛不能看到你，因為你是眼睛中的瞳仁；心靈不能了解你，因為你是內心深處的祕密。

——泰戈爾（Robindronath Thakur），文學家，《新月集》與《園丁集》詩作者

【本章註釋】

7-1 敬請參閱陳淑婷譯（民103），《對話力：化衝突為合作的神奇力量》（二版）（丹尼爾·楊格洛維奇著），臺北市：朝邦文教基金會出版。

7-2 有關恩里貝能（Eric Berne）的PAC交流分析說明，敬請參閱Eric Berne (1950), Game People Play (PAC)。以及邱美華、陳愛娟、杜惠英（民100），《生涯與職能發展學習手冊》，臺北市：麗文文化出版。

7-3 互補式交流指發訊者的意見表達方向和收訊者的意見回應方向之間，即刺激和反應的互動路徑，呈現出「平行式」的互補形式。

7-4 「一句話說得合宜，就如金蘋果在銀網子裡」，原文出自《聖經·所羅門王箴言》，第25章第11節。

7-5 交錯式交流指發訊者的意見表達方向和收訊者的意見回應方向之間，即刺激和反應的互動路徑呈現出相互「交叉」的交錯型態。

7-6 「在未聽完就先回答的，就是他的愚昧和羞辱」，原文出自《聖經·所羅門王箴言》，第18章第13節。

7-7 有關同理心應用的說明，敬請參閱蕭美惠、林家誼譯（民101），《改變一生的人際溝通法則》，卡內基訓練機構，臺北市：商周出版。

7-8 「回答柔和，使怒消退；言語暴戾，觸動怒氣」，原文出自《聖經·所羅門王箴言》，第15章第1節。

7-9 敬請參閱鄭玉英、范瑞薇譯（民98），《辛克深度靈修之路》（約格·辛克著），臺北市：南與北文化。

7-10 「人心憂慮，屈而不伸；一句良言，使心歡樂」，原文出自《聖經・所羅門王箴言》，第12章第25節。

7-11 有關同理心地圖的說明，敬請參閱尤傳莉譯（民101），《獲利世代》（奧斯瓦爾德、比紐赫著），臺北市：早安財經文化。

7-12 同理心溝通的傾聽、辨識和溝通三步驟，請見蕭美惠、林家誼譯（民101），《改變一生的人際溝通法則》，卡內基訓練機構，臺北市：商周出版。

> 行動作業：請試著針對一個特定事件，說明你需要怎樣做 **PAC** 交流溝通，透過同理心溝通與適當處理來尊重雙方的情緒感受。

表7-1：「有效溝通力」單元課程學習單──同理心溝通學習單

課程名稱： 授課教師：	
系級： 姓名： 學號：	
1.請扼要說明某一特定事件的始末。	
2.這整個特定事件中，你做了哪些溝通？在這溝通過程當中，你看見、聽見或發現了哪些事、接觸到哪些問題？	
3.在這整個特定事件溝通中，你做了哪些「傾聽」的舉動，這些對你有什麼幫助或意義是什麼？	
4.在這整個特定事件溝通中，你做了哪些「辨識」的舉動，讓你有哪些成長？	
5.在這整個特定事件溝通中，你做了哪些「同理溝通」的舉動？你學到了什麼是原來你不知道的事情？	
6.在這整個特定事件溝通中，你有哪些是陳述事實與說出感受，而不加上個人判斷或提出個人想法？	
7.在這整個特定事件溝通中，你有哪些是表明需要，以及提出請求，而不落入指責對方或命令對方？	
8.這個特定溝通經驗，讓你自己有哪些成長？	
老師與助教評語	

第八章　尊重式溝通

【曉月生涯漫步】

　　在夏日午後，找一張舒服的公園長條板椅，

　　然後自己好好的坐下來，慢慢的回想一些事情。

　　你做什麼事情會一做就做得很久，一點也不覺得累，

　　這是什麼樣的一件事情，有哪些人，在什麼時候、什麼地方，

　　去體會一下你那時的心情，

　　也去思想一下是什麼帶給你那一把勁的。

　　然後，再去想一想，這一件事情和你的溝通方式有什麼關聯，

　　怎麼樣你才能夠在你的溝通過程中，也得到那一把勁，

　　這是一股清新的泉源，千萬要連結到你的溝通方式，

　　來，讓我們透過這一段早期的回憶，產生不一樣的態度，

　　甚至是不一樣的力量，來面對你的溝通對象，

　　使你產生快樂溝通的力量，甚至是獲得足夠的樂趣，

　　經營你的人際關係，迎接未來的挑戰。

8.1 澄清事實

　　有效運用尊重式溝通，必能做好有效溝通、尊重對方，和他人的內心實際接觸，這是溝通的硬目標，使你從心裡開始溝通，形成仁慈溝通。

【三國小啟思：劉備三顧茅廬】

　　劉備三顧茅廬是一個家喻戶曉的精采故事，劉備能夠延請到諸葛亮下山相助，全力輔佐，劉備的尊重、謙虛和真誠扮演十分重要的角色。

　　劉備投靠荊州劉表之際，回首前半生顛沛流離的苦境，在深思沉澱之後，醒悟到自己身邊少了一位運籌帷幄、決勝千里的軍師。此時謀士徐庶向他舉薦諸葛孔明，說：「琅邪邵陽都的諸葛孔明是曠世奇才，今隱居臥龍岡間，若能獲得此人襄助，便不愁天下無法安定。」劉備回答說：「那麼儘快去將孔明找來！」徐庶笑著說：「這個人嘛，親自去拜訪他或許可以請得動他，但是要下令叫他來就不可能成了。」

　　於是，劉備便帶著關羽、張飛，親自到臥龍岡去拜訪諸葛亮。不巧諸葛亮剛好有事出遠門，劉備只能留下「劉備來訪」四個字，失望的返回。

　　劉備第二次來訪亦再次失之交臂，同時擋住張飛的抱怨，張飛說：「只是一個鄉野村夫，何必勞動大哥，只消派個人叫他來便是。」劉備怒回：「諸葛亮是當代的大賢人，怎能隨意傳喚！」下令一心想要火燒茅蘆的莽撞張飛直接退下，因此依然保住雙方可以見面的機會。

　　劉備第三次準備再拜訪，關羽和張飛十分不高興，關羽說：「諸葛亮必定是虛有其表，因此躲避不敢見面」，張飛也說：「他若是再不出來，我就用麻繩將他綁過來」，劉備斥退關羽和張飛。後來劉備親自侍立在孔明家門外，靜候諸葛孔明午睡醒來、起身、更衣，一直等到孔明將一切準備妥當後，劉備才和孔明見面，雙方先分賓主對坐，聆聽孔明倡議「隆中對」，提出天下將要三分，劉備對諸葛亮的才華十分欽佩，遂邀請諸葛孔明下山襄助，諸葛孔明本來不想過問人間俗事，故以性情習於慵懶回絕，但劉備潸然落淚，說：「那天下倉生該怎麼辦呢？」孔明被劉備的尊重和真誠的「三顧茅蘆」誠心所感動，遂答應劉備，劉備這才獲得諸葛孔明下山相助，方能奠定日後魏、吳、蜀的三分天下大勢。

【問得好】：如果再一次面對你的家人（或同事）發生爭吵，你會怎樣和
　　　　　他對話？

　　在溝通過程中，除前章的PAC交流分析與同理心溝通外，更有「尊重式溝通」，係重新校準雙方溝通時的心態，打破我尊你卑、我強你弱的本位思想，而是做到真正的尊重對方，如此便能徹底排除溝通的人為障礙，做到真實溝通。也就是從內心尊重對方的「所是（Being）」，因為對方是活生生的一個人（human being），是某位父母親的兒（女），是上帝所創造的個人；而不是尊重對方的「所做（Doing）」，因為對方過往的歷史事蹟（his-story; personal doing），即工作職稱（功名）與社會地位（成就）。

　　偉生到新單位上班，工作半年業績卻未見起色，使得偉生十分挫折，深深覺得自己並不適任。

　　某一天，行銷部王經理找偉生談，偉生頭低得更低，怯怯說：「我並不適合做這份工作。」但是，王經理卻輕拍他的肩膀，慢慢說：「我想，你只是還沒找到訣竅發揮你的潛力而已，我相信你未來一定會表現得很好。」

　　「因為前些日子你的部門有人離職，你並沒有得到好的交接。剛好最近這幾個案子也都相當棘手，一般新手並不容易做好。」經理說明事情原委。

　　偉生十分驚喜、感動，他不禁脫口說：「真的嗎？」

　　王經理笑著對他說：「當然是真的。」經理繼續說：「我相信我的眼光，當初有這麼多人應徵，經過筆試篩選，我還親自面試錄取你，我相信你一定可以把這些事情做好。」

　　經過王經理的澄清事情並用尊重話語鼓勵打氣，偉生努力工作，並且隨時向長輩請益，結果往後九個月，偉生都獲得全公司的榜首業績，優異表現令人刮目相看。

　　本章進入溝通內容的正題，有效溝通需要透過從「心」開始溝通，運用仁慈話語，形成「尊重式溝通（respected communication）」。

　　具體言之，溝通硬目標在展現尊重式溝通，表現在尊重話語上。在此時，我們需挺身而出，面對問題本身；不可退縮牆角，天真期待衝突會自動落幕或消散無蹤。

　　尊重式溝通不僅是消極上不攻擊別人，更代表積極進入對方內心，真實和他人深度接觸，代表我們和對方間建立相互關係的實際形式。尊重式溝通係透過真正的聽與說，培養相互尊重，可使雙方心意相通，互助合作，共創雙贏人生。

　　基本上，**尊重式溝通包括兩個層次**，即溝通澄清與尊重邀請。在溝通澄清部分，包括陳述事實及說出感受兩者，分別代表理性與感性澄清。在尊重邀請部分，包括表明需要及提出請求兩者，分別代表尊重自己與他人【8-1】，如圖8-1所示。本節先說明溝通澄清部分：

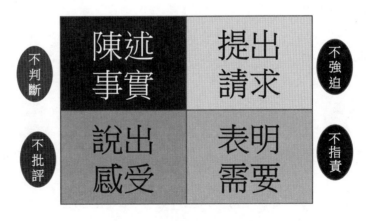

圖8-1　尊重式溝通的內涵

資料來源：整理修改自馬歇爾和盧森堡（2009）

一、陳述事實

(一)陳述事實的意義

　　陳述事實（present the truth）是指直接說明當時發生的實際狀況，而不加上個人主觀的評價。其中包括三個層次的陳述事實，茲說明如下：

1. 說明此時和此地

　　陳述事實首先需要說明「此時和此地」（now and here），具體呈現此時和此地現場所發生的實際狀況，說出當時有哪些人並做出什麼樣的事情，以及當時當地所看見的實際情況。在這時，需要好像自己親臨現場一樣，走遍現場的每個角落仔細察看；好像是用錄影機錄影一樣，忠實的呈現出所看到、所聽到，甚至所聞到、觸摸到的每一件事物。例如，這樣的說明此時和此地：

　　「客廳中有兩個男人，斜躺倒臥在沙發上，手中都拿著漢堡和小薯條，另外還有兩罐打開的可樂放在小茶几上，加上正開著的大螢幕電視。」

2. 說明客觀事情真相

　　陳述事實必須說明客觀事情的真相，而不可以添加個人主觀的意見或是判斷。例如，這樣的說明客觀事情真相：

　　「這個小房間的書桌上，有三瓶還沒有喝完的礦泉水，散落四處的五張餅乾包裝紙，還有捲成一團的骯髒衣服，」（這是眼中所見的客觀真相）。

　　而不是這樣的判斷說話：

　　「房間的主人非常懶惰，很邋遢，很骯髒！」（這是個人主觀的評斷）。

　　這是因為：「你們說的話，是就說是；不是就說不是；若再多說，就是出於那惡者」【8-2】。

3. 說明人證和物證

　　陳述事實需要說明人證和物證，這好像是警察在辦案時，需要保留人證和物證的完整。人證是指事發當時所有在場的人，以及他們的所見所聞。物證是指在現場所出現的動物、植物、物品和相關資料。重點是要盡可能的還原現場，呈現真實的樣貌，不可以加油添醋的自做主張、自行猜測。還有，若有任何旁證也需要加以呈現，不可任意忽略，例如相關的簡報資料、企業文件、附屬文案、聯絡Line、臉書內容、手機簡訊等。

(二) 杜絕個人判斷

　　陳明事實的相反就是主觀判斷，主觀判斷是在以下兩方面做出個人的判斷，茲說明於後：

1. 根據知識來判斷

　　首先，主觀判斷經常是根據當事人的知識做出判斷。這是因為在人類天性中，很喜歡根據自己的知識聰明來評斷別人，因為這樣的判斷他人就代表是你不懂而我才懂，是你不知道而我卻知道，是你不如我來得聰明，這充分表示出心理上的自大。

　　例如，志綱是國立大學畢業生，今到某企業上班，部門中隔壁有一位羅姓同事，他畢業於私立的技術學院，於是志綱一向輕看他。

　　某一天羅姓同事辦妥一件大案子，被主任大肆誇獎。這時志綱就酸說：「這件事沒有什麼了不起，不過是一個案子，幹嘛這樣大肆張揚！」

　　後來，羅姓同事犯了一個小錯誤，在數量計算上出錯，讓公司平白損失三千元。這時志綱就說：「看看看！沒知識，沒學問，辦事就不牢靠，錯誤百出喔！總之，只有技術學院畢業的人就是不靠譜！」

　　志綱說的這段話不僅流於個人主觀判斷，並且言過於實，還以偏概全。

2. 根據驕傲來判斷

　　更有進者，主觀判斷更是會根據個人的驕傲做出判斷。這時就是代表你的地位低而我的地位比你高，你是錯誤的而我是對的，是你不如我來得有權有勢，這是一種心理上的驕傲。

　　例如，在徐教授的教學生涯中，曾經碰到有個研究生，他常常拖延要交的論文進度報告，沒有準時交出報告。因此，徐教授對他的個人印象並不好。有一天，徐教授和學生們約定的時間到了，其他同學都如期交出進度報告，就只有這位同學沒有繳交作業。

　　這個時候，徐教授腦海中浮現一句話：「你真是一個偷懶、糟糕的學

生，你眞的不可救藥」，徐教授正準備說出這一句話，又馬上吞回去。直覺到這一句話是在別人身上貼上標籤：「偷懶、糟糕、不可救藥」，這是來自徐教授個人「評斷」的話語，會貶損到對方的人格和自尊，並無助於使對方日後能夠如期繳交報告。

事實上，徐教授應該這樣說：「某某某，到今天，你已經是第三次沒有準時繳交作業，你的論文進度嚴重落後，這一定會影響到你舉行畢業論文口試的時間，甚至你沒有辦法在這個學期如期畢業。」這是徐教授表述「事實」的話語，會清楚的說明當前的事實和處境。

又有一次，有一位學生交的報告內容不佳，實在令人搖頭，徐教授也馬上有一句話浮上心頭：「眞是有夠笨蛋，是一個大白痴，連這個也不會。」這也是一句「評斷」的話語，即「笨蛋、白痴」，這會打擊到他人自尊心。事實上，徐教授應這樣說：「這一題這樣寫是錯誤的表現方式，另外一題這樣寫是欠缺考量。」這樣說話才是描述「事實」的眞相。

陳述事實就是直接說明情境，加上判斷就是將個人的心情納入其中，會進一步將個人詛咒加入其中。例如，學生報告遲交是事實，教授生氣則是心情，而說出偷懶、白痴、不可救藥的言語就是對學生的詛咒了。因此，單純陳述事實而不加上判斷便是尊重式溝通的重要起步。

單純陳述事實而不添加個人的判斷是需要練習的。因爲人類的始祖亞當和夏娃在伊甸園，被蛇引誘吃下分別善惡樹的果子之後，就變得能夠分辨善惡【8-3】。而分辨善惡最爲明顯的記號就是評斷誰是誰非，評斷別人的好壞和優劣；而一個人在評斷他人時，很容易會和對方的自尊心及價值觀有所碰撞，甚至牴觸，因而引起對方的錯愕、氣憤、忿怒、羞愧感受，進而反擊回來【8-4】。因此，所羅門王說：「溫良的舌是生命樹，有智慧的必然得人」。所謂溫良的舌是指單純陳述事實而不加上個人主觀判斷的言語，這是「生命樹」的果子；而個人主觀的判斷言語，則是「善惡樹」的果子。因此，陳述事實是只說出所看見的眞實事物，而不要加入個人主觀的判斷。理由是：「甚麼都不要論斷，只等上帝的公義來到，上帝要照出暗中的隱情，顯明人心中的意念。」就是提醒我們只需要陳述事

實，而不加上判斷，在生命樹的基礎上和對方相互對話，在說話中結出生命的果子【8-5】。

> 我們需要單純陳述事實而不加個人判斷，在生命樹上相互對話，
> 在說話中結出生命的果子。

二、說出感受

本小節繼續說明邀請對方說出心中的感受部分。

(一)說出感受的意義

說出感受（**tell the feeling**）是指進入我們的內心，勇敢說出自己內心的真正感覺。這時是說出兩個層面的情緒感受，茲說明如下：

1. 說出基本情緒

基本情緒（**basic emotions**）是人類天生就有的，人類擁有十幾種基本情緒，這種情緒通常包括生理因素，全體人類所共同擁有的。常見的基本情緒包括「喜悅、憤怒、哀傷、厭惡、恐懼、驚訝」等。基本情緒通常會經由外界環境所啟動，再透過人體的感受器官傳到人體。例如，由於看見、聽見、聞到事物進而生成喜悅，此亦稱古典情緒（**classic emotions**）。古典情緒是指人類的情緒感受，即傳統的七情六慾，就是喜歡、驚訝；生氣、憤怒；悲哀、憂心、煩惱、擔憂；快樂、歡呼；憐愛、偏愛；厭惡、憎惡、嫌棄、害怕、恐懼；想要、欲望等各種的情緒感受。

說出感受的焦點是必須說出個人的真實情緒，而不可加入自己的任何評斷或是意見。一般而言，情緒感受是一項真實事件，它並不存在所謂的「對或錯」的價值判斷【8-6】。例如，說出基本情緒：

「當我來到你房間的書桌旁邊，看見書本攤在地面上，堆成三堆，你沒有把它整理乾淨，我心中覺得非常的生氣」（說出個人的內心感受）。

而不是說出個人評價：

「你的房間實在是太骯髒、太混亂了，好像是豬窩一樣，這樣你一定讀不好書，沒有辦法考上國立大學」（這是個人主觀的評斷）。

2. 說出複雜情緒

複雜情緒（complicated emotions）則是在基本情緒的基礎上，由於不同文化層面對於基本情緒有不同的認知，或是在特定的社會條件或是道德因素下的產物，故稱做複雜情緒。常見的複雜情緒包括「害羞、窘迫、羞愧、內疚、驕傲、難過、挫折」等。例如，說出複雜情緒：

「孩子，當我看到你數學期中考試考三十分的考卷，我覺得非常內疚；這是我不夠努力，沒有把你教好，我感到難過。」

「孩子，當我看到你考上這一次的公務員普考，你的努力已經被人看見，你的辛苦用功已經得到好的收成。我覺得非常開心，也感到非常驕傲，你不愧是我們家的大寶。」

（二）排除個人批評

相同的，說出感受的相反就是個人批評（指責），個人指責和批評是在兩個方面進行個人主觀評判，茲說明於後：

1. 根據本位來批評

首先，本位思想是依據個人主觀的立場來批評。因為在人類的天性中，自然會用自己的角度來評價判斷對方，因為如此評價對方就代表我的眼光優而你的眼光差，我的角度高而你的角度低，我的眼光和角度比你的眼光和角度更好，這就是一種自私自大。

2. 根據偏見來批評

更有甚者，主觀判斷或批評會依據以偏概全或以全概偏的偏見來判斷。就如「以偏概全」的月暈效果（halo effect），或是「以全概偏」的刻板印象（stereotype），這是代表你要照我的意思來批評或判斷，你要照我的意思來行動，這是一種你比我小而我比你大的觀點，這也是一種心理上的傲慢。

在個人說出感受時，需要觀照自己的內心，用心體會自己內在的情感波動，並直接表達出個人的情緒感受。這時需要明辨「感受」和「批評」的不同。一般而言，情緒感受是『我覺得（I feel）』，這是單純的中性語句，沒有任何的個人評價色彩；至於批評則是『我認為（I consider）』，這已經不再是中性語句，而是明顯呈現出個人主觀的評價色彩。例如，這

樣說：

「做為一名舞者，這樣的跳舞，我覺得有點失落！」可以誠實說出自己的感覺。而

「我認為我跳的舞曲不夠感人！」則是說出個人主觀的評斷。此外，

「我覺得我們已經被別人誤會！」這是一種既擔心又焦急的實質感受；而

「我認為我們已經被別人忽略！」則是一種個人主觀的評斷或評價意見。

同樣的，「感受」是屬於生命樹的範疇，是個人真實情緒的表達。至於「批評指責」則是屬於「善惡樹」的範圍，是對於某一件事情的是非、善惡和對錯，所做出的價值判斷。

莎士比亞說：「愛情不是花叢下的甜言蜜語，不是桃花源中的通關密語，不是輕細的眼淚刻痕，更不是死硬的強詞奪理，愛情是建立在共同的說話基礎之上的。」這告訴我們，說話忠於事實真相並且落實當事人的實際感受，是雙方建立長時間情感的穩固基石。富蘭克林也說：「在各種習慣中，最難被克服的就是驕傲。雖然你盡力的隱藏它、克制它、消滅它，但最後在不知不覺當中，它仍舊會顯露出來。」人因為心中的驕傲，很容易就會進行主觀的價值評斷，並且隨意隱藏事實的真相，這樣做就會導致無法忠實呈現心中的真實感受。

美慧的孩子已經讀大學，經常忙於看電視或上網，以致影響到美慧的睡眠。有一天，孩子很晚不上床睡覺。美慧不禁怒火中燒，便大聲喊著說：「趕快睡覺，不然你會爆肝。」話才剛說出口，美慧就後悔了。

因為這樣的一句話，不僅孩子有聽沒有到，也引起他更大的電腦敲擊聲（表示反感），產生反效果。因為這一句話：「你會爆肝！」完全是美慧的「批評指責」，這好像是對別人說「不要抽菸，不然你會得肺癌。」完全一樣。效果適得其反，對方反而將菸抽得更大一口，還大力吐一口菸。

事實上，美慧應該說出她的真實「感受」，即說：「孩子，你這麼晚

還沒有睡，媽媽會很擔心你的身體，何況你明天上午還要早起上課，媽媽很擔心你的睡眠時間不夠。」這樣的說話，可以直達孩子的内心，相信也比較能夠打動對方，效果也會比直接命令孩子要來得好。

另外，對於抽菸的孩子，美慧可以這樣的說出她的内心真實感受：「孩子，看到你抽菸，媽媽心裡很難過，也很擔心你的肺部會受傷。」

此外，要做到說出尊重話語，用心傾聽是必經之路。這時，我們需要聽出對方最近發生的事情，並且過濾對方的個人評斷。進而體會到對方的真實感受和需要，同時過濾出對方的個人批評論斷，及連帶產生的各種指責聲浪。據以接住對方提出的幫助請求，及不被對方命令式口吻所激怒。切記，「回答柔和，使怒消退；言語暴戾，觸動怒氣」。總之，只有透過尊重溝通，方能孕育出真正的溝通，這正是建立美好人際關係的鎖鑰。

【智慧語錄】

一個開放的心是自我發現和成長的開始，在我們承認自己並不知道一切之前，我們不會學到任何東西。

——愛得溫・霍爾（Erwin G. Hall），文學家

要深入你的内心，認識你自己！認識你自己，方能認識人生。

——蘇格拉底（Socrates），古希臘哲學家

8.2邀請他人

表明需要就是真實說出當事人内心真實的需求和期待。而提出請求是針對某項未滿足需要，期望對方給予適時協助。

【問得好】：你要怎樣學習表明你的真正需要呢？

本節繼續說明邀請對方中的表明需要部分。

一、表明需要

(一) 表明需要的意義

表明需要（**tell the need**）係指真實說出內心真實的需求與期待，是個人缺乏某項物質時所產生的一種主觀狀態，代表此時個人需要客觀事物的情況。這其中包括兩個層面的需要，茲說明於後：

1. 表明自然性需要

自然性需要（**natural needs**）係指人類為維持生命與延續種族的目的所產生的需要，它是人類天生就擁有的，是人類的低層次需要。包括生存上的需要和安全上的需要，主要是為求生存必須要有的陽光、空氣、水分、食物、睡眠、排泄與性交活動；以及為了安全必須要遠避有害物質與去除不愉快刺激物等。

2. 表明社會性需要

社會性需要（**social needs**）係指人類在成長的過程中，由於過往經驗所累積而成的特殊需要，它是人類後天生成的產物，是人類的高層次需要；包括愛與歸屬上的需要、自我尊榮和自我實現上的需要，涵括物質需要和精神需要兩者。就物質需要而言，是指社會化的物質產出，例如適度的精緻美食、化妝衣飾、裝潢擺設、交通運輸，乃至於日常生活用品等；就精神需要而言，是指文化、藝術、體育、文創、科技、道德、宗教與信仰生活，乃至於人際交流活動等。

表明需要是誠實的說出內心真實的需求與期望，代表一種「未滿足需要」。所謂的未滿足需要，是指內心期待和外界事實間所呈現的落差。內心期待指自己內心生成的期望，如想要準時抵達、從容自在、無拘無束、受到注意等；而外界事實指周圍環境所能夠提供的資源。基本上，這份需要指個人合情合理的需求（need），是大部分人都能接受的適當期望水準。例如，表明「我需要次序和美感，因為這是我素來所重視的價值」；而不是無限上綱的奢華慾望（want），要求王公貴族般的頂級享受。

這時，我們會有兩種不同反應，第一種是「體會」；另一種是「指責」。在體會方面，我們瞭解自己的需要，並說出自己的真正需要。當我們體會自己內心感受與需要時，必然發現原來自己的需要、願景或期盼，

沒有明顯獲得滿足。此時即需要勇敢說出自己的需要，以及目前沒有獲得滿足的理由。此時，真實體會自己內心的需要，正是「生命樹」的思維，是由上帝充滿我們的內心，因而體會自己真正的需要。例如，丈夫對妻子說：

「你沒有收拾好客廳，我很不高興，因為我需要一個清潔有次序的家，好放鬆我的心情，紓解我的壓力。」或妻子對丈夫說：

「你沒有準時回家，我非常擔心，因為我需要你的訊息，好確定你現在是不是安全，好讓我放鬆心情，能夠放下重擔。」

在這裡，丈夫或妻子單純體會並表述自己內心未被滿足的需要，此時沒有說出誰對誰錯，雙方只有流露出單純的生命力量。

> 真實體會自己內心的需要，正是「生命樹」的思維，是由上帝充滿我們的內心，因而體會自己真正的需要。

(二) 剔除個人指責

同樣的，表明需要的相反就是提出指責，提出指責包括在兩方面進行個人指責，茲說明如下：

1. 指責自己

首先，指責自己是一種心理自我防衛機制的運作，此時是認定「我不好」。因為在人類的天性中，必然會以防弊除錯的角度或立場來評斷事情，而認定必然有一方犯錯，必須為這件事情的發展擔負責任，而那一方就是自己，此時就是自卑感的心理在作祟。例如，丈夫對妻子說：

「家裡客廳亂七八糟，我回到家根本沒有地方讓我可以坐下休息！這是因為我錢賺得不夠多，還是因為我回到家太晚，所以你要這樣苛責對待我。」或是妻子對丈夫說：

「你到底跑到哪裡去死，一通電話都沒有打！這是因為我對你不夠好，還是因為我上次得罪你，所以你要這樣苛責對待我。」

2. 指責對方

再者，指責對方亦屬一種心理自我防衛機制的運作，此時是認定「你

不好」。因為在人類天性中，自然需要用防弊除錯的角度或立場來評斷事情，而認定必然有一方犯錯，必須為這件事情的發展擔負責任，而那一方就是對方，此時就是自大感的心理在作祟。例如，丈夫對妻子說：

「家裡客廳亂七八糟，我回到家根本沒有地方讓我可以坐下休息！妳真是個又懶惰、又骯髒的女人，我從來沒有見過像你這種不愛乾淨，又自私自利的懶惰女人，根本都不打掃家裡。」或妻子對丈夫說：

「你到底死到哪裡去了，一通電話都沒有打！你根本是不愛我，是故意要氣我；還是你一定是做了虧心事，在外面有女人、養小三。」

指責是「善惡樹」的思維，這時，我們已經先行站在審判台上，評斷是非和善惡，並且追究責任歸屬，甚至據以要求負責賠償【8-7】。在這裡是單方的意志加上審判的語句，進行連珠炮般的指責，結果必引起對方反擊，進而爆發激烈爭吵和抗辯，互相定罪傷害，重傷彼此關係。正如聖經說：「你們不要論斷人，就不被論斷；你們不要定別人的罪，就不被別人定罪」，真是暮鼓晨鐘之言。

繼續在美慧家中的例子，當孩子晚上很晚睡，吵到媽媽美慧，這時美慧可以表達她的「需要」，就是美慧的未滿足需求，美慧要這樣說：「爸爸和媽媽現在要睡覺，我們很怕吵，有聲音我就會睡不著，因為我們需要一個安靜的空間入睡。」這是一種表達真實需要的話語。

此時美慧千萬不要「指責」孩子，就是怪罪於人，說：「都是你看電視的聲音太吵，害我睡不著覺，都是你不好，很差。」最後還給人加上一個「不好，很差」的評斷標籤。

因此，美慧要很清楚表達自己的真正需要，例如：「孩子，我要早點睡，我很怕看見光，有光線我就會不好睡，因為我需要一個黑暗的空間使我能睡著。」這時，沒有誰好誰不好的問題，因此，千萬不要指責任何人，也不要指責自己。例如美慧說：「都是我不好，都是我沒有把你教好，這使我這麼晚還不能夠上床睡覺，我的命真是苦！」這樣說話只會模糊焦點，完全於事無補。

二、提出請求

本小節繼續說明邀請對方心中提出請求的部分。

(一)提出請求的意義

提出請求（**provide the request**）係針對該項需求與期待，即未滿足需要，請求協助，並期望對方能適時幫助，滿足此項需要的請求。包括兩個層面的請求，茲說明於後：

1. 提出物質資源請求

物質資源請求（**physical requests**）係指個人期望對方能夠提供具體的物品或財力資源，以協助改善目前環境的行動。例如，供應物資、借用車輛、提供錢財、借用物品、提供消息資訊等。例如，提出物質需求時，要這樣提出物質資源請求：

「我需要一台腳踏車，好趕赴參加同學會。請你借我腳踏車，好嗎？」或

「我需要一顆籃球，好和同學打球。請你借我籃球，好嗎？」

2. 提出服務請求

服務請求（**service requests**）係指個人期望對方能夠提供體力、心力的服務或勞動，以協助改善現有環境的舉動。例如，幫忙購買物品、搬移物品、傳遞信件、清洗物品、通報消息等。例如，提出服務需求時，要這樣提出服務請求：

「我需要看到一間整齊清潔的房間，請你收拾好書桌，能夠把礦泉水瓶、餅乾包裝紙、骯髒衣物都全部收拾乾淨。」或

「我需要看到一位乾淨清潔的小孩，請你脫掉髒衣服，進去廁所洗澡，把頭髮洗乾淨，同時也請你把髒衣服丟進洗衣籃內。」或

「請你將你的房間收拾乾淨，好嗎？因為半小時之後會有客人要來家裡。」

這是提出個人服務請求，而不是命令對方必須遵守，這個時候對方可以選擇接受或拒絕。若是直接命令對方，便說：

「髒死了，趕快收房間，馬上就去收。」

個人在提出請求時，需具體指出對方要幫忙做到的事情。所請求的事

項若是越清楚明確、越具體可行，則對方便能越容易執行，並確實完成。個人在必要時可邀請對方覆誦一遍所請求的內容，更能確認對方已經完整知道我們的請求。

(二) 拒絕命令強迫

　　我們在提出「請求」時，更需要區分「請求」和「命令」的差異。命令是具強制性的，對方不能拒絕執行，命令包括兩個層面，茲說明如下：

1. 直接命令

　　首先，**直接命令**（**direct orders**）是個人直接下達的命令，認定對方「必須立刻執行」。直接「命令」明顯帶有絕對性的強制色彩，對方僅能被動接受，無從拒絕。此時對方的反應，必定是心不甘而情不願，因此常會流於拖泥帶水、藉故拖延，甚至是陽奉陰違的舉動，即是形成「上有政策，下有對策」。例如，父母親會對孩子說：

　　　　「你應該把房間收拾乾淨，你現在馬上做，不然就扣你零用錢。」或

　　　　「你應該躺在床上睡覺，你現在馬上睡，不然明天就不准你出門。」

2. 委任命令

　　再者，**委任命令**（**delegative orders**）是個人根據法律明文規定或是上級單位的委任和授權所下達的命令，並且認定「需要按規定執行」。此時，委任「命令」即是狐假虎威，惟仍有一定成分的強制力，對方仍無法抗拒。例如，同學會說：

　　　　「你應該把這裡打掃乾淨，現在馬上就掃，不然我就告訴班長。」或

　　　　「你應該把這個位置讓出來，現在馬上就讓，不然我就告訴主任。」

　　事實上，對方面對我們的「請求」時，是可以自由選擇要接受或是拒絕的。即對方能夠按照我們所請求的事項內容難易，以及當時的主客觀條件，決定是否接受這樣一項請求。此時，我們給對方一個可以迴旋的空間，而對方則表現自由意志的決定，這當中沒有任何強迫或逼迫，表現出「尊重」雙方的溝通。

> 面對發訊者的「請求」，收訊者可以自由選擇接受或拒絕。

　　繼續美慧的例子，很晚了，美慧要上床睡覺，而美慧的孩子們卻正在看電視或上網。這時美慧除提出需要馬上睡覺的需求，美慧也可繼續提出這樣的請求，希望孩子們可以協助達成。美慧可以這樣說：「爸爸和媽媽要睡覺了，你可以把電視機的聲音關小聲一點，也幫爸爸把客廳的燈關掉，好嗎？」

　　當美慧提出這樣的「請求」，就給對方一個回答的空間，孩子有權接受或拒絕這樣的請求。這時對方會看當時狀況，決定是否接受美慧的請求；一般而言，只要請求合情合理，不要太過分強人所難，相信出於人心的善意，對方都會接受美慧的請求，結果造成雙贏結局。

　　這時美慧千萬不要運用權威，使用「命令」口吻，說：「孩子們，都給我馬上上床睡覺，現在就去。」這樣很可能導致溝通中斷，對方勉強配合，甚至陽奉陰違的對抗，這是雙輸結果。

【智慧語錄】

　　每個人身上都有太陽，主要是你要如何讓它發光。

　　　　　　　　　　——蘇格拉底（Socrates），古希臘哲學家

　質樸話語比起巧妙的言辭更能打動我的心。

——莎士比亞（William Shakespeare），文學家，《奧賽羅》、《哈姆雷特》、《李爾王》作者

8.3 事件與解讀

　　人生，是由許多的「今年」組成，是由數萬個「今天」組成，是由許多特定事件所編織成的畫布，是為事件串接的人生。

【問得好】：在過去這個禮拜當中，你碰到那些事件？你怎樣看待你上一次的失敗？

　　雙方在溝通時，必然會面對當下發生的經常事件或偶發事件，而對於

該項事件的解讀情形必然會影響溝通的品質，並影響事件的後續發展。因此，溝通和事件解讀需要特別以專節來討論。

人生是由許多個「事件」（events）串連而成，而事件的整體編排便構成生命萬花筒的色彩。

若發生一連串令人歡喜、快樂的事件，自然容易使你在溝通時充滿希望；但是，若發生令人不高興、不開心的事件時，你要用什麼樣的心情度日呢？甚至當發生更多的不快樂，甚至令人傷心的事件，情況幾乎失控時。例如，財務瀕臨破產、親子關係反目、健康搖搖欲墜、配偶大吵離婚、法院查封房產、工作上被裁員等，你要怎樣看待這些事情呢？此時，有何力量陪伴你支撐下去呢？

> 事件的解讀就是你如何看待、解釋過往事件的意義和內容。

這個世界每天都有很多事情發生，這些事情便構成所謂的「事件」。在溝通時我們怎樣看待、解釋這些事件的意義和內容，便是所謂的「**解讀（explain）**」。基本上，事件的本身和解讀的內容不必然是相同的，這是因為對於身邊的「客觀事件」，人們會進行「主觀解讀」的情形【8-8】。

進一步而言，我們是否快樂、是否對未來有信心，都是在於能否運用合宜的角度看待我們四周發生的事件。因為「當我們看到一處公園時，我們可以專心看美麗的花朵，也可以專心看路旁的野草。」這絕對是我們能夠自己選擇的，若是我們只是集中心思在灰暗、不順利的事件時，心情自然會失去快樂；但是，當我們專注在明亮、美善的事物時，內心自然會歡樂洋溢。因此，我們可以打開心思，要多看事件豐盛美善的那一面。

當然，我們要學會對個別事件做出正確合宜的解讀，就事論事，不掉入負面情緒黑狗（black dog）的漩渦中；也不無故牽連，掉入事件解讀連環爆炸的迷障，分不清事實的真相；不會以偏概全的解讀，以致於波及無辜，或以全概偏的解讀，以致於過於專斷。如此必然提升溝通品質，預約明日希望。此包括五個主要意涵，如圖8-2所示，茲說明於後：

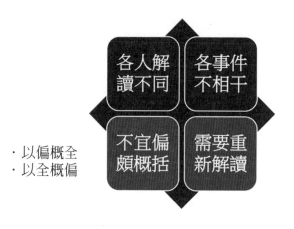

圖8-2　從事件到解讀

(一) 事件的解讀各人不同

　　上帝所創造的每個人都是獨特的，故對於某特定事件的解讀，通常是人人不同的。因為每個人對於該事件發生的因果歸因、看法意見，或是未來發展的預期，通常是不相同的，這時我們需要分辨何者是「客觀事實」，何者是「主觀解讀」。例如，春嬌和秋月考公職都落榜，春嬌解讀為考試當天睡眠不夠，所以考試失常，而她準備明年重考並且考上了。秋月則解讀成命運不濟，她沒有當公務員的命，不宜考公職，於是她放棄而轉到私人企業。

(二) 各事件間並不相干

　　在上帝許可下，我們身邊發生的個別事件都不相干，並且是相互獨立。因為每個事件的背後，都是很多人做出決策後的結果，而這些決策之間並沒有關係。這時，能夠妥善看待每個個別事件，不會相互連通，不會把甲事件和乙事件串連攪和成一團，這是很重要的人生智慧。

　　例如，春嬌今天在上班時被主任斥責，認定業績不佳；吃午餐時匆忙中掉了一千元；搭公車下車時被司機擺譜，說下車時沒有先拉鈴；回家後被先生志明責罵，說女兒功課成績落後。而這四個事件其實風馬牛不相及，互相獨立的。春嬌不可捕風捉影，牽強附會其間的任何因果關係。甚至認定今天倒楣透頂，算定流年命宮犯煞，所以厄運串連，需要安太歲點

光明燈,甚至需作法消災解厄,這純屬無稽。

(三) 不宜以偏概全

以偏概全是我們將某一事件的結果,以某些人物的命名來稱呼某人。此即以偏概全,以偏頗的事件概斷全部群體。此犯了渲染擴大的錯誤,特稱為「月暈效果(**halo effect**)」【8-9】。

例如,志明和交往多年的女朋友春嬌分手,並且春嬌在不久後即行另嫁他人,發生此一不幸事情,志明若斷言所有的女性都屬見異思遷、水性楊花之輩,因而憎惡女性,不願意再親近女性,這時志明便是掉進以偏概全的窠臼中。這時,志明失戀是一客觀事實,春嬌另嫁他人也非虛假。但在溝通時若將此事件錯誤解讀,認定女性都是冷漠無情,或志明做人失敗,這樣就淪為主觀解讀,並非真實。

(四) 不宜以全概偏

以全概偏是人們將對某一群體的既定印象,強加在某一事件或個人之上。此即以全概偏,是我們因對某人的固有印象,從而認定該人會以全概偏的處理某件事,犯了死板僵化的錯誤,此稱為「**刻板印象**（**stereotype**）」【8-10】。

例如,若志明的上司是位黑人,他強行解僱志明,因此志明便認定因為黑人素來都是粗暴無禮,因此志明才會被主管強行解僱,這時志明便掉進以全概偏的窠臼中。

(五) 事件需要重新解讀

事實上,只要能夠在溝通時停下來重新解讀,每個發生在身邊的所謂「不好事件」,其實都能夠重新被解讀成「美好事件」。這實在是一段心靈探索,尋找寶貝的生命歷程。在這裡鼓勵讀者能在上帝的大愛中,尋找、練習並發現每個事件背後的「寶貝」。然後將這個寶貝凍結並放大,再放回你的人生相機中,這樣你就能夠享受解讀的美好果實。這當中有雙重意義,說明如下:

1. 解讀停格

因每個人對相同事件的感受並不相同;就離職而言,或許某甲解讀為哀痛事件,但某乙可能解讀成重生事件,蘊含無窮機會。也就是所有事

情都有正反兩面，如一杯水被打翻，剩下半杯水，這通常不是件好事。這時，你有權利說：

「糟糕！只剩半杯水」，然後擺個苦瓜臉；相反的，你也可以轉念說：

「感恩！還有半杯水」，然後擺個大笑臉【8-11】。

理由是，沒有人能使你快樂，除非你自己願意快樂。林肯總統說：「你若是下定決心要有多少分的快樂，你就能夠擁有多少分的快樂」，誠哉斯言。

2. 解讀後續

主觀解讀後通常會帶出後續的思維，以及伴隨的情緒渲染。情緒渲染的下一步即會牽動後續行動，產生不同後果。因為最初的解讀通常並非事實，從而怎樣解讀某個「不幸」事件便非常重要，從而構成我們未來上升或下沉的分野。

例如，志明工作被辭退，某位好朋友沒有來電關心。若志明解讀成這位好朋友不關心此事，甚至怪罪於他，結果志明就不再和他聯繫。然而事實真相是對方私下為志明奔走求助，並為志明祈禱上帝，只是志明並不明白。因此，在解讀事件時，需要仔細查證，諮詢多位人士，以確認事實真相。若是未經妥適查證而遽下解讀，便容易滋生錯誤，產生不必要的誤會，這是十分重要的。

【智慧語錄】

人在身處逆境時，適應環境的能力實在驚人。人可以忍受不幸，也可以戰勝不幸，因為人有著驚人的潛力，只要立志發揮它，就一定能度過難關。

　　——卡內基（Dale Carnegie），人際溝通專家，創立卡內基溝通訓練

人生最大的光榮，不在於永不失敗，而在於能屢仆屢起。

　　——拿破崙（Napoleone），軍事家，頒布《拿破崙法典》

8.4 事件與價值

其實，某樁個別事件的發展結果，必定是和某個人的價值沒有關聯。

【問得好】：在過去這一年中，有哪件事情它的確影響到你怎樣看待你自己？

更進一步，在溝通時，我們需要先行確認某樁個別事件的發展結果，必然和個人價值無關，如此便能將個人從某一事件的發展中獲得釋放。特別是某一事件並未發展出美好結局時，更需如此認定。這時，我們需要以更高的高度，檢視個別事件，並且以長期的眼光，判斷此項個別事件，此舉必能降低我們的失落感與失望感。最後，我們可以為個別事件立下界限，釐清責任的歸屬，埋下希望的種子，點燃更新的火炬。這其中包括三項意涵，如圖8-3所示，茲說明於後：

圖8-3　從事件到價值關連

一、事件與個人價值無關

對客觀事件做出主觀解讀時，我們通常會把某個事件的發展結局好壞，和自己的生命價值劃上等號。若是事件結果未臻滿意，例如，考試落

榜或求職無方時，便斷定自己沒用、自己無能，因而離群索居，落入低自尊，甚至自殘或自殺。此包括兩個意涵，說明如下：

(一) 勿自貶價值

首先，需要認定一個事實，即「某事件發展是否成功，和當事人的價值是完全無關的」，我們個人價值係從何而來，並非由事件發展的好壞來決定，因為這就有如將兩件不相干的事情硬湊在一起的不合情理，而是應該由我們個人自主意識來決定。因為，每個人都是獨特的、是尊貴的，你的價值就是你自己的存在，而非某些外在事件。況且，若你不批判並羞辱你自己，則沒有人有權利批判並羞辱你。此時，千萬不可掉進**社會判斷理論**（**social judgement theory**）的漩渦中【8-12】，被社會大眾的主流價值牽絆住，而以他人的判斷充當自己的判斷，以他人的價值充當自己的價值。

例如，志明被女朋友春嬌拒絕，雖然旁邊友人都覺得很沒面子，但這不能等同於志明沒有價值。又如，志明求職面試未獲錄取，雖然其他同學都覺得志明很沒搞頭，但也不能貶抑志明的價值。另春嬌考研究所落榜，雖然家人都覺得很可惜，但也不能說春嬌沒有價值。又春嬌的工作業績不佳，雖然上司大罵她失格、沒有能力，但這卻和春嬌這個人有沒有價值完全不相關聯。

特別是在連續遭遇多件不如意事件時，當時內心必不好過，此時需先照顧自己痛苦的情緒、受挫的心情，而無需在事情不順時自貶價值。此時只需單純停格在此即可，毋需解讀批判、自我否定價值。

> **某事件發展是否成功，和當事人的價值是無關的。**

(二) 事件實在難以掌控

再者，事件發展的順遂與否很有可能與個人能力無干，事件發展的方向經常並非我們能夠掌控。因為社會的運作實在是太過龐大、複雜、混亂，並沒有一定運作章法可供依循。事情並非能朝個人想要的方向來發展，個人機運各異。舉凡工作能否平安順利、主管是否賞識提拔、情人是

否感情專一、配偶是否終老相伴、身體是否健康如昔等。這些事件的發展多非個人所能掌握，事實上僅能盡人事而聽天命，祈禱上帝眷顧，交託上帝掌管。即「盡人事，聽天命」、或「謀事在人，成事在天」。況且人生不如意者，十常有八九，何必強求諸事順遂。

例如，突然出現意外的工作升遷機會，突然冒出的優質追求者，意外出現的巨額訂單，突然出現的競爭對手，突然而來的病痛惡疾或車禍等，這些事情都難以事先預料。

二、需要用更高位階來檢視

此時，我們需要用更高的位階來檢視此事件的價值，意即要跳開常態性思維，以更寬廣心思、更宏觀角度，重新檢視事件的價值。這當中包括三個要點，茲說明於後：

(一) 放開他人眼光

我們的價值，不可依據他人反應，隨意交由他人斷定。也就是不可將個人的人生命運，交給第三方決定。因此，個人在努力完成某件事情後，或許他人並不欣賞，或結果未如預期。此時我們只要自認已經盡力，就算是達成任務，擁有價值。我們只需要客觀認同結果，並且接受這份不可被奪走的價值【8-13】。例如，業已完成上司所交辦的專案，即使專案業績未臻理想，上司並不滿意，但只要自認已盡全力且問心無愧，即無需在乎他人眼光。因為此一專案的業績表現，往往並非當事人所能掌握，而是需要天時、地利加上人和等各項條件的預備。

(二) 拉高眼光層級

準此，我們的價值並非由世界上某人或某事件所決定，而是應該拉高層次，選擇交給上帝來界定。這是**衝突管理**（**conflict management**）中，「訴諸更高目標」原則的實際應用【8-14】。即由更高層的角度，誠實認定個人的價值，因為「謀事在人，成事在天」，且「生死有命，富貴在天」。

例如，若春嬌的配偶志明爆發小三介入的感情出軌事件，春嬌需先有一認知，即並非春嬌失去這段感情，亦非春嬌搞砸這段感情，實在是志明

另有他因，可能是志明被情慾迷惑，或志明另有隱情。春嬌應當將此事交託上帝，理由是此一重擔並非春嬌所能承擔。

再如，耶穌被世人釘十字架，耶穌說：「完成了」，然後斷氣死去【8-15】。若從世人的眼光看，耶穌是玩完了，一切都結束了。但若由上帝的眼光看，耶穌是爲著全人類的罪孽，主動流血受死，且死在十字架上，後來從死裡復活【8-16】，「完成」上帝救贖全人類的計畫。

(三) 運用長期眼光

我們更要重新思考，在長期時間下該事件的眞正價值何在？請先安靜想一想，此一事件在10年後、10個月後、甚至10週後有何影響，來界定這個事件對你個人生涯的重要性程度【8-17】。因爲在長時間的歷史長河下，必然會沖淡某一特定事件的影響。我們需要參照「10、10、10」的長期思考，合宜解讀個別特定事件，正確給定個別事件的價值，這是十分重要的人生智慧【8-18】。

例如，練習這樣的思考：

這次招商失敗，對10年後有何影響。

這次相親不成，對10個月後有何影響。

這次求職無方，對10天後有何影響。

三、重新認清事實

此時，我們需要重新認清事實，看清楚事情的本相，撥開迷霧，清楚思辨。這其中包括兩個子項目，茲說明於後：

(一) 當付的代價

首先，我們需要認清，某一事件若要發展出「好結果」，是需要付出相當的「代價」。因爲一分耕耘，一分收穫，天下沒有白吃的午餐，沒有不勞而獲的事情。沒有春耕和夏耘，何來的秋收和冬藏。更要緊的是，就算是先行用力付出，最終能否有好成果，也需要看各方面的主觀和客觀條件，是否已經發展成熟來做決定，才算公平。

例如，志明想要投考公職且想要錄取，這是需要花費很多心力，努力用功苦讀才行，此時志明需要認定當付的代價。志明需要想清楚怎樣做才

是比較好的方法，需要潛心苦讀或是去補習班？需要獨自讀書或是和他人共讀。此時志明不可以有錯誤的期待，若是認定只要讀書就一定會考上公職，就會產生錯誤的期待。因爲所有的考試實在都是「七分靠實力之外，還要三分靠運氣的」。

(二) 認定已做最好決定

再者，對先前發生的事情，我們需要認定各個事件的公允價值，就是讓事件自己來說話。也就是對自己說：「在那時的情況下，審酌各項條件，自己事實上已經做出最好的決定了」。這個時候千萬不要追悔過去，懊悔度日，而是要忘記昨天，努力今天，對著明天的標竿奔跑。透過這樣的反思程序【8-19】，就能跳脫壞事件連環爆炸的迷霧，找到公平合理的平台，並且站在上帝面前，將自己推薦給自己的良心，真正做到「問心無愧」。

例如，志明可以練習這樣的對話：

這次考試落榜，志明就對自己說：「我已經盡力了」。

這次失戀，志明就對自己說：「我已經努力過了」。

這次求職面試失敗，志明就對自己說：「我已經盡了我最大力量」。

這次基金投資失利，志明就對自己說：「我當時業已做出最好的決定」。

【智慧語錄】

你有信念就年輕，疑惑就年老；有自信就年輕，畏懼就年老；有希望就年輕，絕望就年老；歲月使你皮膚起皺，但是失去了熱忱，就損傷了靈魂。

——卡內基（Dale Carnegie），人際溝通專家，創立卡內基溝通訓練

一個人會失敗的最大原因，是對於自己的能力不敢充分地信任，甚至認爲自己最後將會失敗。

——富蘭克林（Benjamin Franklin），科學家，發現電能

【本章註釋】

8-1 有關陳述事實、說出感受、表明需要，以及提出請求的內容，敬請參閱阮胤華譯（民98），《愛的語言——非暴力溝通》（馬歇爾‧盧森堡著），臺北市：光啟文化出版。

8-2 「你們的話，是就說是；不是就說不是；若再多說，就是出於那惡者」，原文出自《聖經‧馬太福音》，第5章第37節。

8-3 有關人類始祖亞當和夏娃被蛇（撒旦）引誘，吃下分別善惡果子的事件過程，請參見《聖經‧創世紀》，第3章第1節至第7節。

8-4 當雙方的價值觀發生碰撞時，如何能以換位思考的方式，站在對方的立場思考，絕對是成熟人格中的一種關鍵特質。

8-5 敬請參閱徐成德譯（民100），《復活的力量》（羅雲‧威廉斯著），臺北市：校園書房出版。

8-6 情緒感受是參雜各種感覺、思想和行為後，綜合生成的複雜心理和生理狀態，也是針對一連串主觀認知經驗的統稱。詳情敬請參閱Robbins, S.P. (2013), *Organization Behavior*, the fifthteen edition, Prentice-Hall, Inc.

8-7 敬請參閱陳澤義（民104），《生涯規劃（二版）》，臺北市：五南出版。

8-8 有關客觀事件認知與主觀解讀呈現的基本觀念，敬請參閱Robbins, S.P. (2013), *Organization Behavior*, the fifteen edition, Prentice-Hall, Inc.以及陳澤義（民108），《幸福學：學幸福》（三版），臺北市：五南出版。

8-9 月暈效果（halo effect）係由美國心理學家桑代克（Edward Lee Thorndike）在1920年所提出，又名「光環效應」或「暈輪效應」，係指個體對於他人的認知判斷，係先行依據特定印象，然後再推論具有某種品質的情形，是一種「以偏概全」的現象。

8-10 刻板印象（stereotype）又名印刻作用。係指個體對於某一特定類型的人、事、物，在心中存在某種整體、概括性的觀點，並且刻板印象多半為負面，且為先入為主的印象，為一種「以全概偏」的現象，有如刻字模板的烙印在心中。

8-11 敬請參閱呂美女譯（民100），《腦的白魔術》（茂木健一郎著），臺北市：天下文化。

8-12 社會判斷理論（social judgement theory）係由美國心理學家亞當斯（John S. Adams）在1965年所提出，又名公平理論（equity theory），係指個體會將自

己現在的情況和周遭他人相互比較，藉以判斷自己所處的情況是否公平。亞當斯進一步指出，個體在進行判斷的同時，若人際界線不清楚，便容易將某一事件的結果和個人的價值劃上等號。進而將外界事件等同於個人價值，此爲重大的偏誤，因爲事件應和個人價值無關。敬請參閱趙燦華譯（民94），《關係DNA》（蓋瑞・史邁利著），美國加州：麥種協會出版。

8-13 敬請參閱顧華德譯（民94），《生命造型師》（路卡杜著），臺北市：聖經資源中心出版。

8-14 衝突管理（conflict management）的訴諸更高目標原則，係指建立超然目標。例如雙方若面對共同性的敵人威脅時，宜尋求建立一套更具超然地位的共同目標，以尋找具創意的解決方案，凝聚雙方共識，轉移既有衝突爭執點。敬請參閱Coughlan, A.T., Anderson, E., Stern, L.W. and El-Ansary, A.I. (2001), *Marketing Channels*, New Jersey: Prentice-Hall.以及Mohr, J. and Nevin, J.R. (1990), Communication strategies in marketing channels: A theoretical perspective, *Journal of Marketing*, 54(Oct.), 36-51.

8-15 耶穌被世人釘十字架時，「耶穌就說：『成了』，便低下頭，將靈魂交付上帝了」，原文出自《聖經・約翰福音》，第19章第30節。

8-16 「耶穌從死裡復活以後，向門徒顯現，這是第三次」，原文出自《聖經・約翰福音》，第21章第14節。

8-17 有關10、10、10原則，詳情敬請參閱姜雪影譯（民98），《10、10、10：改變你生命的決策工具》（蘇西・威爾許著），臺北市：天下遠見出版。

8-18 敬請參閱彭明輝著（民101），《生命是長期而持續的累積》，臺北市：聯經出版。

8-19 有關反思（self-reflection）的內容說明，敬請參閱洪翠薇譯（民98），《大學生了沒：聰明的讀書技巧》（史特拉・寇提列著），臺北市：寂天文化出版。以及曾子曰：「吾日三省吾身；爲人謀而不忠乎？與朋友交而不信乎？傳不習乎？」《論語・學而篇第四卷》的相關文本。

行動作業：請試著針對一個特定事件，說明你怎樣去解讀這個事件，它怎樣和你的價值觀、人生信念相互連動，再加以重新認定你的新解讀。

表8-1：「尊重式溝通」單元課程學習單──尊重式溝通學習單

課程名稱：	授課教師：
系級：　　　　姓名：	學號：
1. 請扼要說明某一特定事件的始末。	
2. 這整個特定事件中，你做了哪些溝通？試著描述一下這些溝通的過程內容？	
3. 你在這溝通過程中，看見、聽見或發現了哪些事、接觸到哪些問題？（如陳述事實、說出感受）	
4. 在這整個特定事件溝通中，你心裡面有哪些感動或是感想、你學習到哪些事？這些對你有哪些幫助或是意義？（例如，學習表明需要和提出請求等）	
5. 這整個特定事件的溝通經驗，讓你有哪些成長？（如你對特定事件的解讀有哪些改變）	
6. 這整個特定事件的溝通經驗，你要怎樣應用到你個人日後生活中？（如特定事件與個人價值的關聯性）	
7. 此特定事件溝通中，你學到了什麼你原來不知道的事情？（如透過特定事件反思個人信念的關聯性）	
8. 你的其他意見	
老師與助教評語	

第參篇 工作規劃理想力：IDREAM

在工作中，「工作（work）就是敬拜（worship）」，故要「敬業」，尊敬你的工作。再加上「願景帶出使命，成為信念，形成策略和目標，假以時日，績效自然在其中矣」，這些絕對是工作上的兩大金科玉律！只是，我們不能只是堅持自己的意志，高喊「做自己生命的主人」，這極可能「天不從人願」；或是堅持自己的時機，高喊「先功成名就後再來服務人群和孝順父母，以成就雙贏人生」，這極可能「時也！命也！運也！」或是「子欲養而親不待」；甚至是觀照自己的成就，高喊「追求成功，便能無堅不摧」，這極可能「工作萬歲，家庭破碎，健康粉碎」。而是要先思想工作的本質，特別是生命的奧祕，要「虛心的人有福了，因為天國的祝福是他們的」，才能領受上帝所賜我們的全備祝福。

第九章 工作態度

【朝露生涯漫步】

　　在夏日的午後，找一張舒服的公園長椅，

　　然後自己好好的坐下來，慢慢的回想一些事情。

　　你做什麼事情會一做就做得很久，一點也不覺得累，

　　這是什麼樣的一件事情，有哪些人，在什麼時候、什麼地方，

　　去體會一下你那時的心情，

　　也去思想一下是什麼帶給你那一把勁的。

　　然後，再去想一想，這一件事情和你的工作有什麼關聯，

　　怎麼樣你才能夠在你的工作中，也得到那一把勁，

　　這是一股清新的泉源，千萬要連結到你的工作，

　　來，讓我們透過這一段早期的回憶，產生不一樣的態度，

　　甚至是不一樣的力量，來面對你的工作，

　　使你產生快樂工作的力量，甚至是獲得足夠的樂趣，

　　經營你的工作，迎接未來的挑戰。

【三國小啟思：劉備處事態度不佳以致功敗垂成】

　　劉備是漢室苗裔，自從起兵加入討伐黃巾賊寇，屢次建立戰功而升至平原相，其左右助手是關羽和張飛，分別擔任別部司馬，統領兵馬。劉備和關羽、張飛義結金蘭、情同手足，彼此之間的友誼基礎穩固。關羽和張飛則是整天侍立在劉備的左右，帶刀護衛著劉備。

　　劉備在年少時代即十分謙虛，勤於向高人請益學習，秉持三人行必有我師焉的古訓，互相研習，切磋技能，為自己學習，發揮個人獨特的學習魅力，在劉備的禮賢下士下，劉備得以網羅各方能人志士，麾下有五虎將，即關羽、張飛、趙雲、黃忠、馬超，為蜀國建立許多

汗馬功勞。

　　然在劉備當上蜀漢昭烈帝後，由於掌握莫大權勢地位，遂不復當年的謙卑學習，從而喪失更上層樓的助力。在五虎將陸續過世後，便後繼無人，故有劉備因關羽大意失荊州，被東吳陸遜所敗並遭殺害，劉備遂率領七十萬蜀軍親征東吳，然被陸遜在宜都用火攻戰術，火燒連營大敗，全師潰散敗逃。是時諸葛孔明由於需留守成都，護衛輔佐劉禪後主，劉備帳中並無智慧人士，加上關平和關興過於年輕，劉備因此敗亡且死在白帝城，令後人不禁扼腕。

9.1 敬業與樂群

　　運用**動機理論**（**motivation theory**）妥善建立我們的工作態度，工作絕非是「錢多、事少、離家近」的選擇，它是我們生命的召喚，是要我們完成的人生使命。

【問得好】你的工作對你自己、對你的家人、對公司、對社會有什麼貢獻？

　　「能力」是能夠把一件事情做完並做好的實力，而「態度」則是願意把一件事情做到最好的精神。工作能力固然是在工作職場上能夠出類拔萃、發光發熱的重要條件，然而工作態度更是能夠進入工作職場的必要門檻，許多工作主管都非常看重員工的工作態度，經常會說：「請注意你的態度、態度、態度」，並將工作態度當作此人是否適任此份工作的必要條件。因此，本章首先探討工作態度。

　　有位小男孩很喜歡畫畫，他的媽媽看出這孩子的天分，便拿很多回收紙，讓孩子練習，但數日後，孩子的畫藝似乎沒有進步，於是媽媽請教畫家錦豪。

　　錦豪說：「你要為他預備一些全新的白紙。」

當媽媽照著去做之後，小男孩的畫畫明顯進步。媽媽非常高興，也十分不解的問這位畫家孩子進步的原因。

錦豪笑著說：「當孩子面對回收紙畫畫，心中會想反正畫不好也無所謂，因此就不會用心畫。當給他一張全新的白紙時，他會玩真的，用心思作畫，自然就畫得很好。」

盼望我們能夠珍惜每次的機會，就像面對全新的白紙一樣，用心畫出屬於我們的生命色彩。

在討論完生活規劃溝通力後，緊接著即規劃工作的理想力。故本篇即以此為宗，探討如何發揮工作正向能量，做自己人生的CEO，經營人生版圖。

一、工作的意義與價值

早上起床經梳洗吃過早餐後，我們便開始一天的工作，直到日落時分才下班回家。工作明顯占據一天中最重要的白天時間，重要性不言而喻。若有人失去工作賦閒在家，其所受的打擊，往往不下於婚姻失和或子女不肖所帶來的傷害。

泰戈爾說：「造物主上帝把我們差派到人世間，是要我們擔負一定的工作責任，所以絕對不要輕忽自己的生命，也不可以傷害自己的身體。」這是我們工作的界限。至於我們在工作中的最高指導原則，即是問自己：「我到底是誰？我的本性是什麼？我為什麼要做這一份工作？」乃至於「我們這一輩子要做什麼樣的工作？」，這絕對是我們需要面對的深層次生命問題。

工作的英文字母是「**work**」，它是「崇拜」（**worship**）這個字的字根，意思是工作可說是一種崇拜信仰，一種人生信念，一種生命召喚（calling），是我們要完成的人生使命。

工作本身並不是一件簡單的事情，若非如此，何以做一份工作需要索取薪資呢？為何不是無償做工？工作本身和志工有何差異？工作和志工當然不同，因為工作需要付出諸多心力，所以雇主才會支付薪水代價聘用我

們為他效命工作，而非一如志工的無償志願服務。若雇主認定此份工作需付出更多心力，自然願意支付更高的薪資。

　　基於工作在質與量的重要性，所以我們除需嚴肅面對工作外；更需要以一顆快樂的心情面對，如此才會一整天都快樂，散發職場工作上的正向能量。這其中包括兩個層面：

　　第一需要「樂在工作」，快樂的面對工作本身，這個時候我們需要立志作安靜人，辦自己的事，親手做工【9-1】。

　　第二需要「敬業樂群」，快樂的面對工作中的人群，並尊敬工作所帶來的人生意義。我們深信一位能夠樂在工作、樂在人群的人，必然也會是一位樂在生活的人。

　　羅曼羅蘭說：「生命之箭一經射出就永不停止，且讓我們追逐那生命目標，並讓你一生都在追求中度過，那麼在這一生中，必定會出現許多美好的時光。」深哉斯言。

　　在工作中，我們必然要面對大老闆（主官）、上司（主管）、同事，甚至是下屬，還有顧客和周邊的其他人士等。這些人都有不同的價值觀和工作態度，我們要如何和這些工作上接觸到的人士共處，進而做好份內工作，是工作的藝術所在。此請參考前述的生活規劃篇章，此不再贅述。

　　至於基本的工作態度有如英國首相邱吉爾所說：「不是愛哪行，就做哪行，而是一旦選擇做哪行，就要愛哪行。」因為人生有太多的變數，有些時候工作的選擇和調動並非我們所能掌握。例如，在景氣低迷時，工作機會不多，就必須屈就某項工作；或因為某些內外在因素，使得找工作並不順利，無法尋得有興趣的工作；或因為家庭因素，必須從事某些特定工作；甚至基於企業整體考量，必須接受工作上的調動指派，從事自己並不熟悉的工作等。凡此種種，我們無法從事合於興趣或志向的工作。在此情形下，我們仍需勉力為之，全力以赴。

> 不是愛哪行，就做哪行，而是要一旦選擇做哪行，就要愛哪行。

二、我們的工作動機與態度

　　我們的工作態度十分重要，因爲我們的態度會決定我們的高度【9-2】。基本上，工作不僅爲要餬口，以及養家活口所需；工作更是爲完成上帝在我們身上的人生目的，落實生命召喚，故需用正面態度積極面對。即在選擇工作時，或可考量比較各種工作機會，然而，一旦做出選擇，便需莊敬自強、全力以赴。

> 在選擇工作時，或可考量比較各種工作機會，然而，一旦做出選擇，便需莊敬自強、全力以赴。

　　在此時會使我們努力工作的動機，是來自「金錢或安定誘因」，還是「工作本身的意義和成就感」，便有很大差別。有些人選擇工作是因「錢多、事少、離家近」，而非因「工作具有挑戰性，可以學習與成長」，結果會造成對工作不甚滿意，抱著做一天算一天的心態，無法激發對工作的興奮和熱忱，這是很可惜的事。

　　這時候動機理論中的赫茲伯格（Herzberg）的**兩因素動機理論**（**two factor motivation theory**）中【9-3】，即可提供一合理解說。理論中指出促使人生發動機有兩種因素，即保健因素與激勵因素，如圖9-1所示，茲說明如下：

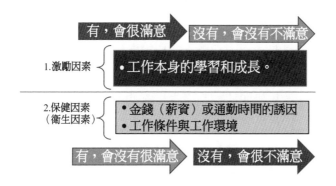

圖9-1　赫茲伯格的兩因素動機理論

1. 激勵因素

激勵因素（**intrinsic factors**）是指此一項因素一旦出現，足以激勵當事人，使人產生行動的動機。這就有如掛在兔子眼前的紅蘿蔔般，足以使兔子興奮、受到激勵而奮力前進。工作上常見的激勵因素有工作本身的學習、成長、工作頭銜、分紅入股等。準此，工作本身的學習和成長，是工作的標準激勵因素。因為若是所從事的工作內容，即工作本身，饒富意義，十分有趣，且充滿挑戰性，即可使我們在專業領域中擔當重任，或更上層樓，這才是真正的工作激勵因素，會促使我們熱愛所做的工作。因此，欲發展工作的正向能量，就需找到工作本身的意義和對我們的人生使命。換言之，為了在工作中持續保有正向能量，樂在工作，我們需在工作上持續不斷發掘有意義的內涵，從而在工作中學習新知，並擔負更大的工作責任。

例如，每天的工作內容是一項激勵因素，豐富的工作內容可供學習和成長，即「事多」，則當事人會導致「很滿意」的結果；至於較少量單調的工作內容，即「事少」，則只是會產生「沒有不滿意」的結果。另外指出的是，工作本身的學習和成長，會導致工作高績效，在假以時日後，自然會伴隨薪資的提升。

2. 保健因素

保健因素（**hygiene factors**）是指此一項因素一旦出現，通常不會使人產生行動的動機，僅有在一旦缺少這項因素時會使人喪失行動動機。此有如衛生紙或保健室般，一旦欠缺會令人不適，但若充分供應則不會令人喜悅。工作上常見的保健因素為工作環境、工作地點、工作薪資、資金與福利等。準此，工作的金錢或通勤時間誘因是一項「保健因素」，而非一項「激勵因素」，故無法使人們產生足夠的熱愛工作動機。所謂的保健因素指一旦失去它固然會不滿意，即如薪資和獎金水平一旦偏低，無法養家活口，這就有如一個人欠缺衛生保健般的令人不快；然而，大量擁有保健因素卻不會令人非常滿意，即使企業主給予高薪或高額獎金，事實上並不會使員工對此份工作的本質感到十分滿意，頂多只有在發薪日時有短暫的興奮刺激，而使你不討厭這份工作而已。這就有如一個人就算是做完整套

高精密的健康檢查，也不會爲他帶來很大的快樂滿足感是一樣的。

例如，每月領取的薪資高低是一項保健因素，高額的薪資，即「錢多」，僅會在發薪日當天帶給當事人短暫的興奮，並無法直接激勵執行日常工作，而僅是「沒有很滿意」而已；當然，過低的薪資，即「錢太少」，則會導致「很不滿意」的結果。另外，短的通勤距離，即「離家近」，僅是「沒有很滿意」；至於超長的通勤距離，即「離家遠」，則會導致「很不滿意」的結果。

相反的，只有工作本身的學習和成長，才是工作的真正激勵因素。因爲只有在我們所做的這份工作的過程本身，饒富意義，十分有趣，且充滿挑戰性，可使我們在專業領域中擔當重任或更上層樓，這才是真正的工作激勵因素，會促使我們熱愛所做的工作。因此，欲發展工作的正向能量，便需找到工作本身的意義和對我們的人生使命。換言之，爲在工作中持續保有正向能量，樂在工作，我們需在工作上持續不斷發掘有意義的內涵，從而在工作中學習新知，並擔負更大的工作責任。

動機理論與兩因素理論即如指南針一樣，適用於每個人和每份工作上，這是管理理論的妙用。在我們工作前請切記，工作中的薪資、獎金、工作頭銜、安定感等，皆只是工作的保健因素，它們只是我們樂在工作時的副產品，絕非我們快樂滿意工作的真正來源。若我們能看清此點，便可專注在工作本身所帶給我們的意義、成就感和能力成長面，不會迷失方向，因爲只有這些才能對我們產生正向的工作能量，持續激勵我們樂在工作，產生高昂的工作滿意度，並專注在真正重要的事情上。

另外，時下年輕人對於工作多半抱持騎驢找馬的心態，等待跳槽機會，一遇到工作中不順遂，即辭職轉換工作。結果造成三年轉換四、五個工作的情形，雖可增加不同類型的工作體驗，增加個人履歷表的長度，但對於培養工作深度，卻不具任何實質意義。

因爲就企業組織架構角度言之，每個組織皆有直線及幕僚的組織體系。就直線而言，從董事長、總經理、經理、協理、副理、襄理、主任、組長、組員，實係層層限制、一脈相承。不論在行銷業務單位、製造生產單位，或財務管理等單位，皆是如此。

　　再者，企業組織的直線架構中，有所謂策略高層（即董事長、總經理之屬）、中間層（即經理、協理、副理、襄理、主任之屬）與作業核心（即組長、組員之屬），其分別以人的頭部、軀幹、雙腳來表示，絕大部分的企業新進員工皆是以作業核心（即組長、組員之屬）的工作僱用，不管名義為組員、店員、科員、行員、業務員、辦事員、股員、專員、研究員皆屬之【9-4】。若尚未升上主任職位即跳槽離職，到另家企業也泰半以辦事員或組員任用，位階依然是「員」字輩，屬於「一元（員）垂垂」的辛苦階級，仍是屬於企業最底層的雙腳角色，仍需任勞任怨、忍辱負重，那麼由甲企業換到乙企業工作究竟又有何意義？基本上，轉換工作需付出**關係終結成本（relationship terminate cost）**【9-5】，包括關係結束損失、關係尋覓支出、關係重建支付等，其數額自然不小。然而，若轉換後的關係利益，不若關係終結成本代價，那麼，轉換工作便並非明智選擇。

　　試想，若以搭捷運為比喻，當列車進入臺北車站時，必有若干乘客下車，此時原來在車廂內站立的乘客，必然會先尋找空位入座。至於在臺北車站上車的乘客，則多半無座位可坐，只能站立車廂內，等待到其他車站，或有其他乘客下車時，再伺機搶先入座。轉換工作也是一理，有關基層「員」字輩的優質工作一旦出缺，同家企業內部員工必然捷足先登，先行進行內部調整（好像原來在車廂內站立的乘客搶先入座一樣），然後剩下較差的職缺才向外公告招募（就好像在臺北車站上車的乘客一樣）。因此，我們從企業外部初入企業的職缺，多半是企業內部員工挑剩的職位，故工作轉換利益泰半不高，經扣除工作轉換成本後，多所剩無幾，故轉業的效益實非如我們想像的顯著。俗話說：「滾石不生苔，轉業不聚財」，的確需要細加思量其意涵【9-6】。

　　若我們可以選擇工作，在投出履歷表前，盼望我們能就自己的個性能力、職業興趣、內在驅力做更詳細了解，進而選擇適合我們的工作類型，然後再投遞履歷應徵，若能獲得錄取，我們將是找工作中的幸運兒，美好工作正向我們展開，值得善加把握。若未被錄取，則需再接再厲，奮鬥不懈，終至有成。當然，若基於環境壓力，需接受某份工作，我們也需逆來

順受，以正面積極態度面對。因為雖然不能盡如人意，但求無愧己心，此為待人接物的基本道理，我們當慎思。

總之，工作是神聖的，所以要「敬業」，尊敬工作事業中的每件事物，以開闊的胸襟，謙虛的態度學習，終究必有所成。因為工作是另一所大學，值得我們給自己機會，以虛懷若谷的態度，進行學習工程。美國籃球明星林書豪的成功，不也是他「努力不懈、虛懷若谷」的工作心態嗎？彼此共勉之。

【智慧語錄】

書籍是全人類的營養品。生活裡沒有書籍，就好像沒有陽光；智慧裡沒有書籍，就好像鳥兒沒有翅膀。書籍若不常翻閱，則等於木片。

——莎士比亞（William Shakespeare），文學家，《奧賽羅》、《哈姆雷特》、《李爾王》作者

知識就是力量！書籍是在時代的波濤中航行的思想之船，它小心翼翼地把珍貴的貨物運送給一代又一代。

——培根（Nicholas Bacon），散文作家，著有《論說文集》

9.2態度決定高度

敬業和樂群絕對不是一句口號，它乃是通往人生成功的重要鎖鑰，也是進入美好人生的一塊開門磚。

【問得好】 如果你做這份工作不快樂，你會怎麼辦？

態度（**attitude**）是我們對於特定的人、事、物，懷抱正面或負面偏好的評價。態度是學習活動的結果，是某段時間的主觀經驗感受。當面對某份工作，我們可以檢查自己的態度，是積極的內化、主動的認同、中性的默許、被動的順從、還是反對的抗拒，這其中的偏愛或討厭，即我們對此份工作的工作態度。例如，我們認同（喜愛）現在的工作，我們抗拒

（討厭）工作同事，我們默許（感覺）工作上的不公平現象等。

一、選擇工作態度

工作態度（**work attitude**）是我們對於特定工作偏好的穩定狀況，是各樣習慣的總稱，除非我們下決心改變它，否則態度不容易隨意改變【9-7】。工作態度更是一種選擇，透過建立人際關係，我們可以和同事開展一種友誼、愉快、積極、健康的工作人際關係，此和個人達成工作目標、實現生涯理想有極大關聯。我們的工作態度是我們個性展現的形式，我們帶給他人何種印象，讓他人知道我們究竟是何人？我們究竟是何等人？我們正在做些什麼事？我們要去何方？這是種工作的感受、行動與思想的完整表達，釋放我們的人格特質、意向和心態。我們的自我形象係經由我們的工作態度，傳送並反射給他人。因此，我們若能相信各樣美善的恩賜，和各樣全備的賞賜，都是從上頭來的，從眾光之父上帝那裡降下來的【9-8】。便會有種完整的自我形象，經由我們的工作態度對他人投射，而收到令人驚異的正面效用。而我們所反射的訊息，即含括我們心中想法和我們面對上述想法的感受，他人則會對此份感覺做回應。當我們的想法和內心的感受相互調和時，我們所表達的自我形象則是和諧的。這時上帝所賜給我們的，便不是一顆膽怯的心，而是顆剛強、仁愛、謹守的心【9-9】。

二、生涯命運高度

我們的工作態度會決定生涯命運高度【9-10】。我們要對自己、對他人、對物質維持完整的和諧關係。理由是我們願意他人怎樣待我們，我們也要怎樣待他人【9-11】。我們也應當看重思維與意識，而非事物本身，來讓物質服務我們，而我們當享用物質，而非受物質奴役。我們若能順從上帝的引領，則我們所需用的皆會美夢成真。我們可以試著真心真意的愛上帝，在情感上充分表達，並在意志上相信全能的上帝。

> 我們的工作態度會決定生涯命運高度。

例如，美國馬丁金恩（Martin King）牧師在華盛頓舉行遊行，為爭取黑人的自由權和工作機會。他發表知名的《我有一個夢想》演說，使美國國會通過《民權法案》，聲稱種族隔離與歧視政策皆非合法政策。

金恩牧師說：「不論我們做事哪一行，都定要把工作做到最好，就算我們是一位廁所的清潔工，我們在清掃廁所時，也可將清潔工作做得有如米開蘭基羅在雕刻藝術品，有如莎士比亞在書寫抒情詩，有如貝多芬在作曲。」如此，路過的旅客便會說，此處有位十分敬業且優質的清潔工，將他的工作做得極好。

三、個人自由意志的展現

工作態度是種選擇，我們要選擇快樂的面對工作，還是痛苦的面對工作，完全在於自己。事實上，我們是依賴選擇工作，理由是現今的我們是我們做完選擇的結果。我們能決定自己工作的方式和工作的品質。我們能依據我們的價值觀做選擇，而動物僅能被動回應。遇到困境時，我們能選擇退避，也能選擇迎向風暴，正視此一問題，進而解決問題，這些都出於我們的選擇，這是我們自由意志的展現，因為我們有選擇與決定的自由。在遇到環境刺激與反應表達之間的空檔，就表示我們選擇如何反應環境。至於我們如何智慧的使用外界環境刺激與表達反應之間的空間，就代表我們的自由選擇意志，亦是我們的工作態度【9-12】。

依此而言，樂在工作與敬業樂群都是種工作態度，由於我們需對工作抱持正面樂觀的積極態度，無論難易或順逆成敗，我們都決心樂觀、歡欣的面對，並且不放棄。樂在工作和敬業樂群的我們便不會對抗或抱怨環境，反而接受工作的合理訓練和不合理磨練。具體落實樂在工作就是用心做每件事情，將心比心，真心打拚完成每件事。因為我們用心，我們便能做到「足感心」，使用戶真正滿意。

【智慧語錄】

生命所提供的最好獎賞就是，你有機會為值得做的事情辛勤工作。千萬不要為你所沒有的抱怨，要珍惜你現在所擁有的。

——羅斯福（Franklin D. Roosevelt），美國總統

最要緊的是，要真誠地對待你自己，而且要繼續下去，夜晚和白天，你不能對任何人虛假。

——莎士比亞（William Shakespeare），文學家，《奧賽羅》、《哈姆雷特》、《李爾王》作者

9.3理性決策法則

以一顆敬畏謹慎的心，仔細分析清楚我們的優先順序，再評估各個可行方案，勇敢做出選擇，這就是我們能夠做出的最好決定。

【問得好】 如果現在你有三個工作機會，你會怎樣做決定？

有一天，老李準備在辦公室懸掛一幅朋友送給他的山水畫作，只是這幅畫作面積尺寸較大，老李便找來同事小張幫忙。

老李快速測量好畫作高度，在牆壁上做暗記，準備釘下鐵釘時，小張突然開口說：「我想最好在畫作的下方，再加上兩個木頭固定，這樣畫作才能掛得安穩。」

老李找來鋸子和木頭，才鋸沒幾下，小張就說：「這個鋸子有點鈍，需要再磨一磨才會鋒利。」

小張跑趟五金行拿挫刀來，準備將鋸子磨利。後來他發現，挫刀把手已經鬆脫，需要安裝新的把手才行。

於是小張再跑趟五金行，找把斧頭和一些木料做個把手。但小張發現，這把斧頭是瑕疵品，斧頭已經有點生鏽，變得很鈍；為將斧頭磨利，小張準備找些潤滑油來擦拭斧頭上的鏽斑。小張去了一段時間都沒有回來。

老李最後決定釘上原來的釘子，按照最早先的安排掛上畫作。幾個小時後，老李在街上的五金行碰到小張，他正開貨車來，運送一臺重達數百公斤的電鋸，預備用來鋸斷木頭！

當我們失落生命方向時，不妨停下腳步，站在高處，重新思想最早的

初衷，才不會盲目失焦，偏離原有飛行航道而不自知。

　　在日常生活中，我們隨時都需要做決定，例如，晚上去哪家餐廳吃晚餐、去哪家百貨公司買東西、要不要買這支手機等。甚至是影響比較深遠的重要決定，例如，要讀哪間研究所、要做哪個工作、要不要到大陸上班、要不要嫁給他等。這時就需理性選擇，選擇擺在眼前的各種合適機會方案，自己人生的CEO。

　　基本上，賽門（Simon, 1970）所提出的**理性決策模型（rational decision model）**係經歷四個主要步驟：確認問題和需要、確認決策準則、列出待選擇方案、評估並選擇可行方案【9-13】。透過此四個步驟，便可做出理性決策，理性決策如圖9-2所示，以下加以說明。

一、確認問題和需要

　　首先，做決定的開始，要問做這樣一個決定，所要解決的問題是什麼，是要滿足何種需要。因為，若不先確定問題和需要，往往會做下一個決定，解決一項問題，反而衍生出另外一個問題，使得我們忙忙碌碌，疲於奔命而徒勞無功。

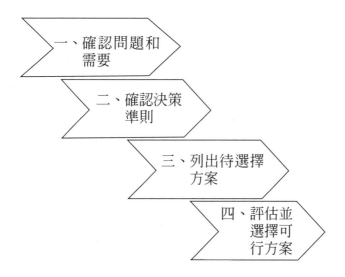

圖9-2　理性決策的四個步驟

資料來源：整理自賽門（1970）。

　　基本上，決策本質是達成決策者目標，解決決策者自身問題的過程。此時是先發生一種需求，生成一個問題，進而要解決此一問題，便開始思考搜尋，尋找解決方案，產生最終的決策行動。在這套程序中，第一步是確認問題和需要，因為確認問題是解決問題的開始。一旦心中產生需要和期望，自然會想辦法做決定滿足這個需求，這時候的決策是指如何解決生活中所碰到的各種問題，而我們的管理能力優劣，即和決策品質高低息息相關。

　　基本上，我們是個決策者，決策方式和決策品質高低，明顯會受到自己對問題現象的認知所影響。我們需先感受到問題存在，才會想到需做出決策。茲說明如下：

1. 問題：

　　所謂「**問題（problem）**」即我們心中的理想情況和現實狀況之間的落差，這個落差即我們的**未滿足需要（unmet demand）**，並且認定這是合於我們利益的需要。而通常此一未滿足需要，則是形成個人壓力（pressure）的源頭，故需要審慎認定我們真正的問題所在。

2. 決策：

　　至於所謂的「**決策（decision）**」即是由兩個或兩個以上方案中，挑選一個最適當方案的過程。所以若要做好決策，需先考慮此時的問題是什麼，只有問對問題，才能找出真正需要，提出滿足需要所需要的準則條件及可能的解決方案，然後擇一執行。因此，先行確認問題內容遂十分關鍵。

　　例如，大三或大四的同學，會因為要先就業（當兵）、先攻讀研究所或是延後畢業，或投考公職，或是出國念書而舉棋不定，事實上這個決定背後的決策問題是，我們的下個階段想要學習些什麼領域，我們的未滿足需要是什麼。

　　再仔細思想，我們真正想要過什麼樣的生活，我們在那個領域想要再行了解。若我們覺得很想看看實務界的運作能否印證書本理論，以及很想見識產業或企業中的管理運作模式，那麼我們的未滿足需要很顯然是「實務上的知識與生活模式」，這樣的話，先就業（或當兵）不失為一好的選項。

　　若是我們很想探究政府機關怎樣透過行政運作，影響老百姓的日常生活，並懷抱一份爲民服務的崇高胸懷；以及公家部門和私人部門之間如何密切合作，共創雙贏，那麼我們便存在一種在「公部門運作」學習上的未滿足需要，此時投考公職便是個良好選項。這時我們千萬不要以過朝九晚五的生活，尋求一份安定的鐵飯碗來思考，否則就算是我們考上公職，也很有可能會後悔，因爲也有些公家單位忙碌情形甚至不輸私人企業。這時我們便會扼腕不已，因爲我們這時是問錯問題。

　　若是我們對學問仍有一番執著，想要了解事情背後各種理論的思維方式，以及想要進行有系統的整理某些問題背後的專業思考，這也意味著我們存在「學術專業知識」學習上的未滿足需要，也因此攻讀研究所是項不可或缺的選擇。

　　至於是否需出國留學，這又是另外一個問題，問題在於我們是否需進行跨文化（語言）學習、跨文化（語言）學習的成效檢驗，以及我們的預算資源是否豐富三個層面來決定。這個問題的思考是我們在非母語（通常是英語）學習上，和其他同儕（如同班同學）當中相互比較，是否具備比較利益，也就是在同儕（如同班同學）當中，我們英文能力的相對排序是否優於中文能力的相對排序，以決定我們是否具備在英語系國家留學的比較利益。當然，還有財力的支持程度，也十分要緊而不容忽視。

　　相信聰明的我們若能就此問題充分思考，必定能做出明智的決定，而不致於與同學一窩蜂的刻意延緩大學畢業，而不面對事實背後的眞相。

二、確認決策準則

　　通常我們在確定問題後，便會很快跳到方案選擇，例如，若確定要就業，馬上就會要從考公職、到大型私人企業、到小型私人企業、到非營利企業中的方案中做選擇；或到電子業、金融業、餐飲業，甚至是運輸業的選擇；乃至於從做業務、行政管理、現場服務人員、企劃人員之中加以選擇。這樣的話，我們便很容易流於主觀決定，很容易做錯決定而後悔。

　　在此時，我們需很勇敢的冷靜下來，先決定**決策準則（decision criterion）**爲何，而非有哪些方案可資選擇。先問自己，自己到底需要怎麼樣的一份工作，到底什麼樣的工作能夠滿足自己的需要，這是一種客觀

思考的過程，可以幫助我們做出理性決策，而不會事後再追悔莫及，這一點是我們在理性決策時經常犯的錯誤。例如，當我們確定要上班時就先去丟履歷找工作，當我們確定要買車時就先去逛汽車展場，當我們確定要買房子時就先去找房屋仲介看房子，當我們確定要交男（女）朋友時就直接去報名參加派對等。這樣的做法明顯和賽門的理性決策法則互相牴觸。

> 我們需要很勇敢的冷靜下來，先決定決策準則為何，而非有哪些方案可資選擇。

　　例如，我們需思考工作對於自己的若干屬性是否相合，如工作內容和專業相關；工作薪水令自己滿意；工作時間合乎自己需要；工作提供進修機會能幫助自己成長；或工作地點離家近、交通方便等。

　　隨著環境日益變化，會使得此類問題顯得益加複雜，一方面由於自己在乎這件事，使得情感因素經常左右自己的抉擇；另一方面由於自己以為做錯決定的代價相當高，從而很難做出正確決定。例如，有三個工作機會等著你、同時錄取三家學校、有三間房屋可以購買、要不要先結婚，甚至是有三位男朋友不知道該選擇哪一位等，都使我們深感困惑，此時便需要先釐清自己的決策準則。

　　在釐清決策準則後，緊接著需訂定決策準則的權重。此時即包括固定權重與變動權重兩種形式。若是固定權重，則代表這些準則間是同等重要的，準則間可直接相加。例如，若是有四個準則，則每個準則的權重都是25％；若是有三個準則，則每個準則的權重都是33％。

　　若為變動權重，則代表這些準則間是不等重要，此時即需決定這些準則間的優先順序，再依準則優先順序訂定不同權重，至於各個優先順序準則的權重，則可依據直線比例法制定。

　　例如，若是我們確定問題在找工作，我們具有實務上學習的未滿足需要。我們進一步在找工作上設定四個決策準則，分別是經濟收入、專業配合、通勤時間與個人成長，則各個準則的權重大小，依序分別是40％、30％、20％、10％。至於權重大小的計算，則是分別訂定計算式為，分母

是10（＝4＋3＋2＋1），分子則分別爲4、3、2和1，即爲經濟收入占十分之四、專業配合占十分之三、通勤時間占十分之二、個人成長占十分之一。若是只有經濟收入（錢多）、工作內容適合度（事少）、通勤距離（離家近）三個準則，則權重的計算則是分別訂定計算式爲分母爲6（＝3＋2＋1），分子則分別爲3、2、1。經此計算出三個準則的權重依序分別是經濟收入占50%、工作內容適合度占33%、通勤距離占17%。

三、列出待選擇方案

一旦決定決策準則與權重大小後，決策的下一步是列舉出**待選擇方案**（**selected alternatives**），基於時間與心力受限，以及所關心事情內容方向的影響，我們僅需列出少數幾個可行方案，做爲決策待選擇方案即已足夠，而無需條列所有的可行方案。

首先，基於資訊承載量原則，我們所列出的待選擇方案通常少於五個。因爲，我們在進行實際的決定，而非進行學術上的決策可行性分析。條列過多方案只有使問題焦點趨於模糊，並無助解決問題。事實上，只要能清楚提出決策準則，則我們必能立即看出所提出的方案是否爲一可行方案，也就是經過決策準則的檢驗，五個待選擇方案應已經足夠，正如同我們的右手有五根手指頭一樣。

例如，因實際面談後，我們有四個工作機會，分別是台新金、味全、技嘉、漢堡王，這時我們的待選擇方案便有四個。

四、評估並選擇可行方案

在此階段，需對各個可行方案進行評估，即使用加權平均法，又稱**屬性權重法**（**attribute weighting method**）做決策。這時係針對每個屬性，按照原來設定的屬性重要性順序，決定權重數值大小，再透過加權平均，得分最高者即爲選擇評價最高者，爲最終決選方案。

> 我們需先對各個可行方案進行評估，使用加權平均法，
> 又稱屬性權重法來做出我們的決定。

　　以下即以工作評選為例，使用加權平均法（屬性權重法）評選，此時係有四個屬性，即經濟收入、專業配合、通勤時間、個人成長列入準則，權重分別訂定40%、30%、20%、10%。權重分別訂定計算式為分母為10（＝4＋3＋2＋1），分子分別為4、3、2、1。結果在台新金、味全、技嘉、漢堡王四個待選擇方案中，台新金的分數最高（3.0分），即為雀屏中選工作（如圖9-3）。同樣的，A品牌、B品牌、C品牌、D品牌四種待選汽車的車種中，D品牌的加權總分（3.1分）最高，成為最佳決策方案，如圖9-4所示。

電腦品牌	台新金	味全	技嘉	漢堡王
經濟收入：40%	2	3	4	1
專業配合：30%	4	3	2	1
通勤時間：20%	3	2	1	4
個人成長：10%	4	1	3	2
加權平均	3.0	2.6	2.7	1.7

圖9-3　屬性權重法──工作選擇

資料來源：本研究。

汽車品牌	A 品牌	B 品牌	C 品牌	D 品牌
動力性引擎40%	3	1	2	4
經濟性價格30%	2	4	1	3
安全性煞車20%	3	1	4	2
舒適性空間10%	4	1	3	2
加權平均	2.8	1.9	2.2	3.1

圖9-4　屬性權重法──汽車選擇

資料來源：陳澤義、張宏生（民99）。

　　例如我們可採用加權平均法決定所要服務的學校、決定所要購買的房子、決定所要相親結婚的女子，乃至於決定所要信奉的宗教信仰。如圖9-5，即以屬性權重法進行女友選擇，圖9-6以屬性權重法進行信仰選擇。在如此決策過程中，自己透過這樣的理性決策而感覺到心安理得，無怨無悔，就連晚上也睡得十分香甜。

女友（介紹方）	A（母）	B（師）	C（長）	D（友）
活潑開朗大方 40%	2(0.8)	1(0.4)	3(1.2)	4(1.6)
善烹飪手藝巧 30%	4(1.2)	1(0.3)	2(0.6)	3(0.9)
外貌美麗 20%	1(0.2)	4(0.8)	3(0.6)	2(0.4)
宗教信仰 10%	1(0.1)	3(0.3)	2(0.2)	4(0.4)
加權平均	2.3	1.8	2.6	3.3

圖9-5　屬性權重法──女友選擇

資料來源：本研究。

宗教信仰	基督教	佛教	道教
罪惡與拯救（40%）	罪惡 救主拯救	業障 修行積功德	造孽 行善積陰德
教主與神祇（30%）	相同 耶穌生前行神蹟並復活	不相同 教主生前凡人死後顯靈	不相同 神祇生前凡人死後顯靈
天堂與地獄（20%）	永生與陰間、不輪迴	涅盤、西方極樂、輪迴、超度	天堂與地獄、輪迴
神祇數目（10%）	一神	零神─小乘佛 多神─大乘佛	多神

圖9-6　屬性權重法──宗教信仰選擇

註：在此基督教和天主教並未區分。

　　陳君年紀快要三十卻仍然未婚，他列出的四個決策準則，它們是個性活潑陽光開朗、廚藝精良手藝佳、容貌姣好身材佳、宗教信仰相近的四個準則條件。

　　陳君開始進行相親，有母親介紹的A小姐、老師介紹的B小姐、學長推薦的C小姐，以及社團團長介紹的D小姐列入待選擇名單。然而，四位小姐都各有擅長，很難區分高低，這使得陳君面有難色。

　　陳君向來嚴以律己，他不願意同時和許多位小姐交往，胡亂打感情仗，傷害他人也傷害自己。

　　陳君遂將此四位小姐進行屬性權重分析，結果D小姐分數最高，得以雀屏中選。

　　陳君和D小姐開始約會，不久後就結婚步入禮堂。

　　如今，陳君已經五十多歲了，結婚二十多年，舉案齊眉，夫妻恩愛，加上兩個小孩都念大學，這使許多人為之羨慕。

　　最後必須指出的是，在決策過程後，我們需要進行決策後評估，以確認此決定是否做得對。這時的決策後評估，是我們對於決策結果判定是否滿意。此時決策後的滿意情況，並非指我們對於現況或績效成果的好壞感受；而需看我們原來的需要（即期望），是否與決策後所獲得的績效前後一致來決定。即「我們的滿意度」＝「績效成果」－「我們的需要（期望）【9-14】」。若期望等於績效，則自會感到滿意；若績效成果高於原先期望，則感到很滿意。若原先期望高於績效成果，則感到不滿意。此時我們的需要（即期望）是來自所提出問題或對方給定的承諾。

　　必須要指出的是，在執行決策後評估時，必須採用第四步評估並選擇可行方案時所選用的決策準則。絕對不可以新增其他的決策準則，來推翻先前所做的方案選擇決定，這是理性決策的當下理性原則。例如，筆者已經依據活潑開朗大方和善烹飪手藝巧來選擇相親交往對象，進而邁入婚姻，在結婚後筆者就不可以另行新增其他的決策準則，來挑剔配偶（對方）。即不可以新增「愛乾淨會收拾家裡」等的決策準則，來批評挑剔對方。理由是我們要尊重當時所做的決定，是在蒐集各種資訊後，所做出理

性的、最合理的決定，這是在當時所能做出的最好決定。

　　最後，我們可思想我們決策的方式有哪些改變，在我們的生活中加強的「決策」軟實力處有哪些，即在進行一千元以上花費的決策時，我們可以問自己以下的對話：

　　　「我們在做決策前是否會先去想一想確認問題的本質？」

　　　「我們是否會先去想自己的決策準則是什麼，而不是先去找尋方案？」

　　　「我們是否會將自己的決策準則排列優先順序？」

　　　「我們是否會使用屬性權重法來做重大決定？」

　　在此時，完成「工作認知學習單（表9-1）」是個不錯的嘗試，可具體說明如何管理自我，建立正確的工作態度。

【智慧語錄】

　　立志是一件很重要的事情。工作隨著志向走，成功隨著工作來，這是一定的規律。立志、工作、成功，是人類活動的三大要素。立志是事業的大門，工作是登堂入室的旅程。這旅程的盡頭就有個成功在等待著，來慶祝你努力的結果。

　　　──巴斯德（Louis Pasteur），微生物學家，提出分子不對稱性理論

　　做自己能有激情的事情就是事業，做別人希望你去做的事情就是工作。無論是事業還是工作都要負責，不同之處就在於事業是對理想負責，工作是對薪水負責。

　　　──阿瑪迪斯（Amadeus），電影對白，導演米洛斯‧福曼（Milos Forman）

【本章註釋】

9-1　「又要立志作安靜人，辦自己的事，親手做工，正如我們從前所吩咐你們的」，原文出自《聖經‧帖薩羅尼迦前書》，第4章第11節。

9-2　「態度決定高度」是美國西點軍校的名言，即：「態度決定高度，態度決定一切。」亦請參閱施以諾（民100），《態度，決定你的高度》，臺北市：橄欖出

版。

9-3 兩因素理論（Two Factor Theory），一名激勵保健理論（Motivator-Hygiene Theory），為赫茲伯格（Frederick Herzberg）所提出，原文出自赫茲伯格、莫斯納、斯奈德曼合著（1959）《工作的激勵因素》一書。

9-4 基本組織結構，出自Robbins, S. P. (2013), *Organization Behavior*, the fifteen edition, Prentice-Hall, Inc.

9-5 關係終結成本指結束某一項關係所必需支付的代價，包括關係結束損失、關係尋覓支出、關係重建支付等。敬請參見Morgan, R.M. and S.D. Hunt (1994), "The Commitment-Trust Theory of Relationship Marketing," *Journal of Marketing*, 58(July): 20-38.

9-6 「滾石不生苔」是羅馬人Publilius Syrus所提出的格言："A rolling stone gathers no moss."意指太過滾動的石頭沒有生根長草的時刻，即為機動過度的人，永遠無法生根並守成。

9-7 態度一詞，出自Robbins, S.P. (2013), *Organization Behavior*, the fifteen edition, Prentice-Hall, Inc.

9-8 「各樣美善的恩賜，和各樣全備的賞賜，都是從上頭來的，從眾光之父上帝那裡降下來的」，原文出自《聖經‧雅各書》第1章第17節。

9-9 「上帝所賜給我們的，不是一顆膽怯的心，乃是剛強、仁愛、謹守的心」，原文出自《聖經‧提摩太後書》第1章第7節。

9-10 「態度決定高度」，請參閱註9-2。

9-11 「你們願意人怎樣待你們，你們也要怎樣待人」，原文出自《聖經‧馬太福音》第7章第12節。

9-12 改變工作態度，出自Maxwell, C. J. (2006), *The Winning Attitude: Your Key to Personal Success*, Tennessee: Thomas Nelson.

9-13 理性決策（rational decision-making）四個階段，出自賽門。Simon, H.A. (1986), *Administrative Behavior*, 4th ed, NY: The Free Press.

9-14 此即著名的「期望─確認模式」（expectancy-confirmation model），出自Oliver (1980)。Oliver, Richard L. (1980), "A Cognitive Model of the Antecedents and Consequences of Satisfaction Decisions," *Journal of Marketing Research*, 17: pp. 460-469.

行動作業：請試著使用屬性權重法，說明你怎樣去購買一支新手機、新平板電腦、新機車、修習課程，或是選擇打工機會等，來認定你的決定方式。

表9-1：「工作態度」單元課程學習單──工作認知學習單

課程名稱：	授課教師：
系級：　　　　　姓名：	學號：
主題內容：工作是什麼？	
1. 你在其中發現哪些「事實」？	
2. 你個人主要的工作或做事「風格」何在？	
3. 你認為有哪些創意可提升你的做事或工作上的學習「方案」？	
4. 這些方案中有哪些主要的「關鍵點」？	
5. 請你評估這些學習方案中的「可行性」與「限制性」？	
6. 你會建議做哪些的「態度改變計畫」？	
7. 你會建議做哪些的「決定」？	
老師與助教評語	

第十章　尋找合適工作

【朝露生涯漫步】

請安靜的坐下來，閉上雙眼，注意自己的呼吸，傾聽自己的心跳，

然後對自己說：「我就是我自己」，

不斷地對自己說這一句話，「我就是我自己」，

就好像耶穌在復活後顯現，對他的學生所說的話：「是我，不是別人！」

這聽起來很容易，但是，我們更需要在生活中，無時無刻都記住這樣的一句話。

在你工作中，在你學習、成長中，在你和同事、朋友相處中，

這樣你會感覺到，你是完全自由的，你是完全的自己，

你就是這個樣子，是上帝創造你的那個模樣，

這就是本章要你按照你的個性和興趣，選擇合適工作的初衷，

就是希望在你一天的大部分時間，而且是最重要的白天中，

都能夠做你自己，按照你自己原有的個性來工作，

你不需要戴上一張假面具來工作，長時間的處於人格分裂狀態，這是不健康的，

反而，你可以盡情的運用你的優點和長處，歡喜自在的快樂工作，

那麼，你便是已經開始分享到耶穌的復活、慈愛和自由。

10.1 工作與個性配適理論

去做適合我們做的工作，而不只是錢多、事少、離家近的工作，因為對的事情需要由對的人來做。

【三國小啟思：諸葛孔明的優秀研究企劃能力】

在《三國演義》中，**諸葛孔明充分展現研究人的特質**，擔任軍師，運籌帷幄，決勝千里。首次戰役在鹿野，伏龍先生要劉備的陸軍假裝失敗，引誘曹操的軍隊長驅直入，再埋伏一支軍隊在山谷間擊殺。

諸葛孔明更擅長在狹隘山谷中放置巨石、滾木、弓箭手、火砲、機弦，使用各種技巧。並在山腰處丟入火把，在山谷中燃燒稻草，切斷對手的糧食供應，迫使對手兵疲馬困。另在平原地區、森林地界和樹林濃密處，更擅長利用火攻，藉風力助燃火勢，打敗敵人。

諸葛孔明也長於運用地形、地物、觀看天象、制定方位、觀察風勢，利用兵馬來佈置陣式，這就是有名的孔明八卦陣。另在水軍方面，利用水文漲落、藉由水文乾涸期、豐沛期攻打敵人，獲得天時、地利、人和優勢。

諸葛孔明運帷籌幄，決勝千里舉動甚多，有名的有孔明空城計和孔明草船借箭兩件事，在此說明於後。

1.空城計：孔明在西城遣將調兵，姜維、馬超等將領都已經派往其他地方有任務在身，無法趕回西城。忽然司馬懿帶領八千軍士襲擊西城，此時西城當中只有剩下二百多位老弱殘兵，這時諸葛孔明如果心虛而向外逃走，必定會在半途中被司馬懿追上擊殺。然而諸葛孔明卻是彈琴焚香、以一派笑容可掬地站在西城的城樓上方。因而使司馬懿心裡生發疑慮，故不敢貿然攻打西城，此是歷史上有名的「空城計」。

2.孔明草船借箭：在赤壁戰役中，周瑜強迫諸葛孔明在三天內造出十萬支箭。諸葛孔明觀看天象天候，預測三天後水氣將衰弱，天候會放晴，此時長江上容易產生大霧。諸葛孔明因此要魯肅預備二十隻大船，每艘船上配置一百支稻草人，並趁著江東起大霧時，將二十艘大船開往曹營。曹操在面對大霧瀰漫視線不清楚的狀況，因此下令弓箭手射箭，孔明則下令大船開向前方接受箭

支，並且還掉轉船身來獲得雙面箭支，因此每艘大船皆獲得箭有
五千支，合計共十萬支箭，諸葛孔明因此得以向曹操借得十萬支
箭，並且向曹營大聲喊叫：「多謝曹丞相的箭」，然後返回孫劉
營寨，這次草船借箭使得周瑜十分服氣。
　　去做適合我們做的工作，而不只是錢多、事少、離家近的工作，
因為對的事情需要由對的人來做。

【問得好】如果有機會，你會去應徵哪一個部門的工作？

　　在我們投出履歷表並選擇工作前，需先了解自己的個性能力和職業
興趣，從而選擇合適的工作類型，再前往應徵工作。因為工作是神聖的事
業，因此先要「敬業」，尊敬工作的種種事物，並以謙虛的態度，開放的
胸襟學習，深信必會有成。因為工作是另一所社會大學，我們何不給自己
機會，虛懷若谷的學習。

　　工作態度是最重要的事，因為態度決定高度。因為工作不單是為了要
餬口；工作更是為了要完成人生目的與生命召喚，故需正向積極以對。亦
即在挑選工作時，當可比較考慮不同的工作機會，然而做出選擇後，即要
全力以赴，以竟全功，築夢未來。

　　當然，我們期望能夠找到好工作，成為幸運的工作人，以展開美好的
工作旅程。若不能如願，則應該再接再厲，奮鬥到底才是。若受現實環境
限制，不得不先接受某份工作，也要逆來順受，有好的工作態度，期待日
後能夠再起。這時雖未能如人意，但求無愧心，這是做人的基本道理。

　　人們致力於一個目標、一種觀念，這是我們在生活過程中，追求完整
需要的一種表現。羅曼羅蘭說：「一個人追求的事業目標越高。他的工作
能力就發展得越快，也越加完整，對社會也就越加有益處」。

　　在工作場域中，如何發展正向工作能量，我們需做到「四個合適」，
先是一個「合適的人」，再做一個「合適的事」，且在「合適的時間」，
使用「合適的方法」來工作。在前章工作態度中是使我們擁有正確工作態

度，使自己是個「合適的人」，再需要做個「合適的事」，選擇合適工作，並藉由工作上的激勵因子達成樂在工作的理想。此時需「慎始」，選擇適合個性能力的工作，突顯自己的競爭優勢，以事半功倍完成工作，發揮工作正向能量，產生槓桿效果。此外，在「合適時間」，用「合適方法」工作，則需謙卑自己向他人請益，則自然可以學到在正確時間點，使用正確方法做事，進而在工作生涯築夢踏實，在職場中做自己人生的CEO。

> 我們需先根據自己是何種性格「個性」，再考量選擇適合從事的「工作」類型。

在此一情形下，即需要考量四個配適（fit），它們分別是【10-1】：

1. **個性與工作部門配適（personality-job fit; P-J fit）**：此即個人性格特質需要和工作的部門單位相互配合，此為本章第一節「工作與個性搭配理論」的內容。

2. **個性與工作行業配適（personality-industry fit; P-I fit）**：此即個人興趣傾向需要和工作的行業相互配合，此為本章第二節「興趣導向」的內容。

3. **個性與工作組織配適（personality-organization fit; P-O fit）**：此即個人內在驅力需要和工作的機構組織性質相互配合，此為本章第三節「內在驅力」的內容。

4. **個性與工作人員配適（personality-worker fit; P-W fit）**：此即個人和工作的同事相互配合。基本上，個人和工作的同事相互配合，無關乎個人的人格特質，而在於個人的情緒商數（EQ）高低，此係屬於「生活」漫步溝通力的範圍。另必須指出的是，請勿因為個人和工作的同事無法相互配合而貿然離職，理由是這純屬個人溝通的範疇，無論換到何種工作，必然會由於個人的情緒商數高低，而有難以相處的同事，此時所需要的是提升溝通能力，而非轉換工作。

準此，我們應當學習如何透過個人的「性格」個性，選擇合適的企業

部門，即透過自己性格選擇適合的工作部門，例如，要做業務還是要做財務工作，即需依照自己的性格特質決定。這裡的性格包括「人」取向的企業人、社會人；「事」取向的實際人、行政人；以及「資料」取向的研究人、藝術人。部門別則是包括生產、銷售、人力資源、研發、財務、資訊等企業部門。

　　首先，我們需先選擇到哪個部門工作，即是要做什麼樣的事情，是業務行銷、生產製造、財務會計、人事訓練、資訊管理、還是研發企劃。基本上此一問題的導引方向，需考量自己的個性內涵。例如，若想要在電腦公司工作，那麼，想要在電腦公司中推銷電腦、製造組裝電腦、管理會計帳目、從事電腦人才培訓，或是企劃研發新的電腦產品與規劃市場策略，需視自己平時是善於處理人際關係、善於處理事務先後順序、善於處理各種報表資訊而定，因為在自己個性上傾向於人際、事物、資料的不同層面，會使得在從事這些工作時產生處理上的明顯效率差異，即會有事半功倍或是事倍功半的明顯差別，以下進一步說明。

　　若以企業部門或單位來區分，行銷業務或是談判開發上的事務，乃至於人事管理與訓練事務，皆明顯牽涉到「人際互動」的層面，十分適合善於處理人際關係與善於應對人情世故的人來參與。至於生產製造、品保維修或是總務法務、祕書行政的事務，則是明顯牽涉到「事物流程互動」的層面，十分適合善於處理機械事物與善於釐清事務先後順序的人來參與。此外，資訊管理、研發企劃，或是廣告與產品設計事務，則皆明顯牽涉到「文字、數字與符號互動」的層面，十分適合善於處理各種文字、數字資訊與善於面對音樂、美術、藝術符號的人來參與。

　　在國中和高中時，大華很喜歡逛舊書攤，大華還記得那時仍舊有松江路光華商場舊書攤和牯嶺街舊書攤（如今都已經拆除消失），大華非常喜歡躲在書堆當中看書，經常被選為學藝股長。大學時期，大華先後擔任班刊、社刊、校刊的編輯工作；同時在班上的抄筆記功夫超棒，被稱做「筆記王子」。這些充分顯露出大華的個性和能力是個資料取向的「研究人」。在大學畢業前，大華曾經想要當中醫師，所幸有位大學老師告訴大

華，大華的人格特質過於斯文，並不適合擔任中醫師，反而適合擔任中醫學老師，這引導大華轉而投考研究所，也順利考上經濟學研究所，走出大華正確人生的第一步。

　　而大華的第一份工作是選擇到中華經濟研究院擔任約聘研究助理工作，這份工作十分合適大華的研究人特質，因為這份工作經常需要撰寫研究計畫書、研究進度報告、研究結案報告初稿，也需要執行電腦程式作業，這更使大華的編輯工夫得到有效發揮。後來因為優異表現獲改聘為正式研究人員，並且獲得繼續進修博士班的機會，大華在向上帝懇切禱告下，獲得院長特准，得以留職帶薪進修深造並獲得博士學位，這更是上帝的美好祝福。

　　準此，赫蘭（Holland）個性和工作配適理論（personality-job fit theory）【10-2】便可派上用場，個性和工作配適理論指出我們的個性類型和工作環境的相互搭配程度，明顯會影響工作的生產力和滿意度。赫蘭提出個性的三個面向，以及引申出六種個性屬性，如圖10-1所示，協助我們應先考量自己是屬於何種的「個性」，然後再考量適合從事何種的「工作」。

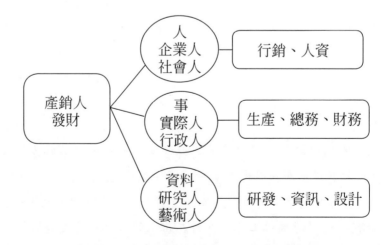

圖10-1　赫蘭的個性和各部門工作的關聯

資料來源：整理自赫蘭（1982）。

> 我們應先考量自己是屬於何種的「個性」，然後再考量適合從事何種的「工作」。

此時的三個個性面向是「人」、「事」、「資料」，此與美國勞工部、職業與工作的大分類一致。至於三個個性面向，引申六種個性屬性如下：

一、「人」取向

人取向包括「企業人」和「社會人」二種，茲說明如下：

1. 企業人（**enterprising man/woman**）爲人取向的外顯性風格。企業人善於使用「說服」的方式，左右他人意見，進而獲得地位和權力，企業人具有明顯進取性格，個性上充滿自信，具備雄才大略，永遠是精力充沛，而且占有、支配慾也非常強烈。企業人適合從事業務、銷售、談判、律師辯護、公關、代理、仲介等事務。

2. 社會人（**social man/woman**）爲人取向內隱性風格。社會人善於從事引導和開發他人潛能的事務。個性上外向、親和力高、善體人意、合群性強。社會人適合從事社會工作、諮商輔導、公益事業、臨床心理、人員訓練、課室教學、心靈導護等事務。

二、「事」取向

事取向包括「實際人」和「行政人」二種，茲說明如下：

1. 實際人（**realistic man/woman**）爲做事取向的外顯性風格。實際人善於機具技術、田野農牧、體力消耗和強調肢體伸展的事務。個性上較爲內向害羞、重視實際面、穩重踏實、順從淳樸。實際人適合從事機械操作、維修裝配、土木機電、生產線作業、農林漁牧、車船運輸、運動教練等事務。

2. 行政人（**conventional man/woman**）爲做事取向的內隱性風格。行政人善於依循行政規章、偏愛條理分明、規範明確、秩序井然的事務。個性上務實順從、重視效率、較少創新想像和適應變化，行政人高度「依法行政」，表現出挑剔和嚴密，是嚴謹守成者。行政人適合從事

檔案管控、行政管考、祕書總務、檢審法務、會計審計、品管保全、收支出納、財務管理等事務。

三、「資料」取向

資料取向包括「研究人」和「藝術人」二種，茲說明如下：

1. **研究人**（**investigative man/woman**）為資料取向的外顯性風格。研究人善於分析研究、邏輯思考、架構組織的心智性事務。個性上獨立且富好奇心，能跳脫傳統框架，勇於創新。研究人適合從事學術研究、經濟／科學分析、產品／行銷企劃、資料分析編纂、新聞彙整等事務。

2. **藝術人**（**artistic man/woman**）為資料取向的內隱性風格。藝術人善於自我表達、不受規章系統限制，勇於自我創作與表述。個性上不拘小節、理想力高、饒富想像力、偏愛創新和想像，而不喜愛規律和條理。藝術人適合從事文學著述、繪畫雕塑、音樂展演和創作、產品設計、廣告設計、室內裝潢、庭園景觀設計等事務。

進一步說，我們若是屬於「人」取向，即適合從事和「人際互動」相關的工作，若是企業型的人適合從事行銷業務或開發談判上的工作，若是社交型的人則適合從事人力資源部門或福利文化的工作，如此便容易發揮我們的**比較利益**（**comparative advantage**），找到我們的競爭優勢或「利基」（**niche**）【10-3】。

若是屬於「事」取向，則適合從事和「事物流程互動」相關的工作，若是實際型的人適合從事生產、品保或維修上的工作，若是行政型的人則適合從事總務部門或祕書行政的工作。

若是屬於「資料」取向，則適合從事和「文字、數字與符號互動」相關的工作，若是研究型的人適合從事企劃業務或資訊管理上的工作，若是藝術型的人則適合從事廣告設計部門或傳播視訊的工作。

> 研究型的人適合從事企劃業務或財務與資訊管理上的工作，藝術型的人則適合從事廣告設計部門或傳播視訊的工作。

　　以下以資訊科技業工作為例，企業人適合擔任銷售工程師或**專案經理**（**project manager, PM**），社會人適合擔任顧客服務人員或**關係經理**（**relation manager, RM**），實際人較適合擔任硬體工程師或生產經理，行政人則適合法務人員或行政管理師，研究人適合擔任程式撰寫人員或研發企劃人員，藝術人適合擔任網頁設計人員或美術設計人員，如此競爭優勢便可有效發揮。

　　富蘭克林說：「一個人失敗的最大原因，就是對於自己的能力永遠不敢充分信任；甚至自己認為必將失敗。」我們若對於自己的能力與性格沒有充分體認，就容易落入不信任自己能力中，進而影響日後成就。

　　耶穌在復活後顯現，對門徒們說：「是我，不是別人。」

　　這告訴我們耶穌是從上帝來的那一位，耶穌是上帝的兒子。

　　今天早上羅伯就用這一句話來開始默想，羅伯安靜的坐下來，對自己的內心不斷說：「我就是我自己，羅伯就是羅伯自己，羅伯就是羅伯。」

　　羅伯繼續想，待在家中時羅伯就是羅伯嗎？在工作時羅伯就是羅伯嗎？在和朋友一起時羅伯就是羅伯嗎？

　　這樣想會讓羅伯感覺到，羅伯不需要向其他人證明什麼事情，羅伯就是羅伯，羅伯是完全自由的，羅伯是完全的自己。

　　在這裡，羅伯就分享耶穌的復活、耶穌的自由和耶穌的慈愛。

　　羅伯的內心得到解放，羅伯不需再落到要證明自己的壓力鍋中。

　　羅伯接受他原來的樣子，就像上帝當初創造的那個模樣，就算是在別人面前丟臉時，羅伯也記得保持住這個自我。

　　羅伯闔起聖經，堅定的帶著這份耶穌的復活大能，羅伯已經不再是以前的羅伯，因為羅伯已經擁有耶穌的復活大能，也找到那把生命之光的鎖鑰。

【智慧語錄】

　　要深入你的內心，認識你自己！認識你自己，方能認識人生。

　　　　　　　　　　　　　　──蘇格拉底（Socrates），古希臘哲學家

拿破崙是由砲兵做起，卓別林是從跑龍套的演員起步，如果他們當年不遷就那個低微的工作，可能有日後的成就嗎？所以我要說，低不就則高不成。

——劉墉，《螢窗小語》與《攀上心中的巔峰》作者

10.2 興趣導向

去做一件你感興趣的低薪工作，所帶給你的快樂滿足絕對會高於去做一件你不感興趣的高薪工作。同時，你的工作績效也必然較高。

【問得好】如果有機會，你會選擇哪一個行業？

在1867年春天，在義大利的平凡小鄉鎮裡出生了一位指揮家，托斯卡尼尼（Toscanini），誰知他小時候竟然是一位嚴重弱視者。

托斯卡尼尼喜愛音樂，進入音樂學院就讀，並隨著歌劇團四處演出。但由於他嚴重弱視，無法看清楚樂譜，於是他用力背下所有的樂譜，這當然要多花費很多時間。但由於他熱愛音樂，托斯卡尼尼並不以為苦。他甚至背下其他樂手部分的樂譜而樂在其中。

在某次公演期間，樂團指揮突然發病缺陣，於是團長指派托斯卡尼尼代打上陣，因為托斯卡尼尼在練習時都能夠幫助其他樂手來演奏，也十分了解每一位團員。

於是，托斯卡尼尼第一次站上指揮臺，在他的指揮下，全團竟然有超水準演出，並獲得全場觀眾熱烈鼓掌，後來托斯卡尼尼更因此成為知名指揮家。

這一切都是托斯卡尼尼熱愛音樂，並靠著辛勤苦練，克服弱視障礙的甜美果實。

同樣的，我們需要學習如何透過個人的「興趣」，選擇合適的產業（行業）工作，藉此找到我們熱愛工作的動能。即以自身興趣來挑選適合

的工作產業，例如餐飲業或汽車業。這裡的興趣包括「喜愛做的事情」、「自發性從事的活動」、「偏愛的事物」等。產業包括食品、衣飾、住宅、運輸、化妝品、電子資訊、金融、旅館、旅遊、文化創意等產業。

一、工作行業的選擇

　　此時我們要選擇從事哪一個行業呢？此一問題的思考方向需依照我們的興趣來考量。例如，我們已經知道自己適合從事業務工作，那麼，若是想要在金融銀行業推銷信用卡、在汽車業銷售汽車、在食品餐飲業販售美食、或在化妝品業銷售化妝品，需看自己平時喜歡逛什麼產品的商店而定，因為我們若會喜歡這個產品，自然會深入了解產品特性、功能、組成，以及誰是最常使用的顧客，這些絕對能對自己的銷售業績加分。

> 你要選擇從事哪一個行業呢？此一問題的思考方向需要依照我們的興趣內容來考量。

　　又如我們的個性適合會計方面的工作，那麼，要選擇在服飾業、食品業，或在電腦業擔任會計工作，那就看自己平常是愛吃美食、愛趕流行服裝時尚，或喜愛組裝電腦周邊產品而定。因為在自己工作場合中，出現的會計帳目會是美食業的冰淇淋數個，或時裝業的短袖上衣數件，或電腦業的筆記型電腦數台，此為每天都會接觸的事，若上述產品足能吸引目光，引起興趣，我們的工作自然會產生許多產品與品牌聯想，使得工作氣氛充滿樂趣，進一步提升工作生產力和滿意度。

　　此外，在工作過程中，我們經常會需閱讀該行業專業雜誌、書報或網頁，掌握市場和技術的最新發展脈動，並學習該行業專業新知與專業知識。若自己喜愛此一產業產品，便會在閱讀專業雜誌、書報或網頁時深具趣味，提升閱讀意願與知識吸收動力，此明顯會影響我們在此領域的熟悉度及專業成長度，進而影響在工作上的發展機會。

二、發現適才適所的合適工作

　　此時，我們需根據人與事的配合選擇工作，追問自己內心的真正感

受：「我們真的適合做此份工作？」而非隨著社會風潮、就業難易和家人意志選擇工作，如此才有可能發現真正屬於自己「適才適所」的合適工作，而達成熱愛工作不打烊的快樂景象。

羅曼羅蘭說：「生活最沉重的負擔並非工作，而是無聊和無趣。」的確，找到一份自己有興趣的工作，是一件令人快樂的事，值得我們努力尋覓。

我們若真正做到了解自己，真正分析妥當自己的能力和個性，如此便能相當有自信選擇別人並不看好，甚至認定是「冷門」的科系或工作，也深信因為認識自己，和自己的獨特能力與風格，必可獲得更佳的工作成果。此時不宜自作主張，而是需要適度的諮詢他人，因為愚妄人所行的，在自己眼中看為正直；惟智慧人肯聽人的勸教【10-4】。

例如，小華在學校即很喜歡呼朋引伴，並且比較哪一家餐廳的口味最棒，後來小華從學校會計系畢業，選擇到某家大飯店擔任會計專員，遂經常有機會比較各樓層的餐飲部門的菜色好壞，以及餐費收入和食材成本高低。由於小華的興趣喜歡品味食物，也很喜歡閱讀美食雜誌，了解新菜色和新的烹調方法，小華和餐飲部門的經理們話題相近，自是打成一片，相談甚歡，也很快了解餐飲部門經營上的各種機會和困境，在相關會議中提出有力的建言，也有機會執行若干專案計畫，並且表現傑出，深獲層峰激賞。不久之後，小華便有機會擔任飯店餐飲部門的副理，工作前途一片光明。

【智慧語錄】

絕不要把你們的學習看成是任務的苦差事，而是一個令人羨慕的機會。為了你們自己的歡樂和今後你們工作所屬社會的利益，去學習。

——愛因斯坦（Albert Einstein），科學家，提出相對論

一個有真正大才能的人是在工作過程中感到最高度的快樂。

——歌德（Goethe），文學家，《少年維特之煩惱》與《浮士德》作者

10.3 內在驅力

千萬不要輕忽組織結構和組織文化對我們的影響力，事實上，它們絕對會透過內在驅力影響你在工作上的持久度和續航力，也會衝擊我們的工作人際關係。

【問得好】如果有機會，你會到哪一種類型的組織單位去工作？

珍妮剛剛結婚三十週年，珍妮的好友淑慧有一天問珍妮，如何與國倫能夠維繫這三十年的婚姻。

珍妮慢慢的說道：「就像是嫁了四個男人。」

淑慧驚訝的說：「你嫁了四個男人？」

珍妮笑著說：「結婚一開始，國倫仍舊創意無限，用心安排約會，就像在戀愛時苦心積慮的追我一樣，這讓我看到他感情豐富、真摯情感的一面。」

「後來國倫慢慢將生活重心放在工作事業上，不再像婚前一樣對我甜蜜蜜，我覺得他就好像變一個人。」

「後來，我接連生下艾婕和艾蜜，他就像是一位堅強有擔當的父親，勇敢承擔照顧孩子的責任，這個時候我又重新認識他的另一個層面。」

「現在，孩子讀完大學離開家，國倫也快要退休，他很早下班，待在家裡種種花草、弄些食物，倒也怡然自得，又好像是另外一個男人。」

「這些年來，我們都改變很多，但是不變的是，我們仍舊學習愛著對方，也堅持一直走這段恩典人生路。」

淑慧終於明白，珍妮經歷這好像是四段的婚姻，其實背後是有不同的內在驅動力量在支撐著。

在工作上，我們需學習如何透過自己的個人「內在驅力」，選擇合適的企業與組織型態，即透過內在驅力選擇適合的公司型態，藉此驅動我們在工作上的行動能量。例如，在公家機關或私人企業工作。這裡的內在驅

力包括物質報酬、權力和影響力、尋求意義、專精、創新、親和力、自主性、安全感、地位。企業組織型態則從公家單位、私人公司、財團法人、社團法人、各級學校、軍事機關等無所不包。

> 我們要選擇到哪一種機關行號工作？這個問題的考慮方向便是需要參考自己的內在驅力來做決定。

　　至於我們要選擇到哪一種機關行號工作呢？機關行號的組織型態包括，大型私人企業、小型私人企業、公家機關、非營利組織（財團法人或社團法人）、教育單位、軍事單位、獨立自由業等。這個問題的考慮方向便需參考自己的內在驅力做決定。例如，若已經知道自己適合從事銀行個人理財銷售業務的工作，那麼，想在公營金融機構、民營大型金融集團、民營小型銀行、政府金融管理機構，或在軍方財務勤務單位、民間基金會或社團法人組織，或在自營的理財顧問公司服務，這就要看自己內心的驅動力量爲何而定。因爲這些不同單位的組織性質差異，會結合特定的組織文化氛圍，深刻的和自己內在價值驅力體系，即我們的人生長期奮鬥方向，持續衝撞，進而影響自己的工作生產力和滿意度。此時的**個人內在驅力**（**inner driving-force**）內涵包括四個構面和八個細目。四個構面即名位、財利、權力、存在的四個面向，即所謂的「名、利、權、有」。至於八個細目是地位、專精、物質報酬、安全感、權力和影響力、親和力、尋求意義、自主創新等【10-5】。如圖10-2所示，以下加以說明：

一、名位

　　名位構面包括「地位」和「專精」兩者，茲說明如下：

1. **地位**：爲名位構面的外顯性成分，會尋求被社會認可、欽佩、尊敬；例如擔任當地慈善基金籌募活動主席。這適合到大型私人企業、公家機關工作，或從事獨立自由業，以追求自己的社會地位。

2. **專精**：爲名位構面的內隱性成分，在某特殊領域有高水準的成就；例如寫一本事業掌握的書。這適合到教育單位工作，或從事獨立自由業，以充實自己的專業水平。科學家哥白尼說：「我愈是在自己的工

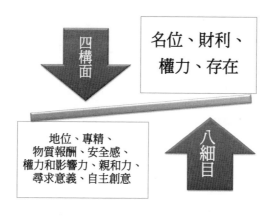

圖10-2 內在驅力的四構面和八細目

作中尋求幫助，就愈是把時間花在那些創立這門學科的人身上。我願意把我的發現和他們的發現結成一個整體」。

二、財利

財利構面包括「物資報酬」和「安全」兩者，茲說明如下：

1. 物資：報酬為財利構面的外顯性成分，尋求財富和高水準生活。例如自己翻修一棟破落的房子，以便出售圖利。這適合到大型私人企業工作，或從事獨立自由業，以追求自己的物資報酬。

2. 安全：為財利構面的內隱性成分，尋求穩固、可預測的將來；例如會重新檢察投資的有價證券財產目錄。這適合到公家機關、教育單位、軍事單位工作，以滿足自己的安全趨力。

三、權力

權力構面包括「權力」和「親和」兩者，茲說明如下：

1. 權力：為權力構面的外顯性成分。尋求控制人、事、物。例如會組織社區童軍露營。這適合到大型私人企業、小型私人企業工作，以滿足自己的權力渴望。

2. 親和：為權力構面的內隱性成分。在工作中與人達成關係的培養。例如聯絡揪團五個人網路購買。這適合到公家機關、非營利組織（財團法人或社團法人）、教育單位工作，以發展自己的親和力道。

四、存在

存在構面包括「追尋意義」、「自主創意」兩者，茲說明如下：

1. **追尋意義：** 為存在構面的外顯性成分。意圖做本身具有價值的事，例如在大自然中冥思。這適合到非營利組織（財團法人或社團法人）、教育單位工作，以擴展自己的人生意義追尋。

2. **自主創意：** 為存在構面的內隱性成分。企求獨立，尋求發明，並能自己做重大決定。例如替你的銀行經理準備開放複製品商店免稅權的演講，或寫一本叫做《二○三○年的愛情與戰爭》的書。這適合到大型私人企業、小型私人企業工作，或從事獨立自由業，以延伸自己的自主創意。

當然，在選擇工作的時候，我們盡可能做出最好的決定，一旦選擇好工作，就需要努力工作，千萬不要三心二意、騎驢找馬。英國邱吉爾首相說：「不是喜愛哪一行，就做哪一行，而是一旦選擇好要做哪一行，就要喜愛哪一行。」真是一針見血之言。

在此時，完成「工作選擇學習單（表10-1）」是個不錯的嘗試，可具體說明我們如何生涯築夢，並且築夢踏實。

【智慧語錄】

讀書就是力量，因為讀書可以幫助工作，可以增加工作的力量。

——拿破崙（Napoleone），軍事家，頒布《拿破崙法典》

讀書使人明智，讀詩使人靈秀。

——培根（Nicholas Bacon），散文作家，著有《論說文集》

【本章註釋】

10-1 本節所提四個配適的概念，即有如國父孫中山先生，在其《上李鴻章書》中所倡議的「人盡其才、地盡其利、物盡其用、貨暢其流」，兩者有異曲同工之妙。

10-2 赫蘭（Holland）的個性與工作搭配理論（personality-job fit theory），出自赫蘭。

Holland, J. L. (1982), *Making Vocational Choices: A Theory of Vacational Personalities and Work Environments*, NJ: Prentice Hall.

10-3 比較利益法則，出自李嘉圖（1817）。Ricardo, D. (1817), *The Principle of Political Economics and Tax*, NY: The Free Press. 至於利基（niche）即指擁有可獲取利益的基礎，據此提出利基市場、利基產品與利基法則等詞彙，語出現代行銷學之父菲利普·科特勒（Philip Kotler）（1980）的《行銷管理》一書。

10-4 「愚妄人所行的，在自己眼中看為正直；惟智慧人肯聽人的勸教」，原文出自《聖經·所羅門王箴言》，第12章第15節。

10-5 有關內在驅力的論述，請參見Richmond（1990），《掌握你的事業生涯》，紐約：立奇蒙管理顧問公司。

行動作業：試著為自己要怎樣修好大學的學業、社團、戀愛、打工學分，並找到一份適合我的工作，擬一份大學生涯企劃書。

表10-1：「尋找合適工作」單元課程學習單——工作選擇學習單

課程名稱：	授課教師：.
系級： 姓名：	學號：
生涯規劃主題	
1. 你有沒有發現你的「個性傾向」？就是你是屬於何種人？	
2. 你主要的生活「興趣」是什麼？	
3. 你找工作時還有哪些需要考慮的「其他因素」？	
4. 你的中文能力和英語能力在同儕中的「優劣情況」如何？電腦操作能力又如何呢？	
5. 請說明最適合你工作的「部門別」？「行業別」？「組織別」？	
6. 你會建議自己在投遞履歷表時，要怎樣選擇「投遞對象」呢？	
7. 你會做出哪些因應的「學習計畫」呢？	
老師與助教評語	

第十一章　目標設定與時間管理

【白雲生涯漫步】

請把雙手放在胸前，輕輕觸摸你的胸口，

直到胸口溫熱起來，讓你感受到心中的愛，

現在開口告訴你自己：「這是一份屬於我自己的愛！」

並享受這一份愛所帶來的溫暖，

開始碰觸到心中那一盞明亮的心燈，

在這裡你可以找到歸屬感，這是你內心的渴望

這一份愛是上帝賜給你的，現在就用一顆感恩的心接受它。

然後再去想上帝給你一天有二十四個小時，

一個禮拜有七天，一個月有三十天，一年有十二個月，

這就是上帝給我們的愛，可以自由運用時間，

這樣你就可以在上帝得愛中，做到「尊敬時間」，

進行有意義的時間管理，

體會到上帝本身就是愛，不妨一試！

【三國小啟思：劉備的各階段人生夢想】

　　在**劉備**軍旅生涯中，明顯可知劉備的生涯「探索期」甚為長久，劉備自從和關羽、張飛在桃園三結義討伐黃巾賊後，即胸懷復興漢室夢想。在其間曾投靠曹操、公孫瓚、呂布、袁紹、劉表等人，並在歷經十至十五年歲月後，在荊州地域哀嘆大半生投身戎旅，卻無半寸土地可供立命棲身，然後才有日後積極求才訪賢，三顧茅廬求訪諸葛孔明，也才有劉備在赤壁之戰大敗曹操，趁機奪取荊州自立門戶。

　　劉備的生涯「建立期」則在赤壁戰後才陸續展開，此時夢想即實現諸葛亮三分天下目標。劉備接連攻占荊襄、南郡、南蠻、巴郡、西

蜀、漢中等地，快速建立蜀國基業，劉備更在成都稱帝，稱號蜀漢昭烈帝，此時三分天下局勢遂成。

劉備的生涯「維持期」是在成都稱帝後開展，此時夢想即鞏固西蜀疆域，確定三分天下。然因關羽大意失荊州被孫權所殺，劉備大怒定意征伐孫權爲關羽報仇，然劉備卻被陸遜用火燒連營計策，七十萬大軍覆滅於宜昌西北，此役後西蜀元氣大傷，三分天下之勢岌岌可危。

劉備的生涯「撤退期」則在劉備被陸遜所敗，逃竄至白帝城並羞憤死在白帝城，同時託孤劉禪給諸葛孔明，死時年僅五十六歲。

11.1 目標設定實現夢想

目標是有底線的夢想，目標最好要能夠數量化，用明確的數字表示，並且加上清楚的達成時間。

【問得好】：我要怎樣才能勇敢築夢，且築夢踏實？

築一場春秋大夢，悲人生幾度秋涼。人貴有夢，且築夢踏實。

在年少大學時光，正是前程光明似錦的黃金時節，應勇於築夢，有道是有夢最美，希望相隨，且隨著夢想的立定，將導引目標設立，進而牽動個人努力奮鬥的方向與動能。有道是「一寸光陰一寸金，千金難買寸光陰」、「切莫少壯不努力，老大徒傷悲」。如今卻是「由你玩四年」論調響徹雲霄，四處可見昏睡族與低頭族，真正想獲取知識者幾希，埋首圖書館書海中，博覽群書者更屬罕見。例如，現在電子科技發達，搜尋知識與下載電子書十分容易，我們應善用電子科技載具，透過電子書或其他工具等以通曉各家知識，悠遊於諸學海群宗之間，而不要沉迷於遊戲軟體或網路社群中無法自拔，虛擲光陰。

　　現在大學生或青年學子整天掛在網路上，宅在家中，成天都和電動玩具及遊戲軟體搏鬥，除此便無精打采，做什麼事都提不起勁。會造成此一情況的原因實在千頭萬緒，其中之一可能是缺乏具體奮鬥目標，也可能是根本就欠缺努力方向。這是本章目標設定（**goal setting**）實現夢想所要探討的主題（參見圖11-1）。

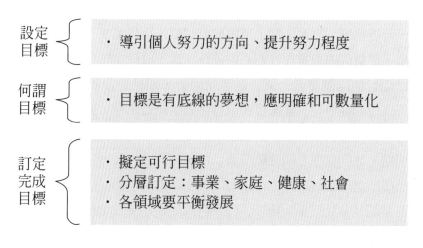

圖11-1　目標設定實現夢想

資料來源：本研究

一、為什麼要制定目標

　　「沒有異象，民就放肆」【11-1】，沒有目標和方向的歲月就有如搭車卻不知要去何處，也因此不知要搭哪路公車，也不知要在哪站下車；又如缺乏目的地的旅遊，不知要搭飛機、巴士或郵輪。在這種情況下，我們有可能今日朝東行走，明日向西走著，後天往南行走，大後天往北走著，結果回到原地。我們或許十分忙碌，然而卻可能由於方向偏差，導致原地自轉，徒勞無功。即使前進方向不致偏差過大，然而可能在某地方停下，而且有可能在任何狀況都可能無故就停下，忙於其他事情或觀望其他。結果是原先能夠一個月就走完的路程，因著走停不定，東張西望，結果花費一整年卻不一定走完。

　　根據弗隆（Vroom）的**期望理論**（**expectancy theory**）【11-2】，指

出個人採取某行動的理由，例如，個人努力應考的程度，取決於個人對於採行此項行動後，究竟是否能達成對於個人績效及期望目標而定。即「個人努力」會影響「努力績效」，繼而影響「個人報酬」，進而影響達成「個人目標」，於是，需訂定目標導引個人努力方向和努力大小。

二、何者是目標，何者不是目標

　　目標，指在某特定時間點，所要達成的成果、成績或目的處所。此一目標，若能夠細心思索，從上帝處取得靈感，更是美事一椿。因為我們立志行事，是信仰的力量在我們心中運行，為要成就美好光景【11-3】。

　　目標包括兩個要素，第一是空間因素，即是要達到的成果水準、成績水平或目的地所在。此需要明確數字表示績效水準，從而當事人有所依循，能夠自我審視是否業已達成預定目標。第二是時間因素，即是要達成的時間點。此同樣需要明確數字表示特定時間點，從而當事人能夠確認是否業已如期達成預定目標。以上時間與空間的兩個關鍵因素，缺一不可。

　　在具體操作上，管理學之父彼得杜拉克（Peter Drucker）提出目標設定上的「SMART」原則，即目標要明確、目標要可量化、目標要可達成、目標要有相關性、目標要有截止日期。茲說明如下：

1. 目標要明確（specific, S）

　　目標首重明確，清晰不模糊。例如，我的目標是當上主任，或如，我要考上律師；而非，我要成功，衣錦榮歸。

2. 目標要可量化（measurable, M）

　　目標要能夠數量化，必須要有明確數字。例如，我的目標是存到人生第一桶金100萬元，或如，我要年薪百萬；而非，我要擁有美好人生。

3. 目標要可達成（attainable, A）

　　目標要能夠達成，要具有可行性。目標不能太簡單不具挑戰性，也不能太困難根本無法達成。例如，我的目標是要考上高普考，或如，我要結婚成家生子；而非，我要登陸火星。

4. 目標要有相關性（relevant, R）

　　目標設定要與現況相關，即要實際並且合乎現狀，避免過於天馬行空，如此才能產生實現的動力。例如，我的目標是要薪水達到40K以上，

或如，我要考上三張證照；而非，我要選總統。

5. 目標要有完成時間（time-based, T）

　　目標要有截止日期，設定完成期限。例如，我的目標是要三十歲前結婚成家，或如，我要五年後在新加坡工作；而非，我要環遊世界。

　　夢想或願望都不能算是目標【11-4】。茲說明如下：

　　夢想或願望是個人的想望，例如，想要賺大錢、想要出名、想要出人頭地、想要婚姻美滿、想要家庭幸福等。然而，願望並非目標，理由是願望過於模糊不清；而目標是清楚的數量化水平，並且會力求成就。例如，某人夢想成為一位科學家，此並非目標，尚需要加上幾件事情轉換成為目標。即需要在兩年內就讀某大學的電機學研究所，或在三年內進入某企業的研發部門工作。因為「目標是有底線的夢想」【11-5】。

　　夢想（或願望）往往過於模糊，需要縮小範圍成為一明確水平，再加上一確定時間，即能成為一項目標。例如，某人夢想未來有一天要居住到美加地區，但是美加地區範圍過大，它是一個完整大陸板塊，它需要縮小範圍成為一個國家、一個區域、一個州，或一個城市，同時加上完成時間，因為唯有夢想變得清晰，方能導引內心朝向某一特定目標移動，如此夢想方有機會實現。又如，某人夢想未來有一天要擔任CEO，但擔任CEO的範圍過大，它是一個完整的管理階層，它需要縮小範圍成為一個行業、一個地區、一個部門，或一個組織形態（例如公營、民營、外商、非營利、財團法人等）。

唯有夢想變得清晰，方有機會實現。

　　例如，臺灣首位非洲替代役男**連加恩**，由於他在非洲的工作，使他成為臺灣人心目中的光明人物。其中一件事即是連加恩回憶起在就讀建國中學時，原先在上課時愛睡覺、愛混時間，有一次他聽到上帝出聲責備他過於驕傲，連加恩便從此下決心努力用功，認真讀書拚出好成績，並且將目標明確定在考進全校前二十名。試想要在全臺灣高中第一志願的建國中學，獲得前二十名是件多麼困難的事。然而，連加恩設定目標後，便全力

以赴達成，甚至在考試前夕，連加恩在下課期間偷偷跑到司令台前，預先演練頒獎的程序，以及如何走位等細節。結果，連加恩在那次考試中，果真拿到全校第十八名，之後更連續獲得五次班上第一名。這在建國中學可說是難上加難，因為班級第一名通常會換不同人，但連加恩卻做到了，因為他有明確的努力目標。

三、如何制定目標，並且一步一腳印的完成目標

在制定目標時，需具體可行、分成不同領域，在其中平衡發展，可分成三個部分，茲說明如下：

(一) 擬定具體可行的目標

第一是擬定具體可行的目標，即是清楚寫下目標內容，目標應以可數量化的明確數字為佳，且需要加上達成的明確時間點。例如，要在三年內賺到人生第一個一百萬，或要在兩年內結婚成家等。在此時所制定的目標需要能夠實現，而非空中樓閣、天方夜譚的空想，成為「高不可攀」的目標。例如，某人擔任基層作業員，薪資微薄，卻制定一年內要住進億元豪宅的目標。此外，目標應當有些難度，方能激勵個人奮力達成，它是一「高而可攀」的目標。例如，某人制定三年內考取公職目標，而非考上大學目標，因為在臺灣，前者的競爭十分激烈，錄取率低於5%；後者幾乎有考必取，錄取率幾達百分之百。

例如，國寶級廚師、烹飪節目製作人及主持人「阿基師」鄭衍基平常不隨便答應別人或隨便制定目標，因為一旦話說出口或制定出目標，就會用120%的努力，將它完成。因為阿基師認為，若無法將事情做好，那就不要說出口，也不要執行，此即要真誠做每件事情、完成每件任務，達成具體目標。

(二) 分成不同領域制定目標

第二是分成不同領域，即分成工作生涯面、家庭感情面、身體健康面、社會公益面的四個領域，分別制定個別目標。從而在實現夢想與願望時，必需要在個別不同領域中實現理想、夢想或願望。此有如經濟體系包括四個市場，即財貨市場、貨幣市場、勞動市場、外匯市場。同樣的，個人亦有四個市場需要兼顧，即個人需要在事業（工作）市場、愛情

（家庭）市場、健康（生活）市場、社會（服務）市場中，分別制定目標
【11-6】，即制定：

1. 事業工作目標；
2. 家庭感情目標；
3. 健康生活目標；
4. 社會服務目標。

　　然後再追求個別目標的實現。必須指出的是，若願意，更可在個別
市場主目標中，制定次目標。例如，在事業工作目標中，更可制定幾年後
擔任主管的目標、幾年內賺到第一個一百萬的目標，以及幾年內取得碩士
學位的目標等。另在家庭感情目標中，亦可制定幾年後結婚成家的目標、
幾年內生育子女成為父母的目標，以及幾年內重新裝潢或換屋置產的目標
等。

(三) 各個領域要平衡發展來達成目標

　　第三是平衡發展個別領域，理由是在人生生涯發展，需要留心「平
衡」計分與「多目標」規劃（**multi-objective programming**）的必要性
【11-7】，即在各目標間取得平衡，如此方能追尋幸福快樂的美滿人生。
例如，某人功成名就，卻因健康問題英年早逝，豈不令人扼腕。另某人雖
功成名就、富可敵國，但是夫妻經年不睦，子女不孝，豈不哀哉。又某人
雖婚姻美滿、身體健康，但長年失業在家，依靠祖產度日，豈非圓滿，
空留遺憾。因此，欲追求美滿幸福人生，需要在上述四個市場中平衡發
展。經濟學家常致力於前述四個市場均衡發展，因為此四個市場是緊密關
聯的，某個市場的榮枯會連帶影響另個市場的興衰發展。此即所謂「美
滿經濟學」【11-8】。社會科學之母的經濟學理中，更有「**帕雷托最適**
（**Pareto optimum**）」一辭，正是平衡與美滿人生的有力說明【11-9】。
其中帕雷托最適狀態即指若再增加某方面的生產或消費活動，必然會減少
或削減另方面效用的情形。

【智慧語錄】

　　目標設定的最大好處，它使管理者能夠控制他們自己的成績。這種自

我控制可以成為更強烈的動力，推動他盡最大力量把工作做好。

——巴納德（Barnard），天文學家，提出動態平衡理論

堅定目標是性格中最必要的力量源泉之一，也是成功的利器。沒有它，天才也會在矛盾無定的迷徑中徒勞無功。

——卡內基（Dale Carnegie），人際溝通專家，創立卡內基溝通訓練

11.2 時間管理的本質

正如勞動和資本一樣，時間也有供給和需求，這就是時間供給和時間需求。

【問得好】：為什麼我的時間老是不夠用？

擁有電腦、手機、i-Pad、網際網路、往來搭乘高鐵、高速公路和捷運的現代人，為什麼老是覺得時間不夠用呢？事實上，這是現代都會人士普遍會提出的問題，「忙碌」兩個字掛在臉上，行進間的腳步飛快，說話的聲音急促，彷彿要把所有的事情一股腦子全說出來，要把所有的事情一下子都做完。在這種情形下，要說明**時間管理**（**time management**），讓我們先從時間的本質談起。

一、時間供給和時間需求

時間是一種生產資源，在生產函數中，和勞動、資本、土地、技術等投入項並列，為生產的投入要素之一。在適當的生產要素組合下，時間加上勞動或資本，可以產生一定水準的生產數量。或謂時間資源不能單純存在來進行生產活動，並指出需要在適度的資源安置下，時間方能產生有效的資源組合資值效果。這指出時間的協同性（cooperative），時間資源無法獨自存在來生產，時間資源係用來協助其他資源增添其生產活動的效益。

當然，上帝賜給我們一天都是24個小時，一週都是七天，一年都是365天，這告訴我們時間長期上是一種既定資源，若不去使用它，時間也

會流失逝去。因此，這提醒我們需要善用時間資源，愛惜光陰，來發揮時間資源應有的協同生產功能。

　　基本上，我們可以由時間的本質來說起。正如勞動、資本、土地等投入項都有供給和需求一般，如勞動供給與勞動需求，時間也有其供給和需求，我們可稱之為時間供給和時間需求。茲分別說明如下：

1. 時間供給（**time supply**）：時間供給表示每個人擁有多少的時間，在此是指可有效運用的時間，故短期的時間供給曲線一如其他的生產要素，為一條正斜率的曲線，代表價格提升可使供給數量增加。當然，基於每個人的一天都是固定的24小時，即使時間價格提高而時間供給卻無法增加，此意涵蓋長期的時間供給是具僵固性（rigidity）的，故長期的時間供給曲線為一條垂直線。

2. 時間需求（**time demand**）：時間需求為每個人對時間的需要，時間價格愈高則對時間的需求越少，人們面對價格較高的時間資源，自然會減少需求量，故時間需求曲線為一條負斜率的曲線。

　　此時基於供需均衡原理，自然可以產生的時間均衡點。如圖11-2所示的A點為時間供需均衡點，此時即有所謂的均衡時間價格和均衡時間數量。

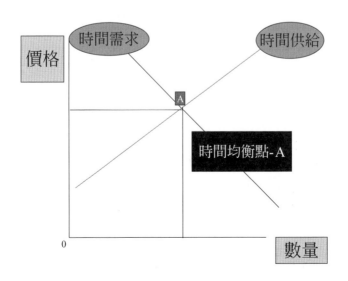

圖11-2　時間供給與時間需求（A點）

二、科技進步影響時間供給

在此時，拜科技進步之賜，各種交通運輸工具被大量應用，明顯縮短人員或物資移動所需的時間，相對而言，此舉可說是「增添」大量可資應用的時間，可視為另一種形式的時間供給增加。當然，短期時間供給是具有僵固性的，然而，長期時間供給則是能夠向右方移動的。

例如，飛機、輪船、火車、高速鐵路、鐵路運輸、汽車、高速公路、快速道路、高山纜車、都會區大眾捷運系統、輕軌電車、公共汽車等交通運具或介面。例如，原本由臺北市搭火車，或開車行經高速公路至高雄市，需耗時四至五個小時，如今搭乘高鐵則僅需時90分鐘，時間節省達三個小時。依此邏輯，人們因而得以到達目的地（高雄）後，多出三個小時的時間，可以好整以暇的喝杯咖啡，在公園散步，享受悠閒時光，此不啻代表人們的時間供給增加三個小時。

此外，更有各種事務工具的問世，加快人們文字、數字、資料處理的速度，無形中節省大量的時間使用，亦是另一種明顯的時間供給增加。例如，手機、電話、個人電腦、筆記電腦、平板電腦、電腦印表機、影印機、掃描機、傳真機、播放器、攝影機、單槍投影機、視訊會議系統等。例如，原本某份文件重新謄寫或繕打，需耗時兩個小時，如今透過影印，瞬時可成，即可節省兩個小時的時間，增加兩個小時的時間供給，做為其他的用途。

當然，在工業化大量生產的洪流中，各級產業所製作研發的各種生產機具則不勝枚舉，無形中加快了各種產品與服務的生產腳步，此更加增加大量的時間供給，自不待言。

茲以圖11-3來表示，圖中表示科技進步對於時間供需的影響，科技進步明顯使人類的時間供給增加，時間供給曲線向右外移，時間供需均衡點由原來的A點向右移至B點，此導致時間價格為之下降，時間數量為之增加。在其他條件不變的情形下，應該導致時間供給超過時間需求的**時間剩餘（time surplus）**情形。此時的人們應該對時間游刃有餘，人們輕鬆悠閒度日，人們的生活步調和緩，心情平靜和氣，而時間管理的議題普遍不受重視，或者甚至未被提出。

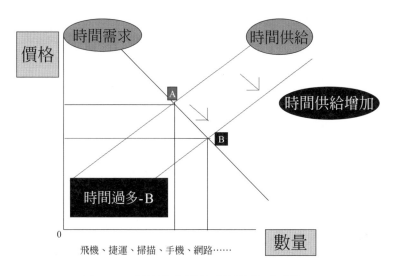

圖11-3　科技進步提升時間供給（B點）

三、內心欲望影響時間需求

　　然而，事實的真相是，伴隨著科技的進步，人們享受各種科技所帶來的便利與效率後，人們內心各種欲望通常會隨之提升。因為以前認為無法做到的事情，現在因為科技進步使這些都成為可能，從而會導引內心去完成它。而內心欲望會影響時間需求，因為若需實現內心欲望，通常需要花費時間去完成某些事務，此舉必然會提升對時間的需要。例如，一個人若想要環遊世界，則需要儲存足夠金錢充當旅費，還需要準備足夠的旅遊時間，以及花時間規劃行程以及做好充分預備，此無形中需增加大量的時間需求。

　　例如，在大學生涯中，原來是能夠讀書求學，偶爾有戀愛經驗即十分滿足。而現在則是多元打工賺取學費及旅費，參加多種社團增加領導經驗，透過網路遊戲體驗人生，使用多種網路軟體形成社群網絡，體驗戀愛的奇妙滋味，前往世界各國遊學，到國外度假打工，甚至到世界各地旅行增廣見聞等。另外，對於已進入社會的人士而言，原來是平靜工作，成立家庭，養育子女即十分滿足。而現在則是尋求日常生活樂趣，屢次赴海外旅遊，經常進修充電；若一旦進入婚姻與養育子女，則對子女寵愛有加，

從坐月子中心、安親班、才藝班、運動班和課業補習,乃至於參加各類營會,甚至赴海外遊學,林林總總五花八門,使父母親疲於奔命,子女也忙碌不堪,這正是內心欲望提升的顯例。

此時以圖11-4來表示,圖中表示人類內心的欲望增加對於時間供需的影響,欲望增加明顯使人類的時間需求提高,時間需求曲線向右外移,時間供需均衡點由原來的B點向上移至C點,此導致時間價格為之上升,甚至高於原來A點時的時間價格;至於時間數量亦為之增加,高於原來A點時的時間數量。從而在其他條件不變的情形下,明顯導致時間供給不敷時間需求的**時間短缺**(**time shortage**)情形。此時的人們不再是對時間游刃有餘,反而是時間緊繃在壓力鍋中度日,人們的生活步調緊湊,心情匆忙煩躁,而時間管理的議題則是深受重視,經常被提出討論。

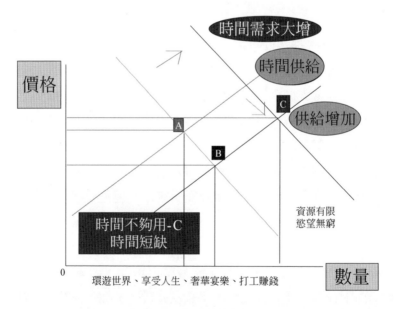

圖11-4　欲望增加拉高時間需求(C點)

四、重新反思合宜的時間管理之道

在此一情形下,有識者當反思合宜的時間管理方向。此時的時間管理方向大致上可歸類於兩大類,茲說明如下:

1. **時間需求面管理**：時間需求面管理（**time demand-side management**）是指藉由時間需求端入手，試圖減少需用的時間需求。即如進行時間需求的分級管理，將重心置放於時間的重點需求方面，致力於降低不必要的時間需求，進而使時間總需求為之降低。例如，將一些較不重要的事情予以擱置或延後完成，或是將若干無需親自完成的事情，轉交由他人來完成等。此為本章第三節的內容。

2. **時間供給面管理**：時間供給面管理（**time supply-side management**）是指藉由時間供給端著手，試圖擴充可用的時間供給。即如藉由更多的科技研發時間節約器具，以及更精進的時間管理技巧，以致力於提高時間使用效率，此為時間管理的供給面管理。此為本章第四節的內容。然而，由於目前的科技研發已達相當精進的水準，這方面的進度空間委實有限，而且無法顯而易見，故其成效通常難以立竿見影。

　　時間需求面管理即成為圖11-5的情形，圖中表示人們執行時間需求面管理後對於時間供需的影響，此時時間節約明顯使人類的時間需求降低，時間需求曲線向左內移，時間供需均衡點由原來的C點向下移至D點，此舉導致時間價格為之下降，甚至低於原來A點時的時間價格；至於時間數量亦為之減少，低於原來A點時的時間數量。從而在其他條件不變的情形下，明顯降低時間供給不敷時間需求的時間短缺（time shortage）壓力。此時人們的時間剛好夠用，經常是呈現時間合理使用的和諧情形，人們的生活步調放慢，心情不再匆促煩憂，而時間管理議題則是經常討論，經常檢視其實施成效。

【智慧語錄】

　　少壯不努力，老大徒傷悲。

　　　　　　　　　　　　　　　　　　——漢樂府古辭《長歌行》。

　　最長的莫過於時間，因為它永遠無窮盡；最短的也莫過於時間，因為我們所有的計畫都來不及完成。

　　——伏爾泰（Voltaire），文學家，《路易十四時代》與《哲學通信》作者。

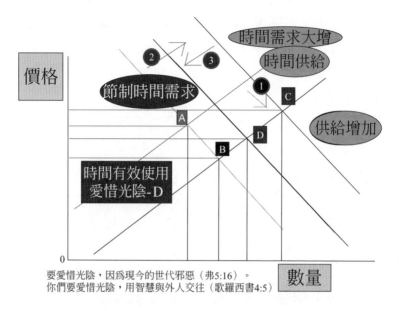

圖11-5　降低時間需求的時間需求面管理（D點）

11.3 管理時間實現目標

　　掌握時間的本質特性便能有效管理時間，即把環境上的機會轉換成工作實力，形成偶然力。

【問得好】：我要怎樣做才能善用時間、做時間的主人？

　　魯迅說：「時間，每天得到的都是二十四小時，可是一天的時間給勤勉的人帶來智慧和力量，給懶散的人只留下一片悔恨。」這說明上帝公平給每個人相同的時間，但是時間卻需要有效管理。這也就是提醒我們要愛惜光陰，因為現今的世代實在令人困惑【11-10】。

　　要有效管理時間，在大學中玩出好成績，第一步需要問自己是「時間管理」，還是「時間管你」。理由是我們需要愛惜光陰，才不會虛度一生。在此有兩個基本法則，即重要事情優先處理原則與時間花費效率化原

則，本節先說明重要事情優先處理原則。

　　時間管理的最高指導原則，即是重要事情優先處理原則，也就是要使最重要的事情持續維持在最優先處理的位置上。這自然成為時間管理的ABC法則。

　　時間管理（**time management**）即是事前規劃時間的使用，並做好自我管理，改變個人生活作息，達成更高績效和效能。此時的效率（**efficiency**）指能夠如期完成事情；**效能**（**effectiveness**）則是能夠做好對的事情。若能妥善分辨兩者，並搭配挑選工作領域和區域，自然容易達成**藍海策略**（**blue-ocean strategy**）【11-11】，即在稀少競爭的藍色深海區域施展所長，再創生命高峰。而非在競爭激烈的紅海區域，從事殺價競爭血流成河的熱戰。

> 時間管理的最高指導原則，即是使最重要的事情持續維持在最優先處理的位置上。

一、事務分級管理法則

　　時間管理的具體作為之一是事務分級管理法則。即須以**專案管理**（**project management, PM**）【11-12】態度將最重要事務列入專案，以確保優先處理，進而掌握時間管理的關鍵點。

　　此時，事務分級管理需要將事情依照「輕重緩急」，區分成「重要性」和「緊急性」兩類，再組合成「重要又緊急」、「重要但不緊急」、「不重要但緊急」、「不重要又不緊急」四種情形。在其中，所謂重要的事情指與設定目標直接攸關的事情。例如，大學生畢業找工作、大學生考研究所、大學生考期末考、社會青年要結婚和生小孩等。至於緊急的事情指突然發生需要馬上處理的事情。例如，顧客的抱怨客訴、小孩感冒發燒、突然來訪的親朋好友、電話或手機響起、臨時起意的約會、安排假日聚餐或張羅生日派對等。

　　在生活周遭確實有很多事情是非常急迫的，例如，必須立刻趕赴約會、必須立刻聯絡對方、必須加入粉絲排隊等候朝見偶像明星、必須立刻

進行搶購等。然而由於時間有限，有許多重要的事情亦需要花時間來處理。這使得我們經常在「緊急的事」和「重要的事」中掙扎抉擇，若是能夠探究事情輕重緩急，便能夠排列出先後優先順序，從而有效率安排時間，在既定時間內完成該做的事情。

　　例如，統一超商**徐重仁**總經理便是熟練於將複雜事情進行簡單化工程的行家。徐重仁強調要集中焦點、做重點的事，至於其他不重要或是微不足道的事情則可將其略過，要隨時專注在最重要的事情上，如此便可明顯提高工作效率。他更藉由排定事情的優先順序，將重要的事情確保能夠優先完成，再來進行次要的事，據以降低時間的耗費，以達成工作目標。

二、重要的事情優先處理法則

　　前面已述及重要事情優先處理原則，即是要使最重要的事情持續維持在最優先處理的位置上。此時的關鍵即需依序貫徹執行「重要又緊急」、「重要但不緊急」、「不重要但緊急」、「不重要又不緊急」四種事情。茲說明如下：

1. 重要又緊急的事情

　　首先，面對「重要又緊急」的事情，如父母親病危、家中發生火警、家人發生車禍等事務，此必列為第一優先處理的事務，因為若是有所耽擱，可能會發生難以彌補的遺憾。

2. 重要但不緊急的事情

　　再者，面對「重要但不緊急」的事情，如三週後要交的期末報告、兩個月後的期末考、一年後要考的國家考試、三年後要面對的就業問題、五年後要面對的結婚成家問題等，應當隨時按部就班的推動，檢視執行進度，避免當平日不處理，等到期限臨到變成重要又緊急的事情。

3. 不重要但緊急的事情

　　三者，面對「不重要但緊急」的事情，如臨時來訪的朋友、臨時安排的會議或約會、電話響起朋友沒事的聊天邀請、緊急的網路活動等，則可以在前兩項事務皆已獲得妥善安排的情況下，視時間許可程度安插進行，但需留意不要和重要事情相互衝突。

4. 不重要也不緊急的事情

　　四者，面對「不重要也不緊急」的事情，如上網路臉書打卡、玩電動遊戲、看電視節目消遣娛樂、閒暇逛街血拼、打手機聊天說笑等，則應適可而止，唯有在前三項事務皆已完備時，適時適量的進行，但需留意勿養成不良習慣，破壞生理時鐘，戕害身心靈健康。

　　此外，基於相同時段對不同人的主觀價值並不相同，所產生的效能也不相同。因此，我們遂能依照自己的生理時鐘，將一天或一週中能夠提供學習和工作的時間，區分成最高效率的「金牌時段」、次高效率的「銀牌時段」、一般效率的「銅牌時段」、最低效率的「鐵牌時段」，再依照前述事務的輕重緩急，分配合適的時段。如此一來便能將「重要」和「緊急」的事情，經由個人時間價值分配，透過「時間管理的N字法則」，將**重要事情優先處理如下**（參見圖11-6）：

・將事務分級管理

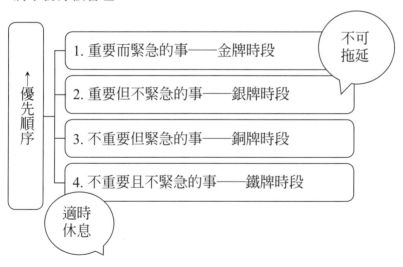

圖11-6　重要事情優先處理

資料來源：整理修正自伍爾本（1995）

　　a. 第一優先：「重要」且「緊急」的事＋「金牌時段」。
　　b. 第二優先：「重要」但「不緊急」的事＋「銀牌時段」。

c. 第三優先：「不重要」但「緊急」的事＋「銅牌時段」。

d. 第四優先：「不重要」且「不緊急」的事＋「鐵牌時段」。

至於事情重要性高低的認定，則可依照馬斯洛（Maslow）人類需求層級來認定【11-13】。我們若能依照事情重要性的高低，調整做事先後順序，必能明顯提升時間使用效能。此時，需要改變思維習慣，縱使該件事情難以達成，然因為它十分重要故決定優先完成，以成就高效能的價值成果，完成人生目標。其次，需要認定此事是我們想要去做，還是必須要去做，如此便能確認此件事情的絕對重要性。因為若花費過多時間在不重要事情上，久而久之必會使時間需要大於時間供給，形成**時間短缺**（**time shortage**）現象【11-14】。事實上，若是我們能夠敬畏上帝，遵行上帝所創造的時間，敬天愛人，遵守誡命，自然會有福氣。

在此時，我們需要留意時間運用上的兩個陷阱。第一個陷阱是錯誤的時間配置。當出現不合宜的時間分配時，通常需要耗費泰半的時間來因應處理危機，耗費甚高的時間成本。第二個陷阱是拖延。面對重要但不緊急的事情，我們通常不會很想去做，故會一再拖延，拖延的結果即會變成緊急的事情。

例如，台積電張忠謀董事長他一週的工作時數絕對不超過五十個小時，他也同時規定台積電員工的工作不應超過此一時數，此舉展現出台積電具備高效能工作的實力。張忠謀更說明轉換心態的重要性，認為需要透過適時放假來釋放工作壓力，避免產生彈性疲乏，他認為放假回來後的工作效率定會顯著提升。

【智慧語錄】

時間就是生命。

——富蘭克林（Benjamin Franklin），科學家，發現電力

必須記住我們學習的時間是有限的，時間有限，不只由於人生短促，更由於人事紛繁，我們應該力求把所有的時間用來做最有益的事。

——斯賓塞（Herbert Spencer），哲學家，著有《心理學原理》、
《社會學原理》

11.4 如何有效管理時間

　　若是能努力善用工具、培養專心習慣、運用時間管理技巧等三個層面入手，來有效利用時間，即能明顯提升時間運用效率。

【問得好】：我要怎樣才能充分利用有限的時間？

　　時間花費效率化原則即指你時間花得是否有效率，效率等於產出（成果）除以投入（時間）所得。例如，做完10個水餃需20分鐘，效率即為2分鐘完成1個水餃。此時，吾人可藉由以下四種方式來提高時間利用效率（參見圖11-7）。

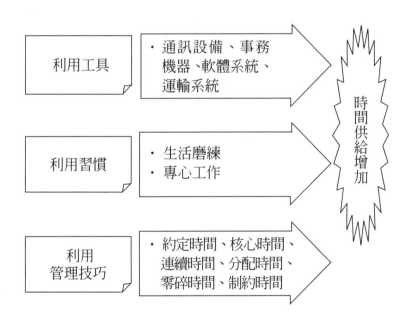

圖11-7　時間利用效率化的三種方式

資料來源：整理修正自陳澤義（2011）

一、利用工具增加時間供給

　　此時係經由各種科技工具，如使用事務機具、通訊設施、運輸體系、

軟體系統,來提升時間使用效率,基於工欲善其事,必先利其器之故,故熟練使用各項器具設備可以增加時間供給,進而提高時間管理效率,此為時間管理的初階技術。其中器具設備包括以下三類:

(1) 通訊與事務機具:如桌上型電腦、筆記型電腦、平板電腦、印表機、影印機、掃描機、錄放影機、攝影機、單槍投影機、無線電、傳真機、臉書、推特、電子信箱、手機上網、視訊會議電話、Skype、無線電話等。

(2) 運輸機具與系統:如捷運系統、輕軌電車、高速公路、快速道路、高鐵、鐵路、飛機、輪船、公共汽車、公車專用道、纜車、高速電梯等。

(3) 相關作業軟體系統:如word、powerpoint、excel、office、Dreye、SPSS、SAS、各種繪圖軟體等。

因此,我們若能妥善利用工具來增加時間供給(**times supply**),必能提升時間利用效率。例如,尼希米要求從那日起,他的僕人一半做工,拿適當工具及操作適當機具,另一半拿槍、拿盾牌、拿弓、拿鎧甲,防範敵人破壞,官長都站在眾人的後邊。又如,大學生安安在面對家中裝潢而購買並組裝新家電和新家具後,所留下的一大堆保麗龍、紙片、塑膠膜袋、包裝紙箱等垃圾,便到大樓管理委員會處借用推車,僅需一趟時間即可輕鬆清光所有垃圾。

二、利用習慣建立增加時間供給

此時係經由各種個人生活習性,如專心、細心、用心,來建立良好習慣,並提升時間使用效率。基於時間管理就是習慣管理,若是能夠培養專心做事的習慣,便能夠無形中增加時間供給,從而提高時間使用效率,此為時間管理的中階技術。

三毛說:「生活磨練這回事情,就如同風雪中的梅,愈冷愈開花。」此即如有人在場上比武,不按規矩就很難獲勝得冠冕是一樣的道理。例如,承前例尼希米修造城牆,城牆就都修築完成,進度快速,因為百姓專心做工,建立專心習慣。最後城牆修完了,總共才修造五十二天。又如,承前例,安安從新家具組裝工人處學習到,他們兩人在組裝櫥櫃家具時專

心工作，心無旁騖且不聽音樂、看電視或打電玩，也沒邊做邊聊天，在工作中，只有中場休息十分鐘喝杯水、抽根菸、聊天說笑一下，從而能在兩個半小時完成全部作業。

三、利用管理技術增加時間供給

此時係藉由精進各種管理技巧，例如，底線時間原則、配置時間原則、連續時間原則、生理時間原則、零散時間原則、制約時間原則，來增加時間供給，進而提高時間管理效率，此為時間管理的高階技術【11-15】，茲說明如下：

1. 底線時間原則

這時是和自己約會，約定某件事務，需要在某一特定時間底線完成。藉由清楚定出目標時間完成底線，便可督責完成，因為目標是個有特定底線的夢想。如和自己約定在本月底前必須完成這份企劃案或報告書，或是和自己約定在未來兩年內一定要娶妻或是把自己嫁掉等。例如，尼希米欲修造城牆時，國王問尼希米說：「你此去需要多少的日子？幾時回來？」於是尼希米就和國王約定日期，國王歡喜差遣尼希米前去。又如，承前例安安的父母親在面對家中裝潢時，和統包的木工藍先生約定全部裝潢工程需於一個月內完成，此舉更能配合大樓管理委員會的相關規定。

2. 配置時間原則

配置時間原則的要領是將一件大型的工作任務，或是重大的事務予以切割，細分成數個小部分，即藉由分開克服（**divide and conquer**）的原則，安排在不同時段，或是由多人來分別完成。如撰寫一本書需要逐篇章完成、撰寫一篇論文需要逐章節完成、撰寫一份作業或報告需要逐段落完成。此時需要將每一個段落，分別制定出需要完成的時間，並進行進度管制。例如，尼希米修築城牆時，是使用分配時間原則，如將工作分配給各人進行，如先是音麥的兒子撒督對著自己的房屋修造。其次是守東門由示迦尼的兒子示瑪雅修造等。又如，承前例木工藍先生在進行木工作業時，他更利用週四和週五兩個上午的工作時段，專心處理木工裝潢中最困難的部分，即業主特殊要求需精心雕琢的特殊製品。

3.連續時間原則

　　若是經由高速公路，開車一小時即能由臺北抵達新竹，然而若是塞在市區車陣中，走走停停只能由臺北西門町抵達內湖。至於高鐵列車則能在兩個小時許，即由臺北直達高雄左營。其祕訣在於能夠加快速度，時間不被他人中斷，即能運用連續時間原則，高效率的運用時間。如需要關閉手機、不接電話、不見訪客，甚至退到密室、會議室或圖書室工作。又如，尼希米修築城牆時，係利用連續時間原則，他們一半做工，一半拿兵器護衛，從天亮做到星宿出現時。例如，承前例，木工藍先生在進行木工作業時，他的三人工作團隊自上午八時工作到晚間六時，中間僅中午休息吃飯一小時，整天八、九小時連續工作不停歇，遂能在五個工作天中，完成三房兩廳的木工裝潢作業。

4.生理時間原則

　　生理時間原則即是生理時鐘原則，即我們需要在一天當中，找出最具有生產力、最具有生產效率的時間區間。每天僅需二至三個小時即足夠，看做工作的核心時間。再積極保護核心時間，不被其他事務占用，即為最佳的時間管理技巧。此時為要保護核心時間，必要時需要邀請師長、同事、上司、朋友來協助完成。例如，經選定每週二和每週五上午十至十二時為生理時間後，則在此一時間坐在座位上，或走到圖書館、咖啡廳專心做事（如閱讀或寫作等），並將手機關機或交給朋友代為接聽。

> 我們需要在一天當中，找出最具有生產力、最具有生產效率的時間區間。

5.零碎時間原則

　　拿破崙說：「利用零碎時間，就能創造時間」，即已說明零碎時間原則的要旨，成功人士會自行創造時間。此時即是將行政事務集中處理來節省時間。重點是愛惜零碎時間，從而不致浪費時間。例如，執行上可先同時將買麵包、買雞蛋、劃撥匯款、郵寄包裹、倒垃圾、領取郵件等行政事務集中處理，甚至是在行車時間多方沉思、祈禱和閱讀，然仍需留意應以安全和不傷害身體健康為底線，務請記得。又如，曾經在蘋果、微軟和

大陸谷歌等資訊科技企業擔任總裁等要職的**李開復**，現任創新工場董事長兼執行長。李開復董事長會將每天一、兩小時的零碎時間，進行整合、調配與有效利用，進而轉變成較諸他人更有效率的能量，此舉使他得以領先群倫。再如，承前例，大學生安安於是學會在晚上看電視節目時，同時洗碗、洗衣服或折衣服，也在電視廣告時段掃地或倒垃圾，有些時候還會拖地或燙衣服來動一動身體。

6. 制約時間原則

　　制約時間原則即是透過工具制約【11-16】刺激，善用各種物質正面強化工具如獎品獎勵法，或精神正面強化工具如自我打氣法，使我們在某特定時間中，致力生產活動，發揮時間運用最高效益。此時可以在工作完成一個段落時，例如一份專案報告完成一章的內容，即到便利商店買一瓶飲料（如梅子綠茶或菊花綠茶）、一杯美式咖啡、一盒餅乾或冰淇淋，透過銅板價給自己一份獎勵，激勵自己說：你做得太棒了。這樣就能夠造成正面強化的激勵效果，督促你小休片時，自我打氣養足精神，再接再厲締造高峰。

四、利用時間利用哲學增加時間供給

　　有位李老先生，在他六十歲生日期許自己說：「我四十歲學日文，五十歲學游泳，六十歲學彈琴。現在的我渾身是勁，如果上帝再給我十年的時間，在七十歲時我將要開個畫展。」

　　在這位老先生的生活字典裡，絕對沒有「老狗學不了新把戲」這樣的話，而是「每一天都是新的一天，都有新鮮事等著發生」。他已經決定要讓「寧可燒盡，不願意朽壞」的事情每天上演，這是這位老先生的時間利用哲學。

　　人生不就是應當如此精采嗎！讓我們愛惜光陰，把握每一個今天，使自己每天成長進步，更上層樓。

　　例如，**歌德**寫出世界文學瑰寶——詩歌劇《浮士德》，長達12111行。歌德為何能完成如此驚人的成就？部分原因在於歌德一生非常珍惜時間，他將時間看成是自己最大的財產。他在一首詩中曾如此寫到：「我的產業多麼美，多麼廣，多麼寬！時間是我的財產，我的田地是時間。」

　　歌德是如此說的，他也如此做而貫徹執行。他認為放棄時間的人，時間也將放棄他，故一定要抓緊時間。他一生中把一個鐘頭當六十分鐘使用，視時間為生命，絕不浪費一分一秒。

　　此外，我們若能從信仰的角度，體會生命的價值與時間的有限。明瞭到上帝愛世間人，甚至將他的獨生子耶穌賜給人們，叫一切相信他的不會滅亡，而有永遠的生命【11-17】。珍惜寶貴的時間光陰，在今生生命中努力發光發熱，榮神益人，成為眾人的祝福。

　　在這個時候，完成「目標管理學習單（表11-1）」、「時間管理學習單（表11-2）」是個不錯的嘗試。

【智慧語錄】

　　記住吧，只有一個時間是重要的，那就是現在！它所以重要，就是因為它是我們有所作為的時間。

　　　　　　　　　──托爾斯泰（Tolstoy），文學家，《戰爭與和平》作者
　　浪費別人的時間等於謀財害命，浪費自己的時間無異是慢性自殺。

　　　　　　　　　　　　　　　　──魯迅，文學家，《阿Q正傳》作者

【本章註釋】

11-1　「沒有異象，民就放肆」，原文出自《聖經‧所羅門王箴言》，第29章第18節。

11-2　弗隆（Vroom）的期望理論（expectancy theory），出自弗隆，Vroom, V. H. (1964), *Work and Motivation*, NY: John Wiley.

11-3　「因為你們立志行事，都是神在你們心裡運行，為要成就他的美意」，原文出自《聖經‧腓立比書》第2章第13節。

11-4　《目標與夢想和願望的差異》，請參見Charles, Hill and Gareth Jones著（2007），朱文儀、陳建男譯，策略管理（第七版），臺北市：華泰文化出版。

11-5　更詳細的效能化目標制定要點見「目標是有底線的夢想」的專章論點，請參閱Urban, H. (1995), *20 Things I Want My Kids to Know*，伍爾本著，曹明星譯，黃金階梯，臺北市：宇宙光出版。

11-6 愛情市場和健康市場，以及連帶的愛情生產函數的相關論點，請參閱陳澤義
（民100），《美好人生是管理出來的》，臺北市：聯經出版。

11-7 平衡計分卡（**balanced scorecard, BSC**）係企業績效評估的常用工具之一，其
包括四個層面，即財務層面、顧客層面、內部流程層面、學習與成長層面，
出自Kaplan and Norton (1996)。Kaplan, Robert S. and Norton, David P. (1996), *The
Balanced Scorecard: Translating Strategy into Action*, Harvard Business School Press.

11-8 美滿經濟學，以及快樂經濟學的相關論點，請參閱陳澤義（民100），《美好人
生是管理出來的》，臺北市：聯經出版。

11-9 「帕雷托最適」一辭，指沒有辦法再行提高某個人的福利，而不會損害他人福
利的情況，意指已經達成福利最大化的情事。

11-10 「要愛惜光陰，因為現今的世代邪惡（令人困惑）」，原文出自《聖經·以弗
所書》，第5章第16節。

11-11 「藍海策略」一詞，語出於知名經濟學家金偉燦（Chan Kim）和勒妮·莫博涅
（Renee Mauborgne）所著的《新經濟學》一書。

11-12 專案管理請參考。Nicholas, J. M. (2001), *Project management for Business and
Technology: Principle and Practice*, 2nd ed., Upper saddle River, NJ: Prentice Hall.

11-13 馬斯洛（Maslow）的人類需求層級理論（human demand hierarchy theory），出
自馬斯洛。Maslow, A. H. (1977), *Motivation and Personality*, 3rd ed., New Jersey:
Pearson Education, Inc.

11-14 時間短缺一如產品短缺，當需求大於供給，便會形成短缺（shortage）的情形。

11-15 管理時間見成功者創造時間的論點，請參閱Urban, H. (1995), *20 Things I Want
My Kids to Know*，伍爾本著，曹明星譯，黃金階梯，臺北市：宇宙光出版。以
及陳澤義（民100），《美好人生是管理出來的》，臺北市：聯經出版。

11-16 工具制約，或稱操作制約，出自Robbins, S. P. (2014), *Organization Behavior*, the
fifteen edition, Prentice-Hall, Inc.

11-17 「上帝愛世人，甚至將他的獨生子賜給他們，叫一切信他的不致滅亡，反得永
生。」原文出自《聖經·約翰福音》，第3章第16節。

行動作業：提出你可以讓你自己的學習或工作得更加有效率的三個方法。

表11-1：「目標設定與時間管理」單元課程學習單──目標管理學習單

課程名稱：	授課教師：	
系級：	姓名：	學號：
1. 你有沒有想要達成的「成果或水準」？（即目標）		
2. 你希望在「什麼時間點」達成上述目標？		
3. 你還有哪些「其他目標」需要去達成的呢？		
4. 這些目標之間會不會有「衝突」呢？		
5. 若是發生衝突，請你評估如何解決，調整「目標」與「限制」的內容？		
6. 你會建議做哪些最後的「決定」呢？		
7. 如何確信你有把握「達成」這些目標？你會怎樣做？		
老師與助教評語		

表11-2：「目標設定與時間管理」單元課程學習單──時間管理學習單

課程名稱：	授課教師：
系級：　　　　　　姓名：	學號：
1. 說明一下你的一天是怎樣過的？	
2. 你自己「利用時間」的主要風格何在？	
3. 你怎樣才能做到「把最重要的事最優先執行」？	
4. 你的「核心時間」在何時？如何利用它？	
5. 你如何利用「連續時間」和「分配時間」的原則來管理你的時間？	
6. 你如何利用「零碎時間」？你都用它來做哪些事情？	
7. 你認為還有哪些創意的提升時間利用「方案」？請你評估時間利用方案中的「可行性」與「限制性」？	
8. 你還會建議做哪些「時間管理計畫」？	
老師與助教評語	

第十二章　工作生涯規劃

【曉月生涯漫步】

　　請將燈光調弱，然後慢慢的坐下，舒服的坐好，

　　試著開始回想，

　　是什麼時候，是在什麼地方，做什麼事情，

　　讓你魂然忘我，神馳其中，一點都不覺得累。

　　試著更深的去感受那時的場景，

　　是什麼帶給你這股力量的？

　　然後再想想你現在的工作，或你未來想要做的工作，

　　比較一下，並且想一想，

　　你要怎樣讓你的工作，能夠和這股泉源交會，

　　讓你從這當中獲得樂趣，並且從當中得到力量，

　　可以面對你的工作，有力量克服困難，

　　並且有效進行工作生涯規劃。

【三國小啟思：劉備三顧茅廬開啟全新生涯】

　　西蜀劉備的三顧茅廬是一個膾炙人口的故事，劉備能夠邀請到諸葛孔明的出山相助，加入團隊，劉備的遵守人際界線，進而伺機深度連結，著實扮演了十分關鍵的力量。

　　劉備自從投靠荊州的劉表後，回首前半輩子的顛沛流離，不勝唏噓，在痛定思痛之際，終於察覺到自己軍帳中缺少一位運籌帷幄、決勝千里的軍師。後來透過謀士徐庶推薦諸葛孔明，徐庶說道：「琅邪郡陽都的諸葛孔明絕對是位奇才，今日隱居在臥龍岡，君長若能邀得到這人來襄助，就必能使天下安定。」劉備回道：「那這就盡快去將他帶來這裡呀！」徐庶笑著回答說：「這位高人，您親自去拜訪他或許還有可能，但若是下令叫他來，就一切都完了。」

於是，劉備便率領關羽和張飛，備妥禮物，親自來到臥龍岡拜訪諸葛孔明。不料諸葛孔明有事已經出遠門，劉備只能留下「劉備來訪」字句，失望而回。

第二次劉備再次來訪，依然緣慳一面。此時張飛抱怨道：「一個鄉下村夫，何必勞動大哥，派個人叫他來就是了。」劉備回說：「諸葛孔明是位當代賢才，怎麼可以隨便傳來喚去！」這使得一心莽撞，想要火燒茅廬的張飛退後，依然維持住雙方的人際界線和會面機會。

第三次劉備準備再次拜訪，關羽、張飛都不高興，關羽道：「諸葛孔明必然是空有其虛名，因此故意躲避起來，不敢見大哥您。」張飛則說道：「諸葛孔明如果再膽敢不來，我就用麻繩將他綑綁過來。」劉備大聲斥責張飛。後來，劉備到孔明家門口，先是侍立在門之外，先行靜候多時，直等到諸葛孔明午覺睡醒、起身、更衣，也就是一直等候到孔明一切都準備就緒之後，劉備才緩緩和他相見。雙方更分賓主皆坐下定位，進而開始暢談個人志向，諸葛孔明才提出「隆中對」，言天下之勢即將要三分，劉備遂對諸葛孔明的才華敬佩得五體投地，並誠心邀請諸葛孔明能夠出山相助，諸葛孔明先是推託閒雲野鶴久矣，劉備則潸然落淚。諸葛孔明原意不想要再過問天下蒼生，終究被劉備刻意遵守人際界線，進而連結人的「三顧茅廬」誠意所感動，故而應允劉備，劉備終於邀請到諸葛孔明的幫助，也奠定日後魏、吳、蜀三分天下的局勢。

12.1 基本思維架構

透過情境分析，可以架構起你的未來人生故事，這樣做可以使你知道不管環境怎樣演變，你已經做好準備。

【問得好】：你希望五年後的你會站在什麼地方？

臺灣的青年人普遍具有至少大學的高學歷和高知識水準，使得青年人的自主性高於過去，也因此工作的生涯規劃便成為個人工作績效和工作品質能否有效發揮的重要關鍵因素。而在全世界後現代主義浪潮中，到處可現自我意識高漲、反制權柄規條，以及抗拒各種標準和典範，形成高舉自由、鄙視法規的情勢，這更加深了工作生涯規劃的必要性。

在如此嚴峻的時空背景下，我們需要找尋一個理性的思維架構，充做工作生涯規劃的指引，使我們得以目光清晰，引領我們進到永恆光中，持續追尋幸福、快樂、希望的個人生涯，此即為本章的中心旨趣。

工作生涯（**job career**）是一個人工作的遠景及一生中所有的閱歷，它涵括個人一生中所有職業和生活的歷練角色。若依據生涯的含義，生涯發展（**career development**）則是一個人在其生活各期中建立工作能力的預備過程。從而生涯發展是一段連續的期間，旨在發展個人對自我及生涯之認同感，深化其生涯成熟進程，期能導引出個人工作價值和生涯樣態、身分角色以及職業挑選等。

準此，生涯規劃即包括時間軸與空間軸兩個層面，茲說明如下：

1. **時間軸**：在時間軸即是生涯階段的鋪陳，而有探索期、建立期、維持期和撤離期的生涯認定。在此時有所謂的直線性生涯發展，與非直線性生涯發展兩種做法。前者是穩定的在某一項行業中循序漸進的發展職涯，其特性是較為穩健與可預期性，後者則是跳躍式的在多種不同行業職涯中探索與嘗試，其特性則是高風險導向而變化多端。

2. **空間軸**：在空間軸即是生涯需要與生涯發展對策的認定，而分別從生涯目標、生涯任務和生涯挑戰的角度切入。在此時有所謂的專精型生涯發展，與普及型生涯發展兩種做法。前者是追求專業發展，在專業階梯中拾級而上，取得相關專業執照為其地標。後者則是力求跨領域學習，力求通曉至少兩種以上的專業知識，而成為全方位的經理人才。

一、基本生涯規劃的思維架構

　　茲根據美國史丹福大學（Stanford University）發展出來的情境分析（scenario analysis）模式，揭櫫一個基本思維架構如下，我們的未來人生發展，基本上是由現在時空中的諸多事件向後延伸的組合結果。從而我們可藉由「情境分析」的理性思維模式【12-1】，將我們的「未來」進行架構化處理，並以有系統的故事描繪形式展現。即將事件的未來發展進程，藉由故事腳本的情節發展方法，有次序的解說成理性思維的情境劇本，充做我們為人處事的參考依據。這個時候我們更需要求上帝指教我們怎樣數算自己的日子，好叫我們得著智慧的心【12-2】。

　　這時是用故事性、邏輯性方式，將未來可能發展的情況描繪成某一情境劇本。從而我們便能應用戲劇演變的情節，舖陳出日後可能發展的事件，乃至於其間的前因和後果架構，來探索未來可能演變的多種結果。

　　質言之，生涯規劃情境分析可涵括六個步驟，即界定決策焦點、界定關鍵決策因素、界定不確定軸面、界定情境邏輯、界定情境內容、界定管理決策涵義（如圖12-1），茲分別說明如下：

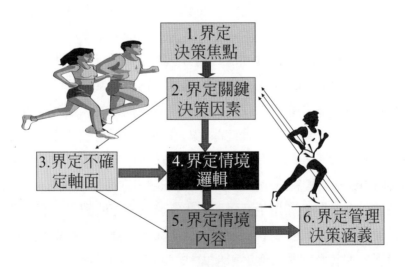

圖12-1　生涯規劃情境分析步驟

1. 界定決策焦點

首先，應界定所欲決定的中心主題，即認定我們所要探索的議題。例如，對一個甫入社會的大學畢業生來說，「我在未來五年後（28歲），會成為什麼樣的一個人？」從而進行五年期的生涯情境分析。

如此一來便可釐清我們的決策核心焦點，以及行動思考時的中心思想，進而可從事後續的行動。

要審慎回答上述的問題，我們需先行回答以下四個題目：

(1) 何事：指等待我完成的生活目標，此時須確認「我的夢想是什麼？」即指出具體的未來目標，在此時更聚焦在工作和家庭的層面。

(2) 何時：指等待我完成的時間點，通常此項時間不宜過短，一般需設定至少三年，然在本節中則設為未來五年。

(3) 何人：指當事人自己，此時需更進一步確認「我是誰？」，即「我有哪些優點和缺點？」以及「我的核心能力是什麼？」，並指明「我最擅長做的事情是什麼？」

(4) 如何：指等待我完成此一目標的方法，此時需回答「我想要做哪些事情？」以及「我現在預備要怎樣開始去做？」

2. 界定關鍵決策因素

即界定所有足以影響做成上述決策的各種關鍵因素。亦即在我們的生涯規劃上，若要使我們往後的人生歷程能發展出一種想要的美好成果時，需要有的外在決定因子。此時需列出所有和此一決策相關的各項因子，再去蕪存菁來得到**關鍵決策因素（key decision factor, KDF）**。亦即就我們的人生目標而言，若想要達成我的人生目標時，必須具備的決定性行動。

此時可進一步列出各種會影響達成人生目標，或不能達成人生目標時的關鍵決定力量。亦即會直接影響我們做出該項決策，所有的外在環境因素或相關驅動力量。

一般而言，我們可參酌李維特（Leviett）的結構模式，從架構體系、工作項目、資訊內涵、激勵系統、外在環境等五個層面加以說明：

(1) 架構體系：指身分內容上的變動。例如，獲得學士、碩士、博士學

位；或是由單身變成已婚等屬之。在此例中即是伴隨本身專業，考取專業執照、或和交往的對象結婚等，以及努力攻讀碩博士等。

(2) 工作項目：指工作的行業或部門，代表主要的職業項目。在此例即是在合於個人能力和性向的部門中工作，在合於個人興趣的行業中工作等。

(3) 資訊內涵：指工作時的相關資訊內容。在此例中即是工作上敬業樂群和認眞負責的工作態度，工作中努力學習專業技能的程度，以及轉換工作的次數與內涵等。

(4) 激勵系統：指外在加諸於當事人的助力因子。在此例即是家人或雙親資助學費，協助當事人留洋攻讀碩博士學位、有認識的朋友可以帶領認識產業界的實務運作，或在工作上獲得貴人賞識等。

(5) 外在環境：指某期間中整體環境的若干變動。在此例中即是政府推動新南向政策，故可能和東南亞地區的人，有商務層面上的往來；因爲臺日關係友好交流密切，故有機會到日本工作；臺灣高度抗中導致政經情勢動盪不安，故須保有憂患意識伺機轉至東南亞地區工作等。

3. 界定不確定軸面

即在外界大環境下，界定出足以影響上述關鍵決策因素的將來狀況，所隱藏的多種背景力道。此將上述背景力道，加總化簡成兩到四個**不確定軸面**（**uncertainty axis**）。基本上，不確定軸面代表情境架構的基要因子，指出所欲探索的中心主題，將來可能會怎樣運作的基準情形，是爲架構出故事情境中心內容的主軸，此會決定此一情境故事結局的發展趨勢，甚爲要緊。

承接上例，此時不確定軸面當爲：適合我們能力和興趣的工作、人際關係的經營情形、感情婚姻發展成熟度三方面。從而成爲適當工作軸、人際關係軸、感情成熟軸三者。至於有否獲得家人或雙親的財力支持，則有時可被視爲輔助性的不確定軸面，即調節或強化上述三個不確定軸面的發展態勢。

二、發展成情境分析工具

以下更進一步完成情境內容，此時包括界定情境邏輯、界定情境內容和界定管理決策涵義三步驟，茲說明如下：

1. 界定情境邏輯

此時我們便能沿著每一個不確定軸面，朝兩端擴展來形成光譜，並且分別朝向幾個不確定軸面，來形成一系列的總質量。此時我們便能界定情境邏輯，即藉由在此總質量中的特定地理區位賦予個別的特質，並循此建構成情境內容發展的中心架構。

此時每一個情境皆能被填充當做檢驗基礎，提供我們評估未來可行的替代對策之功用。此時我們便可選擇二至四個情境並加總之，即成涵括某項主題焦點，日後發展上的不確定包絡曲線。

承上例，我們可以選擇工作適合度、人際關係情況、感情婚姻成熟度三方面為不確定軸面，並且加上兩種高低評等。又基於每一個軸面皆會出現兩個情境，故此三個軸面即產生八個「$8 = 2^3$」的可能情境出現。此時，藉由情境描繪從而可將此八個情境，命題為明日之星、黃金單身漢、愛家邊緣人、工作狂、愛情友情全拿、社交派對王、愛情美滿幸福，及一事無成。

再者，藉由情境描繪同時剔除不合適情境之後，可界定三個情境並予以命名，分別為：1號情境的明日之星情境（工作適合度高、人際關係情況高、感情婚姻成熟度高）；3號情境的愛家邊緣人情境（工作適合度高、人際關係情況低、感情婚姻成熟度高）；6號情境的社交派對王情境（工作適合度低、人際關係情況高、感情婚姻成熟度低）。茲描繪各情境的要點如下（如圖12-2）：

(1) 明日之星（情境1）：情境為工作上能夠發揮個人能力，工作上努力上進；且能待人謙恭，人際關係優良，前途一片光明；同時感情對象戀情穩定，預備日內可結婚成家，繼而生子。

(2) 愛家邊緣人（情境3）：情境為工作上合宜適切，學用得以配合；然而為人孤芳自賞、不愛與人聯繫；幸好有穩定感情，有配偶能夠相互扶持和體諒。

情境編號	適當工作軸	人際關係軸	感情婚姻軸	情境命題
1	○	○	○	明日之星
2	○	○	×	黃金單身漢
3	○	×	○	愛家邊緣人
4	○	×	×	工作狂
5	×	○	○	愛情友情全拿
6	×	○	×	社交派對王
7	×	×	○	愛情美滿幸福
8	×	×	×	一事無成

圖12-2　界定情境邏輯

(3) 社交派對王（情境6）：情境由於工作和個人的能力和性向不能配合，工作轉換較於頻繁，故難以發揮個人所長；但由於善於經營人脈，人際關係處於高檔；唯情感世界屬一片空白，為獨身貴族而等待有緣人。

2. 界定情境內容

　　這時我們便能選定二至三個情境，描繪各情境的情節內涵，從而情境不再僅徒具空虛的系統骨架，而是涵括實際的有血有肉內容。同時復將步驟二和步驟三所取得的關鍵決策因素及不確定軸面，分別置入其間，並搭配文字描述，即能界定情境內容，此時若以新聞記者報導的方式展現，可表示如下：

(1) 綜合觀點（holistic view）：包括情境標題與整體的印象。字數不超過100字。

(2) 主題敘述（theme statement）：即所謂的執行摘要，說明情境的主要邏輯。即說明不確定軸面的內涵。字數不超過300字。

(3) 系統骨架（system framework）：說明此一主題未來的發展會如何。即扼要說明每一個關鍵決策因素（KDF），在每一個情境內所扮演的特定角色。字數不超過300字。

(4) 內容血肉（content flesh）：最後，可補充說明重要的總體或個體驅力，或從現狀年和目的年的情況說明比較其結果，乃至詳細說明該現狀年到目的年之間的可能演變情勢，並討論其中可能的變化態勢，以及必要的地標（landmark）所在。字數亦不超過300字，以上係取一千字的情境內容的字數說明。

仍承前例，此時的「**愛家邊緣人（情境3）**」的情境內容即如下：

(1) 綜合觀點：本情境表現出當事人樂在工作而受上司賞識，然卻無力擴展關係人脈的情況。當事人已取得專業執照，且工作穩定，但因為尚無完善的人脈關係，在事業中無法自尋客源，要賺取100萬的第一桶金並非不可能，只是可能有些難度，至於感情狀況則十分穩定。

(2) 主題敘述：茲將本情境對應在三個不確定軸面的情況，要述說明如下：

(a)正向工作適合度：在工作上合於個人的能力和興趣，能擔當責任，勇於任事，積極進取，容易培養出個人專長和專業才幹，且容易取得上級主管的欣賞和厚愛。

(b)正向感情成熟度：感情發展逐漸成熟，且婚姻基礎穩定，已準備和男（女）友步入禮堂，轉換成為妻子（丈夫）的身分。

(c)負向人脈關係：在工作上的人際事務的處理上仍屬青澀，未臻成熟，實有待日後尋訪摸索強化。

(3) 情境骨架：茲將本情境對應到三個重要關鍵決策因素的情形，要述說明如下：

(a)工作面：當事人在家庭中業已經過管理家務的磨練，且在學校各級社團中擔任幹部勇於承擔責任，且積極籌辦各類學術性和聯誼性活動，業已鍛鍊培養出負責的做事態度與厚植工作能力。

(b)資訊面：當事人善於分析自己的能力和性向，並且精於蒐集工作上的相關資訊，故能夠找到合於自己能力和興趣的工作。

(c)架構面：當事人截至目前並未改變現有的身分架構，並未結婚，然已經有固定的交往對象，未來即將結婚成家。

(d)激勵面：此將本情境可能存在的第四個關鍵決策因素，加以補充

說明。即此時當事人若是能夠獲得父母雙親惠予資助100萬元至300萬元，得以有充足自備款購屋置產，當可在結婚成家上如虎添翼，收到事半功倍的成效。

(4) 內容血肉：此時若還有其他的相關事件或事項，即可在此處進一步加以說明。例如，當事人精通日語，在工作中若能獲取出差或外派機會至海外（如日本），在工作上將更具有競爭力，即可在五年中更快速賺取人生的第一桶金等。

3. 界定管理決策涵義

最後，再回到決策主體自己的身上，界定在上述個別的二至四個情境下，對自己在管理決策上的特定涵義。其中更涵括機會點和威脅點分析、個人需要分析，以及技術缺口分析三部分。茲說明如下：

(1) 機會點和威脅點（**opportunity and threat**）分析：此時即進行SWOT分析中的OT分析，界定環境面對當事人所產生的機會（opportunity, O）和威脅（threat, T）的內容。

(2) 個人需要（**individual demand**）分析：此時即根據前述的OT分析內容，指出當事人所需具備的個人需要內容。

(3) 技術缺口（**technology gap**）分析：此時即可根據個人需要分析的內涵，羅列對應的技術缺口。

以下即就「**愛家邊緣人**（情境3）」的情境為例，界定該情境的決策涵義如下：

(1) OT分析：茲分機會與威脅兩方面來說明如下：

(a)機會（O）：當事人對其工作負責又富有熱情，且已經有幸福的家庭狀況，更容易獲得主管的信任，此時便有更大機會獲得層峰青睞拔擢，有較大的機會循序升遷，甚至是破格任命升遷。且能在疲憊時回家感受幸福，更有助於工作上的順暢無阻升遷。此外，當事人業已考取相關證照，甚至不排除有同業前來挖角的特殊機會。

(b)威脅（T）：當事人因為缺乏人際經營，而無法擴展人脈客源，

而沒有額外的收入，如此要獲取人生的第一桶金，仍會有若干的困難度。此外，當事人在獲得上司欣賞並器用之餘，亦容易遭到奸人的嫉妒和陷害，而產生無謂的鬥爭糾紛。同時，亦可能因為國際企業在時空環境的劇變之下，公司因為購併因素而遭到調職，甚至被裁員必須黯然離職。

(2) 個人需要：經過機會及威脅分析後，為了解決威脅所帶來的不利益，釐清個人需求是必要的，此時即當事人應該探究，如何有效因應此一變局。茲提出以下數項：

(a)需要擁有健全的身心：在身心上維持健康，需要與配偶共同培養固定運動的健康習慣。

(b)需要經營關係人脈：需要進行社交活動，例如，參加課外社團、社區活動、課外課程等來拓展自己的社交範圍。如此能更容易結交不同領域範圍的朋友，以此來經營關係人脈。

(c)需要更臻專業的技能：在專業上力求卓越，更精進自己的專業能力、外語能力以及興趣範圍，使自己的專業能力能更上一層樓，擁有持續開擴的可能性。

(3) 技術缺口：即當事人應該在哪方面持續精進技術。茲提出以下數項：

(a)積極鍛鍊強健體魄：平日抽空運動鍛鍊身體，以資因應一旦在主管賞識的情況下，必須承擔更大責任，事前培養好面對更大工作挑戰或壓力時，所需要的身心強健度。

(b)積極學習相關技能：透過積極學習相關技能，循序建立個人專業名聲，同時伺機考取合適證照，承接各項專案計畫，藉此建立起個人專業地位。

(c)適度培養感情智商：適度培養感情智商（EQ），當事業有成之際，更需仔細分辨感情的清純度，小心結交異性伙伴，切記不要介入他人的家庭，以免惹禍敗德。

(d)謙和待人進退有據：待人以謙知所進退，特別是受主管器重之際，人際關係的身段更需更加放軟，謙恭自持，以免恃寵而驕，遭奸人嫉妒陷害。

【智慧語錄】

誰要是遊戲人生，他就會一事無成，他不能主宰自己，永遠會是一個奴隸。

——歌德（Goethe），文學家，《少年維特之煩惱》與《浮士德》作者。

每個人生下來都要從事某項事業，每一個人活在地面上都有自己生活中的義務。

——海明威（Hemingway），文學家，《老人與海》作者。

12.2 工作生涯規劃道路圖

透過生涯規劃道路圖，可以使你有計畫有系統的由**A**點移動至**B**點，達成預定目標。

【問得好】：在這五年當中，你要怎樣做到你的預定目標呢？

本節即更進一步根據美國史丹福大學（Stanford University）所發展的情境規劃（scenario planning），與道路圖分析（roadmap analysis）模式，將生涯規劃情境分析的結果，落實成為**生涯規劃道路圖**（**career planning roadmap**）【12-3】，充作有效執行生涯規劃的工作藍圖。在此時，殷勤籌劃的，足致豐裕；行事急躁的，都必缺乏【12-4】。生涯規劃藍圖包括兩個階段，第一是情境規劃作業，第二是生涯規劃道路圖製作，茲說明如下：

一、情境規劃作業

在情境規劃作業階段，即是具體而微的將上述的情境分析結果，展現在規劃作業上。這時包括兩個子步驟，即計畫屬性分析與情境剛性分析，茲說明如下：

1.計畫屬性分析：

計畫屬性分析是將技術缺口的內涵，提出數項可行的技術解決計畫方

案，再依照若干計畫屬性來評量，藉以決定出適當的技術解決計畫方案。

基本上，常見的計畫屬性包括策略重要性、商業價值、商業機會與商業風險、技術地位與技術可獲得性等四者。我們可以透過屬性權重法，來評量上述計畫方案的優劣性。茲說明如下：

(1) 策略重要性：指該項計畫方案的重要性高低，一般而論，重要性可由與家庭目標一致性、與自己目標一致性、與個人管理哲學的一致性等三個方面來評量。

(2) 商業價值：指該項計畫方案所能產生的商業利益，通常以薪資提升金額、財務獲利率、銷售金額或市場占有率等指標來評量。重點在金錢收入、效益貢獻等層面。

(3) 商業機會與商業風險：指該項技術解決計畫方案所帶來的機會與威脅。機會可指是否為適當時機，而威脅指計畫方案的財務風險和技術風險的高低而言。

(4) 技術地位與技術可獲得性：指該項計畫方案所帶來的個人技術聲望與地位，乃至於取得該項技術資源的難易程度而言。

以下同樣接著就「**愛家邊緣人（情境3）**」情境，所帶出的技術缺口為例，界定該技術缺口的計畫方案屬性分析。此時即提出語言專業技術、企劃專業技術、業務專業技術、財務專業技術、行政能力技術等五種技術缺口的培育計畫，並進行計畫方案屬性分析，分別給出最高5分至最低1分的分數，可知企劃專業技術的得分最高，成為在愛家邊緣人情境下，最需要優先需執行的計畫方案。如圖12-3說明如下：

2. 情境剛性分析

在情境剛性分析的階段，即在個別的情境中，分別執行特定情境下的計畫方案屬性分析。經依情境個數重覆3次（或4次）後，再將結果彙整在單一表格上，即構成**情境剛性分析**（**scenario robustness analysis**），意謂此一結果適用在各個不同的情境中，而具備有環境變化僵固性（rigidity）的剛性效果。

以下即整合「明日之星」、「愛家邊緣人」、「社交派對王」三個情境所帶出的技術缺口為例，界定該技術缺口計畫屬性分析的情境剛性分

項目	語言專業技術	企劃專業技術	業務專業技術	財務專業技術	行政能力技術
說明	英語、第二外國語	創意、統計經濟分析	人際、EQ、說服技巧	證照、財務分析、財務管理流程	行政流程SOP、負責任
策略重要性	4	5	2	3	1
商業價值	2	5	3	4	1
商業機會與風險	1	5	2	4	3
技術地位與可獲得性	3	4	2	5	1
加總	10	19	9	16	6
排序	3	1	4	2	5

圖12-3 計畫方案屬性分析

析，結果可知在三個情境下，財務專業技術的加總分數（14分）反而高於原先的企劃專業技術的加總分數（13分），財務專業技術反而成為最後的技術解決計畫方案，如圖12-4說明如下：

項目	語言專業技術	企劃專業技術	業務專業技術	財務專業技術	行政能力技術
明日之星	2	4	1	5	3
愛家邊緣人	3	5	2	4	1
社交派對王	3	4	2	5	1
加總	8	13	5	14	5
次序	3	2	5	1	4

圖12-4 情境剛性分析

二、生涯規劃道路圖製作

在生涯規劃道路圖製作階段，即是具體的將上述的情境剛性分析結果，展現在生涯規劃道路圖的製作上。生涯規劃道路圖即是將未來的情境規劃期間中，所需要取得的專業技術細項的時程，依不同時間軸加以展開的圖示。此時即包括四個子步驟，即技術功能界定、技術成分界定、關鍵成分界定與生涯發展道路圖展開，茲扼要說明如下：

(1) 技術功能界定：指界定該項財務專業技術的技術內涵，說明其中主要的技術子項目，也就是所帶出的功能項目。例如，承前例的財務專業技術作品（技術），即可界定為：分析財政現況、分析財務工具、評估財務投資表現、調整投資組合四項。從而其所帶出的功能項目為環境分析、風險分析、確定投資目標、制定投資組合四者。

(2) 技術成分界定：指界定該項財務專業技術的技術成分內涵，通常包括特定能力的認定，以及所需具備的特殊要件等。例如，承前例財務專業技術產品的技術成分內涵，即可界定為基本分析能力、財務談判能力、財務業務能力、財務會計能力、財務分析能力、危機處理能力、統計分析能力等七項。

(3) 關鍵成分界定：指界定該項財務專業技術的關鍵技術成分。即由上述的成分屬性中，挑選出現階段最需要從事補強的關鍵技術成分項目。例如，承前例財務企劃產品的關鍵技術成分，即可界定為財務業務能力、財務分析能力、危機處理能力等三項。

(4) 生涯發展道路圖展開：指展開該項財務專業技術的生涯發展道路圖，即將技術成分視為縱軸，時間次序視為橫軸，所描繪建構出當事人所需的生涯發展道路圖。在其間的各項技術成分，更可根據個人在此方面技術發展的難易度和是否為關鍵技術成分，自我評量在各階段中技術的純熟程度。

茲以情境剛性分析所帶出的財務專業技術為例，界定該當事人欲發展財務專業技術時，在未來五年中的生涯技術發展道路圖。如圖12-5說明如下：

年\ 成分	第一年	第二年	第三年	第四年	第五年
基本分析能力	-- 專業 -->				
財務談判能力	--- 界定 ---	------------	--- 架構 ---	------------	-- 成形 -->
財務業務能力	--- 初階 ---	--- 中階 ---	------------	-- 進階 -->	
財務會計能力	--- 界定 ---	------------	--- 架構 ---	------------	-- 成形 -->
財務分析能力	--- 摸索 ---	------------	-- 熟練 -->		
危機處理能力	--- 練習 ---	------------	--- 改善 ---	------------	-- 專業 -->
統計處理能力	--- 熟悉 ---	-- 純熟 -->			

圖12-5　生涯技術發展道路圖

【智慧語錄】

人生自古誰無死，留取丹心照汗青。

──文天祥，宋朝文學家。

人生的價值，應當看他貢獻什麼，而不應該看他取得什麼。

──愛因斯坦（Albert Einstein），科學家。

12.3 生涯發展階段

不同的生涯發展階段自有不同的生涯需要，以及可資運用的生涯發展方案。

【問得好】：在未來的七年間，你要怎樣達成你的生涯需要呢？

　　本節繼續討論工作生涯規劃主題。在工作的生涯發展階段中，係討論兩個子題，第一是生涯需要與對應的生涯發展對策，第二則是工作的四段生涯期間。

一、生涯需要與對應的生涯發展對策

1. 生涯需要

　　生涯需要（**career need**）是個人對其生涯規劃上的需求期許，尤其是指伴隨不同生涯發展期下的個人需要。基本上，個人的工作生涯需要會伴隨不同生涯時期（**career period**）而異，理由是個人有其不同的生涯關切、工作擴展、生命挑戰和心理期許。

　　就個人的生涯需要而言，生涯需要可細分爲生涯目標、生涯任務、生涯挑戰三個層面，茲說明於後【12-5】：

(1) 生涯目標（**career goal**）：係我們在工作生涯中，所想要達成的工作地標和境界，這是根據個人對自我的認知，即對自我個性、興趣、能力的認識，據以設定努力的標竿，即生涯目標。

(2) 生涯任務（**career task**）：係我們在生涯目標的帶動下，使自己產生達成目標的推動力，以及帶出所要進行的主要工作項目，即生涯任務。

(3) 生涯挑戰（**career challenge**）：係我們在達成生涯任務的過程當中，依照自我的能力、興趣、相關機會，設定可資實現或待突破的特定項目，即生涯挑戰。

2. 生涯發展對策

　　生涯發展對策（**career development program**），係個人爲促使自己達到生涯規劃目標，所採取的所有作爲。生涯發展對策是個人透過尋求各項資源，來協助自我完成生涯目標的生涯計畫對策。至於生涯發展對策內容即涵括生涯諮商、生涯機會探索、生涯路徑、工作績效評估、工作成長訓練、尋求上司支持、求助生涯資源中心、運用人力資源等。

二、四個生涯期間

論及生涯發展階段的劃分，一般以Super和Cron所建議的生涯探索期（exploration stage）、建立期（establishment stage）、維持期（maintenance stage）、撤離期（disengagement stage），即四種生涯時期為最常見【12-6】，其代表一個人的生涯發展的成熟程度。此如同一個人的工作生涯會經歷過春季、夏季、秋季、冬季的四個季節，可分別代表工作上的春耕、夏耘、秋收、冬藏的四個狀態。至於生涯時期在實際運作層面，則以年齡為一常見的劃分方式，即劃分成探索期（30歲以前）、建立期（31-45歲）、維持期（46-60歲）、撤離期（61歲以後）的四個時期，此種劃分方式十分切合現階段各國18歲高中畢業、22歲大學畢業起工作，至65歲退休的工作實況。亦即離開學校後工作至30歲成家立業以前，是為探索階段；61歲後面臨即將退休，乃至於退休後的生活，即為撤離階段；至於31-60歲為工作的黃金時期，將之二分為31-45歲的建立期，以及46-60歲的維持期，如此即構成一生的四個生涯發展階段。以下分別說明：

(一) 探索期

生涯探索期是探索各種工作的可能性，為個人熟習工作內容，預備升遷的時期。

1. **生涯目標**：這時的生涯目標是關心尋求合適的工作職缺，並藉由性向測驗，來探索自我的興趣和能力；同時，當事人也期望能夠有適當機會投身有興趣的領域，同時能夠和同事們或上司和諧相處，為日後的升遷鋪路。因此，我們的生涯目標是認識自我能力、確認興趣、了解企業對個人的工作要求和期許，同時獲得同事們接納和上司的支持。

2. **生涯任務**：這時的生涯任務是需要精進工作相關技能，持續充實專業學識，期使工作表現更佳，獲得升遷機會；再者，將企業目標和個人期望妥善配合，來確保能夠勝任工作，並透過工作表現能夠對企業產生實質貢獻。從而我們的生涯任務包括學習專業工作技能和成為對企業具有貢獻的員工兩方面。

3. **生涯挑戰**：生涯挑戰是建立起專業員工的自我概念，從而我們會參照企業中其他員工的行為、能力角色和承擔責任為基準，做為日後需要

突破和實現的生涯挑戰內容。此外，在將專業技能運用在工作時，則要求自我的專業技能，能夠得到上司和同事們的認可。從而生涯挑戰即包括：建立專業自我認知、將專業能力運用在工作的管道、獲得具挑戰內容的專案工作，並藉由專案工作獲得升遷。

4. **生涯發展對策**：此時，合適的生涯發展對策需要根據探索期的生涯需要來訂定，以協助當事人探索自我的興趣和能力、以搭配合適的工作內容、藉由工作見習或適度教育訓練、提供自我改善工作成效的指示，進而積極預備升遷等，圖12-6列示探索期的生涯需要和生涯發展對策。

項目	探索期的生涯需要	探索期的生涯發展對策
生涯目標	(1)了解自己的能力並確定興趣。 (2)了解公司對工作要求和個人期望。 (3)上司認可，同事接受和預備升遷。	(1)尋求自我評估，了解自己在工作上的興趣 (2)取得特定職位的工作說明書。 (3)和主管討論工作的內涵並獲得支持。
生涯任務	(1)學習專業工作技能。 (2)成為對公司有貢獻的重要成員。	(1)參加工作攸關的在職專業教育訓練。 (2)申請是否有機會從事工作見習。
生涯挑戰	(1)建立內在專業的自我認知。 (2)思想怎樣把專業技能運用到公司中。 (3)獲得具挑戰內容的工作專案。	(1)參加具備開發潛能的訓練課程。 (2)諮詢改善自我工作成效的指導。 (3)了解特定專案工作的內容和所需資格。

圖12-6　探索期的生涯需要和生涯發展對策

資料來源：Chen, Chang, & Yeh。

(二) 建立期

生涯建立期為建立工作的根基，成為部門主管或專家。

1. **生涯目標**：在建立期的生涯目標是期望獲得成功的工作經驗，並且得到同事們的敬重，於是當事人會盡力提升自我專業技能，積極達成專業領域標竿，展現旺盛的企圖心。這時的生涯目標是在某特定領域中建立專業地位、成為部門主管或專家、建立獨特競爭優勢，和建立專業效能等，贏得同事的尊敬。

2. **生涯任務**：這時生涯任務是發展專業技能，追求工作上的創新並突破現有框架，提升工作績效，促使有機會擔負責任，得到主管青睞而升遷，進而能夠享有更多工作自主權。因此這時的生涯任務是使專業技能更臻成熟、獲得升遷、取得工作自主權並完成個人的創新與能力發揮。

3. **生涯挑戰**：生涯挑戰是使工作效能，成為升遷的相關條件，而當自己花費更長的時間在工作上時，更需要平衡工作和家庭二者，妥善處理中間的矛盾衝突。從而這時的生涯挑戰是追求工作卓越，完成升遷，並且能夠平衡工作和家庭。

4. **生涯發展對策**：這時的重點是獲得專案指派機會，乃至於外派他地，得以獲得升遷，甚至取得專業認證或學位，經由工作輪調或是工作豐富化，尋求工作和家庭生活調適上的輔導。圖12-7列示建立期的生涯需要和生涯發展對策。

(三) **維持期**

　　生涯建立期是維持工作的基業，穩住專業人士或主管的地位。

1. **生涯目標**：在維持期的生涯目標即是維持住既有成就，並且重新評量生涯方向，因為在此一時期，當事人已在特定工作領域中取得高位階，故會期望穩住該項頭銜，且考量下一個階段的生涯機會，這時多半會拉拔後進者，來建立自己的團隊人脈。從而這時的生涯目標是維持住既有地位和成就，提拔後進者建立團隊人脈，重行評估生涯機會走向，尋求事業的第二春。

2. **生涯任務**：這時的生涯任務是發展更加開闊的工作視野，維持住一定的績效水準，這時會藉由跨領域和跨功能的聯繫擴展工作領域，並增加工作挑戰度。甚至會向外伸展工作觸角，擴張個人事業版圖，另啟

項目	建立期的生涯需要	建立期的生涯發展對策
生涯 目標	(1)建立專業地位並獲得升遷。 (2)建立獨特競爭優勢，在同儕中出類拔萃，力求獲得同事敬重。	(1)獲得專案指派機會，並獲得升遷。 (2)積極參加研討會，提報成果專案。 (3)獲得到學術機構進修補助，取得專業認證。
生涯 任務	(1)追求專業技能熟稔。 (2)取得工作自主權。 (3)發展獨特創意和創新行動。	(1)獲得赴外訓練機會。 (2)取得工作輪調機會。 (3)豐富工作內容。
生涯 挑戰	(1)工作成果優良，達成升遷。 (2)平衡工作和家庭。	(1)透過有效績效評估，掌握升遷或調任的機會。 (2)獲得工作和家庭生活協調的幫助和輔導。

圖12-7　建立期的生涯需要和生涯發展對策

資料來源：Chen, Chang, & Yeh。

事業顛峰。從而生涯任務是維持住卓越的工作成效、開展工作眼界，以及伸展事業觸角疆界等三個方面。

3. **生涯挑戰**：生涯挑戰是基於這時已經有的一定程度的地位聲望，首要工作是維持住競爭力，故會整合過去相關的專業領域的成果，且追求卓越來獲得公司所提供長期的工作和福利保證，此時會藉由圍堵對策來抗拒新進人士的挑戰。從而生涯挑戰是維持適度的競爭能力，在特定領域中尋求合宜的切入機會，並且適時創新，有效抗拒新競爭者。

4. **生涯發展對策**：這時重點是鼓勵自己再學習第二專長，並藉由雙生涯對策，督促自己成為專業顧問，以及針對自己的需要，尋求工作和人際困境的輔導諮商。圖12-8列示維持期的生涯需要和生涯發展對策。

項目	維持期的生涯需要	維持期的生涯發展對策
生涯目標	(1)維持並穩住既有成就地位。 (2)提攜後進核心團隊。 (3)重估生涯走向，尋求事業第二春。	(1)發現未來在公司中的可能發展前景。 (2)訓練自己成為專業顧問或課程的講師。 (3)尋求雙生涯對策，充當前程伸展之抉擇。
生涯任務	(1)維持高水準工作效能。 (2)開展工作眼界。 (3)伸展事業觸角疆界。	(1)藉由客觀的主管績效評估指標來成長。 (2)積極學習第二專長。 (3)尋求個人發展計劃，有機會擔任更高職位。
生涯挑戰	(1)維持工作的動機和競爭能力。 (2)在特定領域中尋求適當切入點，並且適時創新。 (3)擺脫競爭者的威脅。	(1)尋求提供獎酬和有效激勵制度。 (2)尋求外在的進修經費補助。 (3)尋求特殊需要、工作人際困境的輔導。

圖12-8　維持期的生涯需要與生涯發展對策

資料來源：Chen, Chang, & Yeh。

(四) 撤離期

生涯建立期為預備淡出與交棒，穩住退休金和工作相關福利。

1. **生涯目標**：在撤離期的生涯目標是因為即將退休交棒，因此會將若干時間和精力移轉到其他的角色活動中，其一為圓滿達成工作歷程，預備安排退休後生活。其二為轉型成諮詢顧問，藉由指導傳承，逐漸交棒和淡出。故這個時期的生涯目標是，達成當事人生涯發展內涵、預備交棒、成為特定領域權威人物、經驗傳承指導、取得工作薪資和退休金的保障等。

2. **生涯任務**：這時生涯任務是維持可接受的工作績效，並且探索工作外的人生道路，因為這時當事人業已面臨權力和責任上的縮減。

3. **生涯挑戰**：生涯挑戰是力求維持自我肯定和生命價值。除回顧過去的

生涯內容和成就外，也需要發展全新的自我角色和生活形態，且可能需要轉移重心到家庭和休閒上。從而這時的生涯挑戰是，接受生涯成就、調整自我定位和形象、調整工作重心和安排家居休閒生活等方面。

4. **生涯發展對策**：這時重點是積極養成接班人選、取得榮譽顧問、積極參加社團、尋求退休規劃的諮商、尋求生涯抉擇和角色轉變的輔導。圖12-9列示撤離期的生涯需要和生涯發展對策。

項目	撤離期的生涯需要	撤離期的生涯發展對策
生涯目標	(1)完成工作生涯發展、準備交棒。 (2)成為權威人士，經驗傳承並指導。 (3)保障工作薪資和退休。	(1)尋求培養接班人的繼任計劃。 (2)取得公司的榮譽顧問。 (3)尋求退休諮商和離職輔導。
生涯任務	(1)維持可被接受的工作績效。 (2)探索工作外的人生哲理。	(1)尋求改進並維持工作能力的評估方式 (2)訂定基本工作標準和規範。 (3)積極參加社團或其他學習。
生涯挑戰	(1)接受自我生涯成就。 (2)積極調整自我形象。 (3)調整工作時間並安排休閒生活。	(1)尋求生涯抉擇和角色轉換的諮商。 (2)尋求退休後生活規劃的輔導。

圖12-9　撤離期的生涯需要與生涯發展對策

資料來源：Chen, Chang, & Yeh。

最後，當事人如何因應不同生涯發展期的生涯需要，包括生涯目標、生涯任務與生涯挑戰諸層面，分別擬定適當的生涯發展對策，以降低當事人的生涯落差，進而全面提升當事人的工作滿意度，減少其離職意願，妥善進行我們的生涯發展管理，則是另一項必須關注的課題【12-8】。Baruch和Peiperl更指出，當事人在尋找生涯發展對策時，除了力求達成理

想之外，亦須考慮現實上的可行性，也就是當事人除了在工作企業內尋找外，亦可能需要借助外在的生涯發展資源。也就是需要在企業現有財力和外界社會資源間，尋求一個平衡點，如此方能成就可長可久的雙贏結局【12-9】。

　　企業如何因應不同生涯發展期的生涯需要，包括生涯目標、生涯任務與生涯挑戰諸層面，分別擬定合宜的生涯發展對策，以降低我們的生涯落差（**career gap**），進而全面提升我們的工作滿意度，減少其離職意願，以進行我們的生涯發展管理，則是另一必須關注的課題【12-10】。

　　在做完工作生涯規劃之後，下一步就是勇敢的去做完它，所以，你們不可丟棄勇敢的心，存有這樣勇敢的心必得大賞賜【12-11】。

【智慧語錄】

　　人生最終的目的在於覺醒和思考的能力，而不只在於生存。

　　　　　　　　　　　　──亞里思多德（Aristotélēs），古希臘哲學家。

　　人生就像弈棋，一步失誤，全盤皆輸，這是令人悲哀之事；而且人生還不如弈棋，不可能再來一局，也不能悔棋。

　　　　──佛洛伊德（Sigmund Freud），心理學家，《夢的解析》作者。

【本章註釋】

12-1 情境分析的詳細內容，請參閱Tucker, K. (1999), "Scenario Planning," *Association Management*, 51(4): 70-75、Schwartz, P. (1996), *The Art of the Long View: Planning for the Future in an Uncertain World*, New York: John Wiley & Sons, Inc，以及陳澤義著（民108），《科技與創新管理（六版）》，臺北市：華泰文化。

12-2 「求上帝指教我們怎樣數算自己的日子，好叫我們得著智慧的心」，原文出自《聖經・大衛詩篇》，第90篇第12節。

12-3 生涯規劃道路圖的方法論係取自技術道路圖（technology roadmap），請參閱Willyard, C.H. and C.W. McClees (1987), "Motorola's Technology Roadmap Process," *Research Management*, Sept/Oct: 13-19.以及Groenveld, P. (1997), "Roadmapping Integrates Business and Technology," *Research Technology Management*, 40(5): 48-55.

12-4 「殷勤籌劃的，足致豐裕；行事急躁的，都必缺乏」，原文出自所羅門王箴言，第21篇第5節。

12-5 請參閱Chen, Tser-yieth, Chang Pao-long, and Yeh Ching-wen, (2004), "An Investigation of Career Development Programs, Job Satisfaction, Professional Development and Productivity: The Study of Taiwan," *Human Resource Development International*, 2004, 7 (4): 441-463.

12-6 請參閱Cron, W. L. (1984), "Industrial Salesperson Development: A Career Stage Perspective," *Journal of Marketing*, 48(Fall): 41-52. 以及Super, D.E. (1980), "A Life-Span, Life-Space Approach to Career Development," *Journal of Vocational Behavior*, 16: 282-298.

12-7 請參閱Chen, Tser-yieth, Chang Pao-long, and Yeh Ching-wen (2003), "Square of Correspondence between Career Needs and Career Development Programs for R&D Personnel," *Journal of High Technology Management Research*, 14 (2): 189-212.

12-8 請參閱Chen, Tser-yieth, Chang Pao-long, and Yeh Ching-wen (2006), "The Relationship between Career Development Programs, the Quality of Working Life, Job Satisfaction and Productivity in Taiwan," *Asia Pacific Journal of Human Resources*, 44 (3): 318-341.

12-9 請參閱Baruch, Y. and M.A. Peiperl (2000), "Career Management Practices: An Empirical Survey and Implications," *Human Resource Management*, 39(4): 347-366.以及Baruch, Y. (2004), *Managing Careers: Theory and Practice*, Prentice-Hall: Pearson Education, UK.

12-10 請參閱陳澤義著（民108），《科技與創新管理（六版）》，臺北市：華泰文化。

12-11 「你們不可丟棄勇敢的心，存這樣勇敢的心必得大賞賜」，原文出自《聖經・希伯來書》，第10章第35節。

行動作業：請以未來五年的工作與生活情境為例，進行情境規劃分析和製作你的生涯道路圖。

表12-1　「工作生涯規劃」單元課程學習單——「生涯情境發展學習單」

課程名稱：　　　　　授課教師：	
系級：	姓名：　　　　　學號：
1.你希望未來五年後會站在何處呢？	
2.你做決定時的關鍵決策因素有哪些？	
3.哪些不確定軸面會影響你的未來呢？	
4.有哪些情境會構成你的未來呢？	
5.在這個情況下，你的機會點和威脅點安在？	
6.在這個情況下，你的個人需要有哪些？	
7.同上，你需要學習的關鍵技術方案有哪些？	
8.你又要怎樣評估你的關鍵技術方案呢？	
老師與助教評語	

第肆篇 生命規劃美實力：I SMILE

論起人生，若是背起行李，你就是過客；若是放下包袱，你就找著家鄉。也許你終於明白：不必執著的，就叫做看破；不必擔憂的，就叫做信心；不必解釋的，就叫做從容。在生命中不怪罪別人，不笑罵別人，也不羨慕別人，就叫做平安；在陽光下開展笑顏，在白雲下昂首高歌，在風雨中恣意奔跑，就叫做歡樂；做自己的夢，走自己的路，不必完美的，就叫做人生。這個時候，你就會看見有些路，你只能一個人走，你需要去思想：「我從哪裡來？」「我為什麼活在這個世界上？」「我將要往哪裡去？」縱然山和月可以兩相對望，雲和水可以打溼諾言，你終究會發現，停留是剎那，轉身是天涯，回頭卻是永恆。

第十三章 生命大哉問

【白雲生涯漫步】

「生活的目的，在增進人類全體之生活；生命的意義，在創造宇宙繼起之生命。」「人生以服務為目的，而非以奪取為目的。」「人生自古誰無死，留取丹心照汗青。」「立德、立功、立言三並不朽。」「文章者，經國之大業，不朽之盛事。」以上來自蔣中正、孫中山、文天祥、曹丕等古聖先賢的訓誨，或可作為追尋人生目的、定位與價值的起點。

然而，人生道路人人殊異，有甘有苦，有待勇敢追尋，定位屬於自己的生命意義、目的與價值，此為教育初衷。由衷寄語莘莘學子與時代青年能在浩瀚校園內，浸染知識學海中，反省自我生命定位與生活角色。真正體會先賢張載的「為天地立心，為生民立命，為往聖繼絕學，為萬世開太平」的士大夫憂國憂民情懷，在社會中做個有用的人，盡一份小我心志，方能成就大我中興美景，所謂「天下興亡，匹夫有責」，更何況是受過高等教育的大學生。然而，做自己人生的**執行長**（**chief executive officer, CEO**），定義屬於自己的人生價值，這是上帝交付給每一位青年的時代使命與任務【13-1】。

【三國小啟思：戰事紛擾下的三國民情】

在《三國演義》中，廣大中原地區因為長年戰爭蹂躪，導致城池殘破，作物歉收，且民生潦敗，在河南開封、洛陽和山東濟南地域黃河多次改道，洪水氾濫成災，水利破敗，是以中原地區物質環境十分窮乏。

同樣的，長江以北的徐州和小沛等城池，也在呂布、袁紹、公孫瓚等軍隊多次搶奪下，城牆破損不堪，無法居住，物資也不豐足。

相反的，長江中游的荊州地域因為位置偏南，遠離北方中原戰

事，風調雨順下，加上素為長江魚米之鄉，天然資源十分豐富，得享民生樂利美名。

　　還有，四川西蜀地域向來為百物豐饒之處，素來享有「天府之國」盛名，且山川四面圍繞，形成易守難攻之形勢。

13.1 生命大哉問

　　「生命大哉問」即問世人生命的價值安在，其問題一：人為什麼而活？問題二：人應怎樣生活？問題三：人怎樣能活出應該活出的生命？這是三個各自獨立但相互關聯的人生基本問題【13-2】（參見圖**13-1**）。

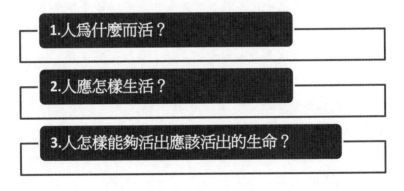

圖13-1　生命大哉問

資料來源：整理修正自孫效智（2009）

【問得好】：我為什麼活著？人生活著有何意義？

一、問題一：人為什麼而活？

　　人為什麼而活是人生目的或意義的問題，到底何種人生目的或意義具備終極關懷性或追根究底性，值得窮其一生來追求，直到死而方休呢？此問題係確立世人生命終極目標，可說是人生最根本的問題。

我們皆是經由十月懷胎、臨盆生產而有生命，但在世上數十寒暑後，卻必定邁向死亡，因此要怎樣在這必死的短暫人生中，肯定活出具備人生意義和生命目的，實爲生命大哉問。面對人爲什麼而活這樣的問題，可從活著到活得更好，以及世間三等人的兩個角度來思索。

（一）從活著到活得更好

究竟什麼稱爲「活著」、「活得好」，或是「活得更好」，是值得探究的課題；也是和持定人生觀或人生目標高度相關的神聖問題。

我們是否提出「人爲什麼而活？」的問題，或在提出此問題後，能否獲得滿意解答，會決定影響我們的生活方式和人生態度，也連帶影響針對其他問題：「人應怎樣生活？」、「人怎樣能夠活出應活出的生命？」之解答。

事實上，我們或許可以假裝或眞的忘記，或是全然不管人生意義的問題，但是，人生意義的問題卻永遠不會忘記我們！因爲不管我們是富可敵國或家徒四壁，位高權重或家道衰微，家庭美滿或妻離子散，身強體健或年老體衰。只要是在特定時刻，這個人生意義問題便會隨時自然浮現在我們的心中。

1. 追求利潤最大化

經濟學家假設人類基於有限理性，即有限邏輯思維，在有限人力和物力資源、時間條件下，會追求利潤最大化（**profit maximation**）目標，即 Max π【13-3】。然而，這會成就美好結局嗎？答案恐怕爲否定。因爲在追求利潤最大的敦促下，倘若某人事業不順利，升遷無望，此人豈非無法面對江東父老；另若某人失業無法獲取收入，此人豈不應該自殺；又依此邏輯，若某人失戀被對方拋棄，甚至離婚，那豈不應該羞愧一生。再者，個人或企業是單一系統，存在全體社會的大系統中，必受社會系統影響，在個人追求利潤最大化的同時，必使大量負向產品流入社會系統中，破壞社會系統品質，終究會反撲到個人生活中，破壞個人生活，形成惡性循環。因此，「人即使賺得全世界卻失去自己的生命，又有什麼益處呢？」【13-4】，實爲暮鼓晨鐘警語，值得深思。

2. 追求貢獻最大化

這時，我們不妨換個角度來思考，追求**貢獻最大化**（**contribution maximation**），即Max C【13-5】。力求對社會產生最大的貢獻。即完成國父孫中山先生所說的：「人生當以服務為目的，不要以奪取為目的。」以及「我們要立志做大事，而不是立志做大官【13-6】。」在此時我們就像一盞生命之光，光當然要照耀在人的面前，使他人得以被照亮，得以感受到光的溫暖。當然，我們在追求社會貢獻的同時，基於市場經濟的法則，我們的產出也會被社會所需要，進而支付價金來購買，自然會產生應有的利潤收入，從而不會缺乏利益。

此外，由於個人天資才幹不同。這時，若才幹高上者當服務千萬人；若才幹中等者可服務百十人；才幹低下者則服務數個人，甚至服務一個人或自己即可。如此便能造福社會，使社會更臻美善。

(二) 世間三等人

世人可以分成三等人，即下等人、中等人、上等人，茲說明如下：

下等人是唯利是圖、不擇手段的過活，行事為人是短視近利，不容易永續獲利，因而無法和其他人或社會共創多贏格局。

中等人是生財有道、和氣管理營生，行事為人係為個人或企業形象盡力做到童叟無欺，但他們內心並不全然是以他人、企業或社會福祉為念。

上等人是具備生命哲學，行事為人是以人的生命本身為目的，而不把人當成工具。他們強調所有的獲利要服務人，而非服務獲利本身。正如先總統蔣中正所說的：「生活的目的，在於增進人類全體之生活；生命的意義，在於創造宇宙繼起之生命【13-7】。」

這樣一個生命問題，最終仍需自己尋求解答。因為任何由外界他人而來的答案，或是傳播媒體的宣導，若無法和我們內心的生命經驗相互呼應和印證，那麼，就算這個答案是正確真理，甚至是多人深刻體驗的真相。那恐怕也會和我們擦身而過，成為一股無關痛癢的輕煙，無法和我們生命真正相遇。最後，終究我們還是要有所抉擇，這時，若是我們能宣告「我為此而生，也為此來到世間，特為給真理做見證【13-8】。」深知生命的意義，在於「追求真理、服務人群【13-9】」，便可知道我們這一生是所

爲何來。

　　例如，漢朝**司馬遷**曾因言語觸怒漢武帝而鋃鐺入獄，又因沒有銀兩可贖罪，而遭宮刑處分。司馬遷在獄中受到諸般折磨和屈辱，他曾想自殺，但爲完成畢生理想，而成爲勇敢活下去的生命意義，最後司馬遷奮力完成名聞古今的《史記》一書，是爲勇敢活出生命意義的例證。

二、問題二：人應怎樣生活？

　　孫效智說：「人應怎樣生活的問題，可以從『道』的兩個角度著手。第一個是道路，即指人生的道路；另一個是道德，是指怎樣做人的道理（或倫理）。此二角度實爲一體兩面，是一而二，二而一的。」換言之，人應怎樣生活？即是探索通往終極目標的有效路徑。例如，由臺北到高雄，應該走哪一條路。在人的生活中，則包括人生道路和做人道理內涵二者。茲說明如下：

> 人應怎樣生活？即是探索通往終極目標的人生道路與做人道理。

(一) 人生道路

　　道路常隨著目標而定，前往不同目標自然會走上不同道路。例如，從臺北要前往高雄（目標），則有國道一號和三號高速公路、高速鐵路和臺鐵縱貫線火車等道路可行。若是臺北要前往宜蘭（目標），則爲國道五號和臺鐵北迴線火車等道路可行。而若是臺北要往淡水，則是捷運淡水線和北海岸公路等道路可行。

　　同樣的，不同人生目標需要搭配不同人生道路。即人有怎樣的目標就會走上怎樣的道路。這些不同人生道路中，有高速直達的快速道路，也有慢速蜿蜒的山間小道；有平坦封閉的高鐵軌道，也有諸多岔路的城鎮街道；在此時此刻，明確的人生目標十分緊要，否則在面對諸多道路選擇時，便容易舉棋不定，徬徨無措而蹉跎光陰。甚至原地自轉，虛擲寶貴生命。

　　事實上，生命的眞相是：擺在我們面前的明天過後，這個世界必然是走往永恆的不歸路，而沒有人知道這個世界何時會收攤，這是未來的一個奧祕。時間是一條直線，有如江水向東流，一去不復返。人生更有如拿起話筒

打電話，不是你先「掛」，就是我先「掛」，而你我卻不知什麼時候會要吹熄燈號。生命有如一絲雲霧，稍待片刻就不見了。因此，我們應該怎樣過活，度過每一天的二十四小時，這是最重要的決定，因為今天會決定未來。而能夠看清楚今天會決定未來的人，必然能夠委身於生命的召喚，勇敢的生活，走完人生道路。這是因為按著命定，每個人都會有一死，且死後會有審判【13-10】。千萬不要等到熄燈號驟然吹起，停電的日子翩然臨到，才想起沒有繳交電費，這樣就已經來不及了，願我們都能夠看見這樣的人生道路。

(二) 做人道理

道理是從倫理道德角度出發，檢視做人道理的有效性。基本上，每一個人都有自己的獨特體認，自成個人特有的做人道理體系，即是特定個人或群體實際相信的倫理觀，這是屬於「實然倫理」範圍。例如，有人認為人不為己，天誅地滅，在做人上要以自利出發來工作賺取利潤；有人認為不孝有三，無後為大，在做人上應當先成家生子，建立美滿家庭。也有人認為只要我喜歡，沒什麼不可以，在做人上要以自由為出發點，勇敢追求真愛，突破傳統婚姻家庭的枷鎖；更有人認為沒有國，哪有家，在做人上應該要投筆從戎，從軍報國。基本上，每個人對於做人道理的特定看法和意見，應當給予理解和尊重；但在理解後，仍需透過適當的反省批判，方能建構並認定「**應然倫理**」（ought ethics）【13-11】，即是特定個人所應相信的倫理觀點。

「應然倫理」是人生問題二所關切的焦點。反省與批判「實然倫理」的各種觀點，並思辨探索各種原理原則的有效性，藉以建構「應然倫理」的生命工程。以有系統探究倫理道德的本質，建構出道德判斷的方法和原則，以期能敏銳且有自覺的從事倫理反思省察。

基本上，世人本乎良心，業已具備基本的道德判斷和直覺能力，這是倫理思辨的基礎。雖然良心的指責僅能達到「知其然」，而「不知其所以然」，但已能使世人在行事為人上有所警惕。特別是當今的後現代社會，環境情境業已錯綜複雜，人際關係更是盤根錯節，各種事務的精細專業分工，個人卻都需在其中做人處事。此時，世人怎樣「有所為」和「有所不為」，在其間分辨是非與善惡，掌握生活點滴中的眉眉角角，這是人生一

大議題。

　　在倫理思辨工程上，倫理思辨應以個人獨特的生命經驗，和敏銳的心思意念爲內涵基礎，復以周密嚴謹的邏輯思維爲外顯形式。此兩者實爲相輔相成，缺一不可。在操作時則當力求公正，至於個人立場則不必強求中立，這是兩個最重要的方法和態度。因爲我們都應當追求眞理，因爲眞理必叫我們得以自由【13-12】。

　　例如，「臺灣之光」吳寶春麵包師傅在2010年贏得世界麵包大賽的冠軍榮銜，他曾說過：「人要爲生活而學習」，在吳寶春心目中，麵包是最重要的重心，爲做出品質更好的麵包需要不斷精進學習，但是，並不僅侷限技術層面，而在生活中各個面向，包括欣賞美麗風景、品嘗美味食物、體驗美好人生等各角度。

　　在此用名爲〈祝福〉的老歌做爲本段結束：「送你一份愛的禮物，我祝你幸福。不管你在何時，或是在何處，莫忘了我的祝福。人生的旅途，有甘有苦，要有堅強的意志。發揮你的智慧，流下你的汗珠，創造你的幸福。」祝福您擁有美滿豐足的人生【13-13】。

三、問題三：人怎樣能夠活出應該活出的生命？

　　我們怎樣能活出應該活出的生命？即怎樣發掘提升靈性，達到知行合一水平。談到知行合一與倫理道德，一個顯而易見的事實是，許多道理和道德大家都知道，但問題是我們不一定做得出來。也就是從知道到行道，明顯有一段很漫長的距離。基本上，前述：「人應怎樣生活？」問題的探索終點是「知性」層面的生命教育或倫理思辨議題，但是倫理思辨不能僅停留在「知」的層面，而必須融會貫通到全人的身、心、靈，以及知、情、意、行的「執行」層面，在生活中落實。換言之，此時需要進入人格統整的靈性發展考量。茲說明如下：

　　什麼是「人格統整（personality integrity）【13-14】」？即是完整人格，知行合一、心口一致、誠實與正直是此人外在明顯標誌。實際運作內涵即是理性和情緒的調和、理性和情慾的和諧、身心靈的和諧、自身價值觀的平整等。即是統整身心靈，統整知情意行。在其中，史懷哲說：「若要使人們在世界中，眞正活出自由自在的感受，誠實與正直是唯一的一條

道路」【13-15】，實已切中要點。

我們需要徹底了解人格統整的促成因素，方能正本清源，有效提升統整程度和靈性境界。至於怎樣能活出應該活出生命的方法有三，茲說明如下【13-16】（參見圖13-2）：

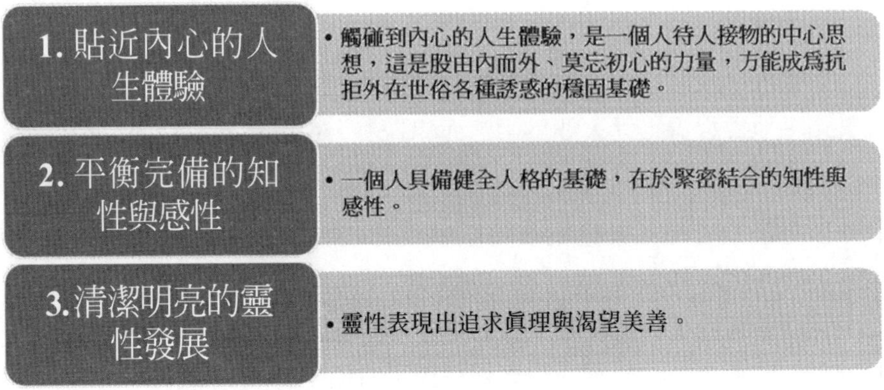

1. 貼近內心的人生體驗 ● 觸碰到內心的人生體驗，是一個人待人接物的中心思想，這是股由內而外、莫忘初心的力量，方能成為抗拒外在世俗各種誘惑的穩固基礎。

2. 平衡完備的知性與感性 ● 一個人具備健全人格的基礎，在於緊密結合的知性與感性。

3. 清潔明亮的靈性發展 ● 靈性表現出追求真理與渴望美善。

圖13-2　怎樣能夠活出應該活出的生命？

資料來源：整理修正自孫效智（2009）

(一) 貼近內心的人生體驗

貼近內心的人生體驗，即是要使我們的各種生活經驗都能夠本於內心，不矯情，不做作。而貼近觸碰到內心的人生體驗，是個人待人接物的中心思想，這是一股由內而外、莫忘初心的力量，能成為抗拒外在世俗誘惑的基石。我們若是人生體驗與人生觀過於膚淺，即會導致外界加諸的價值觀無法內化，難以形成「誠於中、形於外」的內在力量，從而在人生風雨困境中，無法堅定心志，持守初衷，不能形成「雞鳴不已於風雨」的氣概。

例如，臺塑王永慶總裁出身貧寒，年幼時曾在碾米店當學徒，王永慶擁有極佳生意頭腦，從而造就現在的臺塑集團，在他豐富而多元的人生經驗中，王永慶有個很知名的「瘦鵝理論」，他說：「兩斤重的鵝可說毫無用處，假如我能動腦筋設法找到鵝飼料的話，養鵝的難題必定迎刃而解。」因此他四處蒐購養不好的瘦鵝，再用自製的「切碎菜根和粗葉，混

合稻穀與碎米」飼料餵食，結果養得又大又肥而賺大錢。瘦鵝理論是王永慶個人生活經驗的濃縮菁華，他深深體會到臺灣人也需要像瘦鵝般，具有強大韌性的生命力，方能忍受長期折磨，度過難關，存活下去。危機就是轉機，儘管人生會遭遇許多困難危機，但必能屹立不搖。

（二）平衡完備的知性與感性

平衡完備的知性與感性，就是要追求個人理性和感性的平衡發展，不致偏向理性或感性。個人健全人格的基礎在於緊密結合的知性與感性並平衡完備。我們的知性與感性若趨於分裂，則縱然擁有崇高正確的人生觀與實踐方向，但無法保證能做到即知即行。我們在情緒平穩時，或可做到從心所願而嚮往之，但在事務繁忙情緒混亂時，就難以做到隨心所欲而不逾矩，在此時表現的泰半是情緒智商欠佳的光景，難以與他人和平相處，甚至做出利令智昏，甚至色令智昏的扼腕情事。也就是需要留意眾人以為美的事，要留心去做，若是可行，總要盡力與眾人和睦【13-17】。

（三）清潔明亮的靈性發展

清潔明亮的靈性發展，即為要力求維持光明潔白的內心心靈。讓我們的生命之光，能夠保持光亮來照耀自己和他人的路徑，不致因內心昏暗而灰飛煙滅。我們既為萬物之靈，名為靈長類，自然應當有清潔明亮的靈性發展。清潔明亮的靈性指人不僅是一種肉身的存在，更是一種既超越，又內存於有形身體的靈性存在。在此情況下，靈性係包括「內存性」和「超越性」。此時內存性指我們在物理身體內，能自覺出我們存在「神性我」的本性。此時超越性指我們具有表現出神性我的意志，而不受外在身體的束縛限制，並且表現出追求真理、盼望美善、嚮往永恆、敬虔神聖等層面。我們的靈性若能清潔明亮，就不至於趨向「無明」，我們不會只從今生角度思考，追求吃喝玩樂的物質感官享受，而無視於永恆生命的價值。

例如，知名導演李安年幼即接觸基督教信仰，但是他從不特別談論他的信仰是否虔誠的議題。他說自己曾經尋訪過上帝，也思考過「上帝在何處，為什麼會有人類存在，生命應該往何處去、人類存在的意義」等問題。李安身為一個電影人，他的心思是十分細膩且富敏感力，他喜歡多方面探索，他認為生命和靈性密切相關，沒有靈性的生命就是一個黑暗和荒

謬的人生。

　　總之，怎樣甦醒生命，統整人格，藉以內化我們的生命智慧，活出應該活出的生命本質，正是人生問題三的根本意涵，這也是上述人生三個問題中，畫龍點睛的問題，更是最重要的問題【13-18】。《聖經》中說：「上帝來是要叫人得生命，並且得到更豐盛的生命，而且義人所結出的果子就是生命樹；有智慧的，必能影響擴展他人【13-19】。」此值得我們深思。

> 如何甦醒生命，統整人格，藉以內化我們的生命智慧，
> 活出應該活出的生命本質，正是人生問題三的根本意涵。

【智慧語錄】

　　我的人生哲學是工作，我要揭示大自然的奧祕，並以此為人類造福。我們在世短暫的一生中，我不知道還有什麼比這種服務更好的了。

　　　　　　　　──愛迪生（Thomas A. Edison），科學家，發明電燈

　　人們所努力追求的庸俗目標──財產、虛榮、奢侈的生活──我總覺得都是可鄙的。至於啟發我並永遠使我充滿生活樂趣的理想是真、善、美。

　　　　　　　　──愛因斯坦（Albert Einstein），科學家，提出相對論

13.2 生命長河

　　滾滾長河流，落葉一片飄，直如滄海之一粟，無足掛齒。在時間歷史長河下，生命是長期持續的累積，一時的得意或失志算不得什麼，它只不過是下一場主戲前的間奏曲而已。

【問得好】：你要怎樣看待並面對一時的挫敗呢？

在校園裡，一位大學生待在教室窗戶前，手托著頭面對窗戶，神情似乎有些惆悵。

這時，一隻麻雀看見他，心中不捨得，便飛過來要安慰他。

「你為什麼看起來這樣悶悶不樂呢？」小麻雀問道。

「哦，我擔心我的未來，未來很不確定且沒有把握，就好像胸口壓著一塊石頭一樣。」大學生說。

「擔心什麼呢，只要好好努力讀書，累積自己實力，只要準備妥當，一旦機會來到，一定可以抓住機會的。」小麻雀說。

「可是，我還是擔心整個大環境不好，臺灣整個企業都移到大陸去，到那個時候畢業不就等於失業。」大學生繼續說。

「放心，生命畢竟是長期而持續的累積。況且，只要把自己準備好，全世界都是你的舞台啊！」小麻雀開始唱歌起來。

是的，為什麼要憂慮呢？憂慮只是讓我們留在原地打轉，憂慮甚至不能使我們前進一小步。

一、尊敬時間

「歲月就像一條河流，左岸是令人無法忘卻的回憶，右岸是值得把握的青春歲月，中間飛快流逝的，則是年輕隱隱的傷感。」柏拉圖如是說。

「在這個世界上生活，世界對於時間，人類是無能為力的。

時間一到，世人雙腳一蹬，又歸於塵土。

在時間面前，人人都是公平的，不管窮人或是富人。

在時間的歷史長河中，人類好像是滄海中的一粟，微末且細小，不得使人心生敬畏之心，敬畏那時間的主人，造物主上帝。」柏拉圖繼續說。

人類因此需要學會以歷史的眼光，學習在歷史長河中如何安頓自己，用長期策略眼光看待目前一時的得失榮辱，用謙虛敬畏的心做自己人生的CEO，開創精彩人生。

此時，我們需要暫時離開展演舞臺，走到觀眾席包廂中，用一種全新的角度觀看我們先前的演出【13-20】。這樣可以創造全新轉折點，幫助我們看清楚舞臺上的真實光景，也看出我們距離真正目標還有多遠，藉以

建立宏觀架構，脫離細節汙泥，產生洞見，預見未來。

> 我們需要暫時離開展演舞臺，走到觀眾席包廂中，用一種全新的角度，
> 觀看我們先前的演出。

　　既然如此，對於一時的短暫挫折無需過於在意，就連一次的勝利也無需誇口。要抱持平常心，以長期眼光看待自己。

　　更進一步，即是思想，「7天後，這件事情對我們有什麼樣的影響？」

　　「7個月後，這件事情對我們有什麼樣的影響？」

　　甚至是，「7年後，這件事情還對我們有什麼樣的影響？」

　　運用7、7、7的生命原則，我們就能夠培養一套長期眼光，笑看人生中一時的成敗進退，自然不會被一次的得意沖昏頭，也不會因為一次的挫敗全盤洩氣【13-21】。特別是在城市中打滾的世人，在匆忙生活步調中，很容易迷失在某單一事件中，無法跳脫自拔，因此要「尊敬時間」。

　　羅曼羅蘭說：「人生不售來回票，一旦動身，絕不能返回。」文天祥也說：「人生自古誰無死，留取丹心照汗青。【13-22】」即如是。

　　人生事實上是段長期持續的累積和追尋的歷程【13-23】。對於某些在當時挫折難過之事，等到事情過去，時間久遠，痛苦感覺逐漸消退後，再回頭看它，必會發現事情往往沒有想像中的嚴重。回想當時感覺到世界彷彿已經崩潰，對照整個人生旅程，那只不過是一小段生命轉折點而已，這是歷史長河的宏觀視野，會帶我們走向精彩人生。

> 人生事實上是一段長期持續的累積和追尋的歷程。

二、別困在一時的失敗挫折低谷中

　　奇美企業許文龍曾說：「當跌倒時，不要急著爬起來，先看地面上有什麼可以撿拾的。」

　　當我們掉進苦難中跌倒時，應該怎樣自處，應該說怎樣的話，如何重新調整自己腳步再出發。即我們是被逆境打倒呢？還是因為逆境反而使我們堅強，甚至打破紀錄，這絕對是大不相同。

　　在逆境苦難中，正是上帝要我們學習功課的時候，這個功課是在順境中學不到的。我們若能像風箏一樣，面對逆風時飛高上天，這便成就我們「在哪裡跌倒，就在哪裡重新站起來的力量。」逆境和苦難就成為化妝的祝福，這也是我們的**逆境商數**（adversity quotient, AQ）。

　　因為某件單一事件，使我們心情盪到谷底是常有的事，畢竟人生不如意之事，十之八九。但是，千萬不要停留在「絕望巨人谷」裡，導致自己沉溺在無邊的失望憤恨情緒中，難以釋懷，而是要憑信心勇敢走出絕望山谷，相信窗外陽光依然燦爛，並探頭接受外頭陽光的溫暖，再次昂首跨步，迎向世界。

　　當面對挫折時，當下我們會覺得彷彿世界末日，這是因為我們把關注焦點完全置放其中，以致受困在象牙塔中，忽略尚有其他重要事物值得追尋。因此當下會鑽牛角尖，覺得萬分難過痛苦，甚至動念自殺以求解脫。這是因為我們對於某項目標的設定期望值過高，因而明顯偏向追求某種特定價值。基於期望越高，在未能達成時，失望自然越大，因此唯有能放下對自我的堅持，方能跳脫這難以自拔的人生困境。也就是我們可以學會，我知道怎樣在卑賤中自處，也知道怎樣在豐富中自處；或飽足，或飢餓；或有餘，或缺乏；隨事隨在，我都得了祕訣【13-24】。

　　至於大學生經常發生的挫折事件，包括：研究所未能錄取；期末考沒考好，當掉兩三科，甚至二一退學；和女朋友吵架，感情告吹；畢業後未能找到理想工作，甚至失業；高普考沒考好，錯失公職機會；車禍受傷等。沒錯，發生上述事情，一定會讓人不舒服，但是，人生道路是無限寬廣，若上帝關閉一扇門，相信一定會打開另一扇窗戶的。

　　所以，當陷入情緒谷底時，試著思想在五年或十年後，我們回頭來看現在的時間點，我們會有何種想法，那麼或許就不會這樣痛苦了。

　　事實上，人生道路有許多條路，有許多價值讓我們追尋，例如名譽聲

望、財富利益、權力威勢、地位身分、家庭幸福、婚姻美滿、親子和樂、健康身體、美麗容顏等；甚至是國富民安、世界和平、永續環境、傳揚眞理等。在面臨眾多價值時，需要面臨取捨，有得必然有失。換句話說，我們無法追求全部價值，只能從中選擇某些價值，提高我們的滿足程度。

三、建立長期眼光正面看待每一件事物

志斌認爲自己才高八斗、學歷顯赫，故眼光高傲不可一世，不願意謙卑學習，成天只想藉跳槽來升遷。經幾次轉換跑道後，志斌總無法升遷，在加薪無著落下，志斌逐漸喪失工作熱情，只是整天抱怨世界對他不公平。

他的小學同學懷德卻是腳踏實地，像搬運石頭般努力學習，每做完一件上司所交辦的任務，就像是在自己雙腳下放上一塊墊腳石，這使自己的見聞日漸增廣。幾年下來，懷德已是見多識廣、歷練充沛的戰將，也順利爬上總經理高位。因爲這其中每個執行專案的磨練，每次商務合約的簽署，都是一塊塊墊腳石，一步步將懷德推向更高的頂峰。

在一次花車遊行中，志斌和懷德都被困在大批人群中，看不到精彩的花車遊行，只見志斌一直上下跳躍，沒多久就疲累不堪，結果什麼東西也沒看到。

懷德則是看到路旁有個工地，他便拿起幾塊磚頭，在人群後面很有耐心的堆疊，沒多久就堆疊出數十公分的台階，懷德一腳站上這些墊腳臺階，便能清楚看見花車遊行的精彩演出。

這一幕看在志斌眼裡，志斌眼前一亮，似乎看懂一些事情。志斌了解到生命原來是長期而持續的累積，成功絕非一蹴可幾。需要完成眼前一件件的事情，夢想才會在不遠處閃爍著。

因此，在面對失敗挫折時，不妨換個角度思考，想想：「以前覺得很嚴重的事情，還不是都撐過去，這一次的挫敗打擊，也必然沒有什麼大不了的」，並且將注意力轉換到其他價值上，放下以前執著的某些特定價值，不要困在那個不愉快的情緒中，「退一步路，海闊天空」，我們將會發現其實生活並沒有想像中的難熬，縱使關關難過，還是可以關關過的。

　　面對情緒困境，切記維持正向思考，「禍兮福之所倚，福兮禍之所伏」，「天將降大任於斯人也，必先苦其心志，勞其筋骨，餓其體膚，空乏其身。【13-25】」使我們掉進情緒困境的挫折未必都是壞事，從長期角度看，或許會變成一樁美事，況且十年河東、十年河西，風水輪流轉，世事多變化。例如，或許某次國家考試被刷掉落榜，但從長遠來看，轉而考上研究所，多精進所學，日後找工作會更有利；甚至朝向學術研究與教學路上發展，未來在大學任教亦是不錯選擇，這需要時間淬煉和長期時間的累積。

　　當運用長期眼光，正面看待眼前所發生的事物。我們會很快調適心情，使心情不致因一時挫折、某單一事件，陷入情緒困境中。反而能迅速走出困境，化悲憤為力量，為下次衝刺做好準備。

　　溫和內向的羅伯和他交往五年多的女朋友分手，後來女方甚至在不久後結婚了，新郎卻不是他。羅伯深受此一打擊後整天胡思亂想，垂頭喪氣，鬱鬱寡歡，甚至有輕生念頭。所幸羅伯信奉上帝，蒙上帝保佑，並未發生自殺憾事。後來，羅伯在教會朋友幫助下，勇敢面對、哀悼、接受這段已逝的戀情，認定它無法挽回，並重新接受相親安排，重新戀愛。一年後羅伯結婚了。現在，羅伯成天眉開眼笑，婚姻生活美滿幸福。前些日子還會去淡水看夕陽、賞明月，夫妻感情猶在熱戀中。羅伯回想先前失戀、分手的那些日子，就好像是人生列車經過一個小小彎道，列車在彎道轉彎時，不免會摩擦劃出陣陣火花。但只要緊握方向盤，不讓列車傾覆，在列車順利轉彎成功後，必能重新啟動，安全抵達人生的下一個車站。

　　靠著長期的眼光來看事情，來將我們的想法和心情轉個彎吧！最後將本節生命長河的要點以圖13-3表示。

圖13-3 生命長河——宏觀精彩人生

資料來源：整理修正自彭明輝（2012）及蘇西威爾許（2009）

【智慧語錄】

　　時間，每天得到的都是二十四小時，可是時間給勤勉的人帶來智慧與力量，給懶散的人只能留下一片悔恨。

——魯迅，文學家，《阿Q正傳》作者

　　要有生活目標，一輩子的目標，一段時期的目標，一個階段的目標，一年的目標，一個月的目標，一個星期的目標，一天的目標，一個小時的目標，一分鐘的目標。

——托爾斯泰（Tolstoy），文學家，《戰爭與和平》作者

13.3 生命區位藍海

　　山窮水盡疑無路，柳暗花明又一村，地點的多變性，足能峰迴路轉，引人入勝，因此，成功人士能夠善於觀察形勢，借力使力，透過藍海策略，以小博大，出奇制勝。

【問得好】：你要怎樣找到生命的藍海呢？

　　小時候，安妮很容易受驚嚇，怕黑、怕蛇、怕老鼠、怕蟑螂，甚至怕貓也怕狗，總之安妮看到什麼都會害怕。雖然安妮有份人人羨慕的好工作，也有個美滿和樂的家庭。但是，安妮卻無法克服那揮之不去的深沉恐懼。

　　有人對安妮說，綠島是個很可怕的地方，叫做「火燒島」，聽起來很恐怖，那裡還關了許多犯人。於是安妮向公司請假，帶著簡單行囊，往綠島出發。

　　安妮和她同行朋友一起搭車、搭船到綠島，卻發覺一切還好，一點都不恐怖，並沒有野火到處燃燒，也沒有壞人四處殺人放火。何況安妮還能有說有笑的幫助和她同行的朋友。

　　這段旅程使安妮開始改變：「現在的安妮，已經不再是以前的安妮。」勇敢面對內心自我，自助天助，突破恐懼，安妮走出一段不一樣的生命。

　　大地蘊藏無限生機，在不同地點往往會帶出不同的結果。

　　因為不同地點意味著不同的居住百姓，不同的風土民情，甚至是不同的種族文化，也會形成不同的商業機會。

　　例如，臺北市區的珍珠奶茶競爭激烈，一杯僅售30至40元，毛利微薄，然而戰場若轉移到紐約、雪梨與倫敦，卻是奇貨可居，一杯珍珠奶茶竟然能夠賣到120元至250元。同樣的，臺灣刈包一個約50元，如今賣到英國倫敦，一只要價可達400元。還有，微熱山丘的金磚鳳梨酥賣到日本東京，也是大受歡迎，價格來翻數倍。最後，鼎泰豐19摺小籠包的功夫，傳到講究精緻飲食文化的日本，結果是大受歡迎，鼎泰豐在近年內連開30家分店，成長幅度遠勝過臺灣。

　　人生如下棋，下棋人都曉得，要掌握天時、地利與人和，一顆棋子若是擺錯位置，必然不能夠發揮原來的功能，甚至會阻礙自己兵力的發揮。例如，象棋中的車、馬和炮本來是能夠直線前進，通行無阻；但若是困在九宮格中，反而無法快速行進，若是卡在窩心處或塞住象眼，反而會阻礙士或象的保衛功能，甚至導致將（或帥）沒有辦法自由行動，造成對手

「喊將軍」的全盤皆輸局面。在我們待人接物上亦是同理，你若是站錯地方，將無法發揮自己的才幹，甚至妨礙他人推動事務；然而若是轉換到他地，卻是能夠如魚得水，發揮應有能力，這是不同地點的奧妙之處，值得細加品味。簡言之，你需要在適合的地界上發揮上帝賜給你的才幹。

另如，曹操率領北方百萬大軍，軍士皆善於陸戰，但不精通水戰，結果在赤壁一戰，反被吳蜀聯軍所打敗。反觀諸葛亮上通天文，下通地理，善於掌握山川地形、水文風勢，終能以奇兵火攻曹營。而在二次大戰間德國希特勒的坦克百萬雄師，在歐陸大地所向披靡，攻無不克；然而卻在攻打莫斯科的途中，遭遇暴風大雪，坦克全遭冰封，動彈不得成為廢鐵，德國坦克大軍反被俄國軍隊所打敗。

一、善於建構我們生命的區位藍海

不論你是做何種工作或是從事何種事業，你如何能夠找到工作、做到生意，得到顧客的青睞，你建構出屬於你自己的獨特價值便十分重要，因為這是你和其他人不相同的地方。這也是屬於你自己的獨特優勢，也就是你需要在你所要銷售的產品中，創造出和他人不相同的價值。藉由創造出你自己的獨特性，如此你方能夠吸引到專屬於你自己的顧客，並且持續的拉住他們。

當然，這是一個市場高度競爭的時代，也是一個大量供給的時代，供給大於需求是一個常態。因此，你在應徵工作或經營事業時，你或早或晚，或多或少必然會碰到競爭對手。例如，你在巷口開了一家早餐店，不久後隔壁巷中也開了一家和你類似的早餐店；你是保險從業員，你在推銷保險時，你發現同時有很多推銷員向你同一位顧客推銷保險。在此時，你面對競爭對手，最常用的方法是降價爭取顧客，實行削價競爭，結果就是雙方殺得血流成河，成為到處是血的紅海（red-ocean），結果是形成兩敗俱傷的雙輸局面。

在這時，若是能夠換一個角度思考。你何不轉換陣地，換到一個幾乎沒有競爭對手的地方，這樣你就無需降價犧牲利潤，也能夠藉由自己的獨特產品，吸引顧客購買。這就形成經營管理上的「藍海策略（blue-ocean strategy）」，就是來到一處無強勁對手競爭的威脅，且能夠發揮個人才

幹的地方，此時就能夠引領你到生命的區位藍海【13-26】。

> 我們需要在同類產品中，創造和他人不同的特有價值，
> 方能吸引到專屬於我們的顧客。

　　例如，在臺灣相當知名的（臺北）蚵仔煎，若能夠轉換陣地到印尼雅加達銷售，就沒有競爭對手，成為藍海商品，奇貨可居。同樣的，彰化肉丸轉到馬來西亞吉隆坡銷售；臺南碗粿轉到泰國曼谷銷售、嘉義雞肉飯轉到越南胡志明市銷售、基隆天婦羅轉到菲律賓馬尼拉銷售等，必然能夠創造出不同凡響的商機。

　　必須要指出的是，販售藍海商品固然是少了競爭對手。然而，必須要面對不同文化背景的消費者，適應商品的問題。例如，如何使印尼雅加達的居民，接受「（臺北）蚵仔煎」這種不屬於他們生活習慣的食物；或是馬來西亞吉隆坡的居民，接受「（彰化）肉丸」這種食物；或是越南胡志明市的居民，接受「（嘉義）雞肉飯」這種食物，這就有賴於後續的調整食物口味和精緻廣告的行銷活動。其實這並不困難，請試著回想臺灣消費者是怎樣接受「（義大利）麵」、「（日本）關東煮」、「（韓國）烤肉」、「（海南）雞飯」、「（星洲）米粉」等異國食物的過程，自然不難找到答案。

　　某天在馬來西亞旅行，方明和班尼搭乘客運巴士到麻六甲旅遊，中間經過一處觀光市集，方明下車購物，沒想到錯過發車時間，車子已經啟動開往下一站，班尼一個人枯坐在車子上，面對陌生的國度，心裡十分擔心。

　　然而，在車子到達終點站時，方明竟然在站牌旁邊笑著向班尼揮手，班尼高興跑向方明說：「你怎麼會這樣快就能夠到達這裡？」方明笑著說：「我租一輛腳踏車騎過來，因為我知道這一班客運會繞一段遠路，所以我騎著單車，結果反倒是比客運快一些時間到達這裡！」

　　方明繼續説：「事實上，到達目的地的方法絕對不只一種，有人坐公車，有人搭火車，有人搭輪船，有人騎腳踏車，各種方式都很好，事實上，換個方式也能做得到。」

　　後來，班尼逐漸發現，雖然自己不善於勇闖他鄉，爬山涉水；對於開車、游泳、接觸陌生人都有一種莫名的恐懼。但是對於書寫、整理文案卻是比別人更有心得。如今班尼成爲一位教師，每當需出外旅行時，方明的那一句話：「換個方式，也能做得到」，便不時的在他耳際響起。

二、人生少有一蹴可幾的幸運

　　若無法發揮獨特競爭優勢，必然掉進產品同質化、無差異化，激烈競爭市場中，僅能從事流血式殺價競爭，進行價格割喉戰，踏進血流成河的**紅海**（red-ocean）中。此時唯有提供顧客高度吸引的獨特價值，方能擺脫紅海，到達藍海，開創屬於我們的藍海市場，甚至成爲特定市場的領導者。

　　我們的個人獨特優勢是在我們的價值創造能力上，即在價值鏈中，做得較競爭對手更傑出的地方，例如：創新思維、卓越品質、完善顧客關係、或快速回應等，此時需要創建**獨特賣點**（unique selling point, USP）。理由是產品需要符合顧客需要且「與眾不同」，如此方能拉住專屬於我們的顧客，顧客也不會被對手搶走。

　　例如，亞都麗緻飯店是觀光飯店業的卓越品牌，總裁**嚴長壽**專營商務旅館，在商務旅館領域上追求卓越，追求成爲顧客出差旅行時，第二個家的溫馨與親切，透過家居式裝潢布置，親切如家人般的接待，在商務旅館界打造出專屬飯店品牌，並力求價格合理，甚至是物超所值，創造品牌的特有價值。最後將本節生命區位藍海的要點，以圖13-4表示。

　　大榮在某研究機關從事研究工作時，每當完成一項研究計畫後，他的主管文賢便協助他一起將研究成果改寫成英文論文，投到國際學術期刊發表。這在當時的學術界是較罕見的舉動。

　　文賢告訴大榮這樣做的理由有三，一則用英文撰寫可以流通到歐美先

1. 善於建構自己生命的藍海

- 「藍海策略（blue-ocean strategy）」

2. 人生少有一蹴可幾的幸運

- 開創生命的藍海

圖13-4　生命區位藍海

資料來源：本研究

進國家，用中文撰寫則只能在臺灣流通，文章的能見度明顯有別；二則本研究機關聘僱外籍人士擔任英文祕書，英文程度甚佳，可以無償修改學術論文；三則歐洲學術界對臺灣和亞洲國家都相對陌生，如此投稿機會相對較佳。

後來，文賢和大榮的文章陸續在歐洲的期刊中發表，開創出全新的學術研究藍海。大榮更因爲持續努力研究，如願升等教授，並到國立大學任教職，這是上帝的美好祝福。

在這時，完成「人生問題學習單（表13-1）」是個不錯的嘗試，可具體說明你如何探索人生意義，並且找到生命的價值。

【智慧語錄】

誰要是遊戲人生，他就會一事無成；他不能主宰自己，永遠會是一個奴隸。

——歌德（Goethe），文學家，《少年維特之煩惱》與《浮士德》作者

腳步不能達到的地方，眼光可以到達；眼光不能到達的地方，精神可以飛到。

——雨果（Victor Hugo），詩人，《鐘樓怪人》與《悲慘世界》作者

【本章註釋】

13-1 在本書中不免會接觸到「天」或「神」的概念，在這裡，基督教或天主教意指
上帝，回教意指阿拉，佛教意指佛或菩薩，道教意指神明或玉皇大帝，非任何
特屬宗教或New Age思潮等則以上天稱之等，由於眾說紛紜，莫衷一是，本書全
然接納各家宗教論點，然為簡化且易於說明起見，在全書的敘述中，皆以「上
帝」一詞概括承受與替代之，且不再重複加註說明。因為全球中基督教（含天
主教）的信仰人口最多，以及作者的個人信仰所致；作者尊重宗教多元價值，
並無獨尊基督教或排斥其他宗教的意思，其他宗教信仰讀者敬請自行將上帝替
換成為其他相關神祇的名稱，來閱讀相關文句即可，作者特此聲明。

13-2 請參閱孫效智（2009），〈台灣生命教育的挑戰與願景〉，《課程與教學季
刊》，12(3)，頁1-26。

13-3 利潤最大化的目標，Max π（profit），出自亞當斯密的國富論。Adam Smith
(1776), *The Theory of Nation Wealth*, London: The Free Press.

13-4 「人若賺得全世界，賠上自己的生命，有什麼益處呢？人還能拿什麼來換生命
呢？」原文出自《聖經‧馬太福音》第16章第26節。

13-5 追求貢獻最大化意指站在社會系統的觀點，力求個人對團體的貢獻極大化。例
如，員工能夠對顧客做出貢獻，將產品銷售出去，自然會對自己產生利潤。

13-6 國父孫中山先生曾在其民權主義中倡議：「人生當以服務為目的，不要以奪取
為目的」的服務人生觀；此外，「我們要立志做大事，而不是立志做大官」，
語出1912年孫中山先生視察山東省高密縣時，告誡青年學生的訓詞。

13-7 「生活的目的，在於增進人類全體之生活；生命的意義，在於創造宇宙繼起之
生命。」一詞出自《蔣總統嘉言錄》，以及大陸翻印的《蔣介石自述》（上
卷）。

13-8 「你說我是王。我為此而生，也為此來到世間，特為給真理作見證」，原文出
自《聖經‧約翰福音》第18章第37節。

13-9 「追求真理，服務人群」，是國立臺北大學的校園精神。

13-10 「按著命定，人人皆有一死，死後且有審判」，原文出自《聖經‧希伯來
書》，第9章第27節。

13-11 應然倫理與實然倫理兩詞係由David Hume所提出，他指出應然和實然的對比，

他認為所看到的現實實然和道德上的應當應然，應該是完全不同的兩回事。

13-12 「你們必曉得真理，真理必叫你們得以自由」，原文出自《聖經‧約翰福音》第8章第32節。

13-13 另有一首名為〈機遇〉的老歌（趙蔚然作詞），它的歌詞是：「像天空繁星忽現忽隱，像水面浮萍飄流不停，人生的機遇稍縱即逝，切莫等待、切莫遲延、切莫因循。像晴空白雲連綿不盡，像江上帆影迎向光明，美妙的人生永無窮盡，我心嚮往、我靈渴羨、我願追尋。」

13-14 人格統整與正直都是同一個英文字integrity，是由integral變化而來。integral是指「完整或未經分割的事物」。依照韋式大辭典的定義，integral指「一件完整所不可缺少的事與物」。因此，正直的人就是完整的人，他必然會誠實，並自我要求高尚的道德水準。詳細內容請參閱洪蘭（民94），《講理就好IV：理應外合》，臺北市：遠流出版公司。

13-15 「若要使人們在世界中，真正活出自由自在的感受，誠實與正直是唯一的一條道路」，出自史懷哲。

13-16 參閱洪蘭（民94），《講理就好IV：理應外合》，遠流出版公司。與孫效智（2009），〈台灣生命教育的挑戰與願景〉，《課程與教學季刊》，12(3)，頁1-26。

13-17 「眾人以為美的事，要留心去做，若是能行，總要盡力與眾人和睦」，原文出自《聖經‧羅馬書》，第12章第17-18節。

13-18 參閱孫效智（2009），〈台灣生命教育的挑戰與願景〉，《課程與教學季刊》，12(3)，頁1-26。

13-19 「我來了，是要叫人得生命，並且得的更豐盛」，原文出自《聖經‧約翰福音》第10章第10節。此外，「義人所結的果子，就是生命樹；有智慧的，必能得人」，原文出自《聖經‧所羅門王箴言》，第11章第30節。

13-20 參閱葛幼君譯（民95），《從NO到GO：界限越清楚，自由越無限》（大衛‧麥肯納著），臺北市：啟示出版社。

13-21 參閱姜雪影譯（民98），《10、10、10：改變你生命的決策工具》（蘇西‧威爾許著），臺北市：天下遠見出版。

13-22 「人生自古誰無死，留取丹心照汗青」一詞出自南宋文天祥的《過零丁洋》。

13-23 參閱彭明輝著（民101），《生命是長期而持續的累積》，臺北市：聯經出版。

13-24 「我知道怎樣處卑賤，也知道怎樣處豐富；或飽足，或飢餓；或有餘，或缺乏，隨事隨在，我都得了祕訣」，原文出自《聖經・腓立比書》，第4章第12節。

13-25 「禍兮福之所倚，福兮禍之所伏」，一詞出自《老子・五十八章》。而「天將降大任於斯人也，必先苦其心志，勞其筋骨，餓其體膚，空乏其身」，一詞則出自孟子的《孟子・告子下》。

13-26 藍海策略一詞，語出於知名經濟學家金偉燦（W. Chan Kim）和勒妮・莫博涅（Renée Mauborgne）所著的《新經濟學》一書。

行動作業：試著在校園中散步走一圈，然後回答寫下你的人生三個問題，以及你自己的答案。

表13-1：「生命大哉問」單元課程學習單──人生問題學習單

課程名稱：	授課教師：
系級：　　　　　　姓名：	學號：
1.「你為何而活著」？	
2.「你應該如何生活」？	
3.「你要如何做才能活出應該 　活出來的生命」？	
4.這其中有哪些主要的「關 　鍵點」？	
5.請你評估解決方案中的「可 　行性」與「限制性」？	
6.你會建議做哪些「決定」 　呢？	
7.你會建議做哪些「學習計 　畫」呢？	
老師與助教評語	

第十四章 生命的微笑

【白雲生涯漫步】

築一場春秋大夢，悲人生幾度秋涼。人貴有夢，且築夢踏實。

在年少大學時光，正是前程光明似錦的黃金時節，應勇於築夢，人說「有夢最美，希望相隨」，且隨著夢想的立定，將導引人生目標設立，進而牽動個人努力奮鬥的方向與動能。

有道是「一寸光陰一寸金，千金難買寸光陰」、「切莫少壯不努力，老大徒傷悲」。如今卻是「由你玩四年」論調響徹雲霄，四處可見昏睡族與低頭族，真正想獲取知識者幾希，埋首圖書館書海中，博覽群書者更屬罕見。例如，現在電子科技發達，搜尋知識與下載電子書十分容易，我們應善用電子科技載具，透過電子書或其他工具等以通曉各家知識，悠遊於諸學海群宗之間，而不要沉迷於遊戲軟體或網路社群中無法自拔，虛擲光陰，失去做自己人生CEO的機會。

14.1 尋訪人生定位

「眾裡尋他千百度，驀然回首那人正在燈火闌珊處。」是的，迥然吾亦見真吾。事實上，這道離你不遠，正在你的口裡，就在你的心裡。

【問得好】：我如何和天人物我之間保持和諧關係？

尋訪人生定位需要先求全人關係的和諧與美好，茲說明如下：

一、建立美好的全人關係

在極致人際關係上，即要特別強調「天、人、物、我」的關係網絡，建立美好的全人關係，追求天人物我間的全面和諧，建立美好的全人關係（holistic relationship）（參見圖14-1）。茲說明如下：

圖14-1　尋訪人生定位

資料來源：整理修正自趙燦華譯（2005）

（一）我們和別人有關係：「人」

　　我們和他人有關係，我們有許多人際關係，例如我們和配偶、子女、父母、家人、鄰居、同事、同學、朋友及其他人。需要和他們建立愛與健康的關係，特別需要和核心關係圈中的人建立美好關係，因為我們是被上帝創造出來要對自己負責。

　　所謂「人」角度的全人思維，係著眼於理解人類社會中的群體現象與互動原則。面對他人，需要「合作行動」互動，提供更寬廣的互動空間，從而表達自我，並和他人建立實質關係，並培養更好的人際技能。此時可透過「問題導向學習（**problem-based learning**，**PBL**）【14-1】」，組織行動群體，進行小組討論，並處理建設性批評，學習如何接受他人批評，以培養倫理、民主與媒體的公民素養。此外，透過會議討論與報告，甚至是戲劇表演，以培養個人魅力、執行魄力和領導能力，透過流程能力的培養和訓練，以養成公民核心素養（**cultivating citizens' core competence**，**3C**）。

（二）我們和自己有關係：「我」

　　我們和自己有關係，我們到世界中要對自己負責，要會照顧自己，客觀看待自己並接納自己，喜歡做自己，認為自己是重要的，和自己做朋

友，和平相處。其中，認識自己與接納自己是最重要的事。許多人不能客觀看待自己，便會活在自我蒙蔽假象中；不接納自己而自暴自棄。

　　所謂「我」角度的全人思維，係重視個人主觀經驗所產生的生命意涵。面對自我，此時強調「自主管理」互動，使我們成為獨立自主的自省式人士，為自己在日後專業工作領域中奠定良好基礎。

> 我們要對自己負責，要會照顧自己，客觀看待自己，並且接納自己，喜歡做自己，認為自己是重要的，和自己做朋友，和平相處。

　　例如，臺灣十大傑出青年的**蕭煌奇**小時因先天性白內障而兩眼失明，在光明逐漸離開自己的那段歲月，蕭煌奇的記憶猶新。他說過：「我在高中一年級時，很喜歡打籃球。有一天下午，我發現自己根本沒有辦法接住籃球，整個眼睛前面都是茫茫霧氣。我不敢告訴任何人，只能自己躲起來。」老師看到他走路時跌跌撞撞，了解實際情況後問他：「你為什麼不告訴老師。」他回答說：「我害怕失去這一切，害怕失去你們以後看我的眼神。」老師告訴蕭煌奇說：「可怕的地方不是看不見，而是沒有辦法面對自己，因而放棄自己。」

　　後來蕭煌奇學習拿枴杖走路，這讓他很快脫離低潮，加上中學時曾練吉他，音樂給蕭煌奇無比的安慰力量，使他收起破碎心情，一步步走上音樂創作之路。如果說接受自己是件被強迫的事情，那麼接受別人走近並了解自己，更需要強大的勇氣。

(三) 我們和萬物有關係：「物」

　　我們和萬物有關係，人和各種生物和無生物間，應當是和諧互助的關係，而非奴役驅策的關係。人不應該奴役萬物，虐待動物，甚至趕盡殺絕；人也不該被物質奴役，失去萬物之靈的尊貴地位。

　　所謂「物」角度的全人思維，即致力於深化個人思辨能力與永續關懷。面對物質世界，強調「理性思辨」互動，以多元立場思維，運用理性思辨跳脫慣性思考模式，突破思考盲點，利用理性與邏輯力做出正確決定。我們可檢驗書本作者立場，並反覆練習，找出論證，抽絲剝繭獲得結

論。並進一步判斷論證一致性與邏輯一致性，檢視獨立與聯合的理由，檢視邏輯先後順序，以及進行歸納式結論與推論式結論。同時，檢視證據的有效性、適用性與可靠性。此時可對特定議題做理性思辨，透過「理性思辨學習單」，說明分析立場，具體列出正方贊成或反方反對的意見。經此理性思辨程序，可訓練倫理、科學與民主的公民素養。

例如，美國總統亞伯拉罕‧林肯任內，爆發南北內戰。林肯最有名的事蹟是解放黑奴，在18世紀時，人們透過買賣交易黑奴，投入生產、儲存食糧和修建鐵路，也在農田和工廠中工作、或從事船舶運輸、挖掘礦產、建築防禦工事、從事看護等工作。林肯主張「白人和黑人間一律平等。」提出「所有苦役或強迫勞役，除用來懲罰依法判刑的各種罪犯外，不得在美利堅合眾國境內或受本國管轄的任何領土內存在。」林肯廢除奴隸制度，擊敗南方的反對勢力，守住美利堅合眾國的統一情勢。

(四) 我們和上帝有關係：「天」

我們和造物主上帝是有關係的，不管我們是否有宗教信仰，信仰哪一種宗教，人還是和上帝有關係，或許是一份失去功能的關係，或是一種遙不可及的疏離關係；無論如何我們和上帝之間是有關係的。例如，基督徒相信上帝給我們愛、豐富、光榮、滿足和價值，賜給我們豐盛的生命，人被上帝創造成要和上帝有親密的關係接觸。佛教徒則相信每個人心中自有佛性，在去除無明障礙後，即能悟道成佛。即使沒有特定宗教信仰，也有人相信思維能召喚宇宙能量，引發生命的改變，所謂的上天，被其理解為某種高層靈性，包括所信仰的神明、神祇【14-2】。

所謂「天」角度的全人思維，是指「一大為天」，最大的那一位稱為「天」。再以「敬天愛人」的角度，探討生命意義與價值判斷的形上思考。面對上帝、上天或其他神祇，強調「多元開放」互動，涵蓋多元立場，跨越不同宗教、文化、性別、族群界線。在自由與開放的互動環境中，尊重多元價值，培養獨立思考能力，以及培養科學與美學公民素養。

現在，我們若能把上帝一起拍進照片中，一旦鏡頭裡有上帝，我們的生活便可能會變得更加充實【14-3】。因為當我們若是向上帝尋得充實感時，就不會向家人或朋友或同事需索那份成就感，不會將這份壓力丟給家

人或朋友或同事，這樣一來我們的壓力便得到釋放。

更進一步，我們若和上帝有健康的關係，和上帝成爲好朋友，就能用上帝的眼光正確看待自己，從而和自己也能有健康的關係。

二、建立有效關係的根源

在我們和周遭天人物我建立和諧關係時，基於建立關係的本質在連結彼此愛的生命關係，而非評斷事物的是非善惡。因爲生命與愛是建立關係的源頭，有如父母親生下你我是因爲父母彼此相愛和對我們的愛，以及生命的交融傳承。這絕非因爲我們做得多好，或是我們沒有做錯事。換句話說，這跟我們的是非善惡表現無關。

《聖經》記載，上帝將亞當和夏娃安置在伊甸園中，有生命樹和分別善惡的樹。上帝對亞當和夏娃說：「園中各樣樹上的果子，你可以隨意吃。」「只是分別善惡樹上的果子，你不可以吃，因爲你吃的日子必定會死【14-4】。」

基本上，吃善惡樹上的果子就是和自己的能力相連結，自己評斷自己周遭的事物。但因爲自己聰明智慧有限，眼界視角有限，加上保護自己利益的自私心態，會使自己在評斷事物的當下，落入關心自己利益（立場）的是非，超越於生命中彼此愛的關係。結果是或許搞定事情的對錯，但卻無助於確保彼此關係。例如，當上帝質問亞當是否吃下善惡樹的果子時，亞當立刻將責任推卸給夏娃，這是因爲亞當爲要保護自己的利益，以免受到上帝懲罰，便不管妻子夏娃的死活。這便是看重利益過於看重關係的例證。同時，夏娃的反應也相同，同樣將責任推卸給蛇的引誘，彷彿自己是無辜的代罪羔羊，盼望藉此能獲得上帝的網開一面，這也是維護自己利益的自然反應。

相反的，吃下生命樹上的果子就是和生命的源頭相連結，放下自己的我執，透過上帝的生命及愛的關係，來看待自己周遭的事物。因爲上帝創造世界，本質上就是愛的生命，結果便形成愛的生命之交錯連結，造就出連綿不斷的生命關係，進而建立豐盛的人際關係。

最後，一旦我們和周遭天人物我建立起和諧的關係後，便可在「前進」的自由和「停止」的規範中，找到適當平衡點，從而能夠在「停止」

的紀律基礎下，開展通往「前進」的自由創新之門。

【智慧語錄】

人生並非遊戲，因此，我們並沒有權利只憑自己的意願放棄它。

——托爾斯泰（Tolstoy），文學家，《戰爭與和平》作者

你有信仰就年輕，疑惑就年老；有自信就年輕，畏懼就年老；有希望就年輕，絕望就年老；歲月使你皮膚起皺，但是失去了熱忱，就損傷了靈魂。

——卡內基（Dale Carnegie），人際溝通專家，創立卡內基溝通訓練

14.2 面對眞正自我

人生不是在賺錢而已，不要窮得只剩下錢，你需要放下掌控並心存純眞，好好想想以後世人會怎樣的思念你。

【三國小啟思：姜維奮力維持西蜀的最後一絲元氣】

在《三國演義》中，蜀國姜維由於多次北伐魏國皆無戰功，然在蜀國朝中，伺機反對姜維奪取兵權的勢力（例如宦官黃皓的爪牙）卻日漸增高。在此形勢下，姜維只能聽取郤正建議，上書後主劉禪，盼能仿照諸葛武侯（諸葛孔明）做法，執行屯田計策，退守沓中（今甘肅舟曲西北）地域，事實上卻是握住兵權，遠離成都，避免惹禍上身。

同時，姜維下令胡濟鎮守漢壽城，王含駐軍守樂城，蔣斌守住漢城，另外蔣舒和傅僉共同看守諸個關隘，來防備魏國大軍。

於是姜維率領軍兵八萬，在壟西地域的沓中屯田，種植大麥，並在沿途道路中設置四十餘個營寨，彼此相互連絡，一如長蛇架式。一來能取得大麥熟穀，供應軍備所需；二來能盡行掌握隴右地域諸郡；三來能讓魏國人不敢正眼窺伺漢中地域；四來能透過將軍名銜，在朝廷外地實際握住兵權，別人就不能趁機圖謀不軌，同時也可遠離

禍源。此是著名的斂兵聚穀計策，蜀國全軍守住漢中地域；相反地，魏國大軍則需長途運送軍糧，經由跋涉山水遙遠路途，結果是兵疲馬困、疲憊萬分；疲憊者必導致退後：蜀軍可趁機襲擊魏軍，實爲巧妙萬全計策。

西蜀大軍雖由姜維帶領，在劍閣和司馬懿大軍相持不下。但是鄧艾、鐘會卻突然帶領二千名士兵，攀上西蜀摩天嶺，透過褥被包裹全身，滾下千尺斷崖之壯舉，直接攻打西川綿竹縣，西蜀軍隊沒有料到對方會有這種突襲舉動，遂只能倉促迎戰，自然敗陣。不久後，鄧艾和鐘會攻破油江口，直接攻打成都首都，劉禪只能投降，西蜀遂亡。

【問得好】午夜夢迴，你會怎樣面對你這一生的年日呢？

黃教授作育英才數十年，桃李滿天下，有一天上課時，他說：「今天上課之前，先來一道考題。」學生繼續洗耳恭聽。

「題目是：在不打開桌子抽屜的情形下，怎樣才能把這根香蕉放進抽屜中」。學生們討論許久，無法解出，便向黃教授詢問答案。

黃教授看見這個情況，便略帶失落般緩緩說道：「事實上，這個答案就是，『這是無可能的代誌』，學生們聽完一陣尖叫。」

黃教授繼續說，「或許你們個個都是高材生，讀書考試一流，但是，請千萬不要忘記，有些問題其實沒有想像中那麼困難，你們需要回到最簡單的思想方式，真實面對自己內心，那才能夠解決問題。」

學生們恍然大悟，開始學習認清問題核心，真正面對自己內在，承認自己的有限，學習跳脫框架，向前大步邁進。

一、坦然面對自己內在

社會四周的事物，每天侵襲我們內心的情緒，使我們心中充滿世界煙硝味。舉凡政治算計、經濟剝奪、社會動盪、人心貪婪、家庭暴力、教育扭曲、科技霸凌的思緒皆屬之。我們成天被世人的舉動、過錯所壓制，心

情翻滾騰空跌落，久久不能自已。

我們內心就像塊巨大海綿，無時無刻吸收外在世界散布傳達的訊息【14-5】。這時我們需要守門人，杜絕汙穢骯髒的資訊汙染內心；我們需要隨時思想公平公義、純潔善良，以清潔自己的心靈。因為眼睛是人身上的燈，人的眼睛若清明，全身就光明；人的眼睛若昏花，全身就黑暗【14-6】。這時我們需要真正面對自己內在。我們要保守我們的內心，勝過保守一切，因為一生的成效是由心發出【14-7】。此刻我們的內心是汙濁，還是心靈清明。以致能做到若被旁人論斷，或被其他人論斷，都能看做極小的事；更進一步，連自己也不論斷自己。

二、放下掌控對方的企圖心

我們都是目的導向，於是所遇見的每個人，所說出的每句話，所做的每個動作，都或多或少呈現掌控對方的意圖，傳達「我想要控制」的訊息。

若是我們不能克服掌控慾望，那麼權力和控制慾就會將我們推向墮落的深淵。在其中，互相比較和競爭將永無寧日，甚至為達目的不擇手段，並將他人功績占為己有，如此一來，我們勢必會被自我意識的千斤重拳，打得體無完膚。

當然，控制的目的導向，並不全然是件壞事。因為，我們都不想要讓事情失控，以致一發不可收拾。

若是能對四周的說話和行動，不帶控制對方的企圖心，而是單純和對方內在最真實的內心互動溝通，這樣，我們便可完全觸動人心，打動對方。因為人的內心中都有一個渴望，就是渴望有人可以真正了解他，有人願意放下世界的假面具，沒有企圖心、沒有掌控慾的和他對話。就像兩位天真無邪的孩童，返璞歸真的說話嬉戲，這是回到人心的真我層面，也是天堂般的場景。

> 人的內心當中都有一個渴望，就是渴望有人可以真正了解他，
> 有人願意放下世界的假面具，沒有企圖心、沒有掌控慾的和他對話。

　　基於「資源有限、慾望無窮」【14-8】這句經濟學名言點出人心的眞相，慾望也成爲人心必要惡念，也壓制著善念，更成爲外在行事的自我律。也由於擔心自己得不到有限資源，因此會出現掌控慾，甚至以爲「人定勝天」。唯有誠實面對自己，並且放下，才能回到眞我的天堂。此如保羅說：「我也知道，在我裡頭，就是我身體之中，沒有良善。因爲，立志爲善由得我，只是行出來由不得我。故此，我所願意的善，我反不做；我所不願意的惡（慾望），我倒去做。我覺得有個律，就是我願意爲善的時候，便有惡與我同在。我眞是苦啊！誰能救我脫離這取死的身體呢？【14-9】」由此可看出面對自己的內在，有若面對彩虹橋的盡頭，需要突破慾望無窮的迷障。

　　林語堂說：「人生在世，年幼時以爲什麼都不懂，大學時以爲什麼都懂，畢業後才知道什麼都不懂，中年又以爲什麼都懂，到晚年才覺悟一切都不懂。」此句格言指出要面對自我本相的智慧，是值得一生努力追求的事。

三、保有一顆純潔善良和誠實的內心

　　有一回，彥志到加州帕拉阿圖市立圖書館讀書，看見一套精美詩集彙編，叫做《四季的喜樂》，作者透過春夏秋冬四季的美好景致，表達對造物主上帝的敬畏讚賞。

　　春天到了，在紅瓦屋頂白色小屋前，松鼠在花團錦簇中前後跳躍，在白色籬笆矮牆附近有紅色、黃色、紫色小花盛開，以及向日葵的迎風搖曳。

　　夏日時分，清涼小溪加上潺潺流水，令人不禁想要恣意魚躍入溪，溪水邊矗立白色尖頂小教堂，溪上架著拱形小木橋，橋上綠葉扶疏，樹蔭下躺著兩隻慵懶的小白狗，一片午後休閒時光。

　　秋天遍地長滿南瓜和果實，竹簍中更裝滿碩大紅透的加州蘋果，還有湖邊的楓葉已經火紅迎人，飄落遍滿地面的芬芳。

　　冬天是銀色大地，晴朗午後，許多孩童在結冰堅硬湖面上奔跑嬉戲，後頭更有小花狗奔跑。

　　細讀這些小詩，彥志彷彿身歷其境，就在花園中、小溪旁、小湖畔、大雪地。身邊盡是花香、鳥鳴、果香、魚躍，以及小教堂鐘響聲和孩童玩笑聲。只要能夠保持純潔善良和誠實無偽的內心，就算處在平淡無奇的山居歲月，也會充滿洋溢無邊的喜樂。

　　沒有錯，一顆純淨、誠實、無私的心靈，就是一顆清潔的心，是和他人真情互動的要件，也只有純淨無偽的真誠，才能觸動對方內心。同樣地，若我們擁有純淨真實的內心，便具備接近上帝的質素，這樣的人可看見上帝。因為他們中間的調性相近，頻率相似，因此容易產生共情、共鳴，這樣的人是清心的人，他便能遇見上帝。

　　在這種情況下，清心的人並非需要歸隱山林、靜心苦修，方能修成正果。而是能「結廬在人境，而無車馬喧」【14-10】」，這自非個人苦修的功勞，而是在人這端需放下自我企圖心（即我執），以誠實無妄的內心來待人接物，就能夠和上帝或自己相會；而在另端對方則採取主動方式，主動尋找這種調性的人，並與之相會，這實在是段奇妙經歷，也是做自己的CEO，迥然吾亦見真吾的真實情境。

　　認清事實、勇敢承認吧！我們都會受到名位和權力的吸引誘惑，我們都需要別人的讚美肯定，我們都想要掌聲和成就感，都需要別人的推崇歡迎。所以，真實面對自己內在的人，會有從上帝來的力量，對別人的讚美歌頌能淡然處之，不會為追求別人的讚美而活。因為他已獲得上帝的肯定與價值，故對別人的讚美具有免疫能力。或許他還會聞一下這瓶讚美香水的香氣，但是不會信以為真，全盤接收吞下【14-11】。因為一旦吞下讚美時，將會變成自負，甚至驕傲，從而謙遜的美德便消失殆盡。

> 真實面對自己內在的人，會有從上帝來的內在力量，對別人的讚美歌頌淡然處之。

　　最後，坦然面對自己內在，便是踏上彩虹橋的盡頭，進入迥然吾亦見真吾的境地。茲將本節面對真正自我的要點以圖14-2表示。

圖14-2　面對真正自我——彩虹橋的盡頭

聰杰向來目的導向，每次要做什麼事，都先問目的何在。

101年5月，聰杰準備要和妻子愛蘋共度結婚23週年紀念日。他原先規劃安排北投春天泡湯加享受美食饗宴。但是，這回他放下既定目標，使得安排更有彈性。

日子一天天過去，天氣愈發炎熱，當天氣溫超過三十度，泡湯之行自然胎死腹中。聰杰試探性詢問：「要不要去土城看油桐花節，日子剛剛好」，由於有去年賞花時人擠人的不愉快經驗，妻子愛蘋連忙搖頭。

後來，望著窗外一輪紅日，愛蘋突然靈光一閃，兩眼一亮說：「我們去淡水看夕陽，然後欣賞超級大月亮。」（原來報紙說，當天月亮距離地球最近，晚上的月亮超大）。就在聰杰與愛蘋共進午餐，準備出發前，愛蘋接到媽媽的電話，便興高采烈要聰杰讓媽媽和姊姊一同前往。看著愛蘋高興的容顏，聰杰心想只要她能高興，多兩個大電燈泡也無妨。

這時愛蘋整天笑開懷，一行四人搭船到淡水漁人碼頭，沿路笑聲不斷，歡喜享受夏日時光。吹海風、看夕陽、賞落日、望明月、觀白雲、啖美食，玩得盡興，度過美好一天。媽媽和姊姊自然謝謝聰杰與愛蘋讓她們共度結婚紀念日。

這使聰杰想起，擁有顆清純、明亮的內心，不要事先預設立場，不要試圖掌控對方，凡事順其自然並保持彈性，便容易享有真心的人際關係，也享有美好的人生景致。

【智慧語錄】

一個人如能在心中充滿對人類的博愛，行為遵循崇高的道德律，永遠圍繞真理的樞軸而轉動，那麼他雖在人間也等於生活在天堂中。

——培根（Nicholas Bacon），散文作家，著有《論說文集》

每個人都有一定的理想，這種理想決定他的努力和判斷的方向。在這個意義上，照亮我的道路，並且不斷地給我新的勇氣正視生活的理想，是真、善和美。

——愛因斯坦（Albert Einstein），科學家，提出相對論

14.3 物質所有權的真諦

個人如何真實面對世上財富，看穿所有權和使用權的真義，這攸關他所帶出的性格寬度、思想高度與生命氣度。

【問得好】你如何看待你的金錢、股票和房地產呢？

「失火了，快跑啊！」突然工廠出現一團火球，只見員工落荒而逃。身為廠長的慕榕一時間不知所措，只有眼睜睜看著工廠陷入火海。

事後，慕榕呈上自請處分的檢討報告，深知素來以嚴格作風著稱的郭董事長必會大發雷霆，將他革職查辦。

然而，郭董事長卻只批上寥寥數語：「無妨，繼續努力！」

簡單兩句話，深深抓住慕榕內心，沒有指責，也沒有懲處。慕榕更加戮力從公，為公司開創超過當初火災損失的兩倍利潤。

能夠放下物質慾望，轉而關注人的本身，是個人成功的新契機。

在這個世界，人類既空手而來，也必然空手而去，所有賺取的財富，一絲一毫無法帶走。「生不帶來，死不帶去【14-12】」是句大家都能琅琅上口的諺語。

要怎樣看待我們四周的物質？即是我們和物品間的關係，或是和金錢

財富間的關係，要如何定位？這牽涉到一個嚴肅課題：「你是否願意與自己和好？」

能夠與自己和好的人是個內心富足的人，他不需要倚靠外在金錢財富，來證明自己的存在價值。他清楚自己的價值，是來自於造物主上帝，而非來自外在的金錢財富。

因此，這樣的人不會迷失在追逐財富的市場金錢遊戲中，反而會盡自己本分賺取金錢，賺應該賺的錢，然後花用所該花用的，以平和心態面對世上的金錢財富。

「人兩腳，錢四腳」，告誡世人不要盲目追逐金錢，因為人是無法追到金錢的。聖經中說：「你若賺得全世界，卻賠上自己的生命，那有什麼益處呢，人還能拿什麼換生命呢【14-13】」，誠是暮鼓晨鐘之言。

一、享有物質而不擁有物質

大陸有首打油詩，題目就叫做〈一張紙〉，內容如下：

「出生一張紙，開始一輩子；畢業一張紙，奮鬥一輩子；

婚姻一張紙，相守一輩子；作官一張紙，鬥爭一輩子；

金錢一張紙，辛苦一輩子；榮譽一張紙，虛名一輩子；

看病一張紙，痛苦一輩子；訃文一張紙，了結一輩子；

淡化這張紙，明白一輩子；忘了這張紙，快樂一輩子。」

人類真可悲，將許多希望寄託在薄薄一張紙上，這張紙或是哈佛博士的畢業證書，或是百年企業的股票權證，或是帝寶豪宅的所有權狀，或是克拉鑽戒的產品保證書，或甚至是嫁入豪門的結婚證書，這些終究是身外之物，不能帶入荒郊墳墓，或是帶進上帝天國中。虛空的虛空，一切都是虛空，所羅門王在千年前早就發出這千年之歎，值得我們深思。

人類到底要到什麼時候，才能明白金錢物質只能享有，而無法擁有及帶走的金科玉律呢？

「我所見為善為美的，就是人在他一切虛空的年日，同他所愛的妻一起吃喝快樂，這是他的福分」，所羅門王如是說。他提醒我們要享有物質，而不是擁有物質的人生真義。

面對世上物質，我們該有的心態是「享有」物質，而不是「擁有」物質。因為，人的價值並非來自擁有財富。

若能懂得珍惜現在擁有的事物，知福和惜福，那屬於我們的幸福自然會存留下來。事實上，個人擁有的事物不一定都能被自己享有。另一方面，就算無法擁有，也不代表不能享有它。

對世人而言，「擁有」是占有物品本身，是體制上的**所有權**（**ownership**）歸屬，擁有一件物品指能取得該物品的所有權，在法律上能自由使用、管理、收益及處分。擁有一件物品，指購買時裝、汽車、皮包、鑽石、房舍、莊園等。

至於「享有」是「享受擁有」，具深層意涵，它不聚焦在所有權上，而是使用權，加上用心享受在其中的情感感受。享有一件物品，例如在公園中散步、在花園中賞花、在泳池中游泳、陶醉在文藝展覽作品意境中、享受讀書樂趣等。

簡單說，擁有和享有的最大差別，在於物質擁有、心中享有，享有需要用心體會。

擁有和享有的最大差別，在於物質擁有、心中享有，享有需要用心體會。

基本上，我們擁有物品多寡，和我們內心幸福感受並非成正比。心中幸福感起於單純「享有」身邊各種事物。事實上，人們的快樂感並非由金錢和地位所堆砌成，而是取決心中的「享有」能力，至於「享有」能力的強弱，在於內心保持知足常樂的程度。

我們擁有金錢、車輛、寵物、家人、同事、朋友等，由於容易擁有，即容易將身邊的事物視為理所當然。也因為習慣它們的存在，反而忽略其價值，因此容易產生抱怨、不滿心態，影響享有的心情，這就是忽略「享有」的重要性。此時只要內心轉個彎，換個角度思考，其實幸福離我們不遠，就在我們身邊。

柏拉圖說：「人生第一財富是健康，第二財富是美麗，第三財富才是財產。」馬克吐溫則說：「長期保持健康的唯一辦法是：吃你所不願吃的

東西，喝你所不愛喝的飲料，做你所不想做的事情，」真是妙哉斯言。

二、我們是擁有物質，還是享有物質

當我們的社會越來越富有時，也就是「擁有」物品已經不是難事。此時，個人對物品的「享有」能力，明顯較「擁有」物品的能力更為重要。因為個人若喪失「享有」能力，那在擁有物品的當下，也會滿腹牢騷，抱怨連連。例如，他會待在豪宅裡，卻咒罵惡劣天氣，使他無法出遊；他會坐在百萬名車中，怪罪交通號誌設計不佳，使他塞在車陣中；他會坐在五星旅館飯店中，嫌棄食物菜色變化少，使他難以享受美食。這樣的人，距離幸福和快樂，真是遙遠！

在物質豐裕的社會，科技使生活更為便利，無形中提高人們的慾望，想要擁有更高的物質生活。或是追求某種假象，擁有物質、名牌和地位，來證明自己的成功，甚至是幸福。但是，事實勝於雄辯，「擁有」物質並不等於「享有」物質，當然也不等於幸福。事實上，幸福的關鍵在於真正「享有」。如何運用身邊事物，「享有」並發揮最大功效，使我們感受幸福洋溢，這才是美滿人生的真正意義。因為敬虔加上知足的心便是大利了，只要有衣有食，就當知足【14-14】。

更進一步，現代人汲汲營營追求名利、累積財富，而工作更占一個人清醒時刻最多的時間。若是我們能夠發自內心喜愛自己的工作，誠屬萬幸。但是又有多少人是為求溫飽被現實逼迫，不得不出賣時間，在一個無感、不熱衷的工作上，竟日忙碌，誠屬悲哀。這是「擁有」一份工作，卻無法「享有」工作。

不管時代潮流和社會風向怎樣演變，人們總可憑藉自己高貴的生活品味，超脫時代和社會，走出正確道路。現在，大家都為汽車、房子、事業而奔波、追逐、競爭。但是仍有不少人，他們不追求物質，他們追求理想與真理，得到內心的自由和平靜。

柏拉圖說：「世間有許多美好的東西，但真正屬於自己的卻不多。」看庭前花開花落，榮辱不驚動，望天上雲卷雲舒，去留無新意。在紛擾世界裡，能夠用顆平常的心看待周圍一切，也是一種新境界。

　　老李甫爬上經理高位，並賺進人生第一桶金後，不知不覺性格有些許轉變，他開始留意自己的衣著打扮，經常穿著名牌服飾，開高級房車，頻繁出現在高級會館和俱樂部中。久而久之，老李臉上就掛張勢利嘴臉。在他周圍的人，若無社會經濟地位，老李往往刻意疏遠；若面對聲勢顯赫的多金人士，老李便轉而笑臉逢迎，甚至竭盡奉承拍馬屁之能事。

　　在商場上爾虞我詐和競爭求勝過程中，更成就老李權謀善戰的鬥雞性格，以打擊鬥垮對手為能事，只要是阻礙老李謀奪物質利益的人和事物，老李都視為「大石頭」，必除之而後快。

　　後來，在場暗潮洶湧的權力鬥爭中，老李踢到鐵板敗下陣來，被拔去經理一職，老李也罹患一場怪病。在一段自我放逐後，老李逐漸醒悟過來，感覺到過去為名利身外之物，出賣自己靈魂，實在不值得。在午夜夢迴之際，老李夢中驚醒坐起，坦誠面對真正自己，他說：「我就算是賺得全世界的財富和名譽，卻失去自己的生命，那有什麼好處呢？我還能夠拿什麼來換我的生命呢？」老李找回真正的自己，也重新正確面對周遭的物質社會。

　　在這個時候，完成「人生定位學習單（表14-1）」是個不錯的嘗試，可具體說明如何探索全人關係，並且找到生命的定位方向。

【智慧語錄】

　　錢財並不屬於擁有它的人，而只屬於享用它的人。

　　　　　　　——富蘭克林（Benjamin Franklin），科學家，發現電力

　　人生的大騙子不是兩個，而是三個：名、利、權。

　　　　　　　　　　　　　　　　　　　　　　—— 林語堂，文學家

【本章註釋】

14-1 問題導向學習（problem-based learning, PBL）指運用討論題綱，提出多個討論題目，串連起整個教學上的學習主軸活動。

14-2 在本書中不免會接觸到「天」或「神」的概念，在這裡，基督教或天主教意指

上帝，回教意指阿拉，佛教意指佛或菩薩，道教意指神明或玉皇大帝，非任何特屬宗教或New Age思潮等則以上天稱之等，由於眾說紛紜，莫衷一是，本書全然接納各家宗教論點，然爲簡化且易於說明起見，在全書的敘述中，皆以「上帝」一詞概括承受與替代之，且不再重複加註說明。作者尊重宗教多元價值，並無獨尊基督教或排斥其他宗教的意思，其他宗教信仰讀者敬請自行將上帝替換成爲其他相關神祇的名稱來閱讀相關文句即可，作者特此聲明。

14-3 參閱葛幼君譯（民95），《從NO到GO：界限越清楚，自由越無限》（大衛・麥肯納著），臺北市：啟示出版社。

14-4 「有生命樹和分別善惡的樹」。「園中各樣樹上的果子，你可以隨意吃」。「只是分別善惡樹上的果子，你不可吃，因爲你吃的日子必定死」。原文出自《聖經・創世記》第2章第9節和第16-17節。

14-5 人的內心就像一塊巨大海綿一樣，吸收外界的全部信息。有如兒童的發展階段，會全然的接收外界所傳達的資訊。

14-6 「眼睛是身上的燈，人的眼睛若亮，全身就光明；人的眼睛若昏花，全身就黑暗」。原文出自《聖經・路加福音》，第11章第34節。

14-7 「你要保守你的心，勝過保守一切，因爲一生的果效，是由心發出」。原文出自《聖經・所羅門王箴言》，第4章第23節。

14-8 「資源有限、慾望無窮」一詞，出自於經濟學之父亞當斯密《國富論》中的名言。

14-9 「我也知道，在我裡頭，就是我肉體之中，沒有良善。因爲，立志爲善由得我，只是行出來由不得我。故此，我所願意的善，我反不做；我所不願意的惡，我倒去做。我覺得有個律，就是我願意爲善的時候，便有惡與我同在。我真是苦啊！誰能救我脫離這取死的身體呢？感謝上帝，靠著我們的主耶穌基督就能夠脫離了」，原文出自《聖經・羅馬書》，第7章第18-25節。

14-10 「結廬在人境，而無車馬喧，問君何能爾，心遠地自偏。採菊東籬下，悠然見南山。山氣日夕佳，飛鳥相與還。此中有眞意，欲辨已忘言。」一詞出自陶淵明的《飲酒・其五》。

14-11 參考趙燦華譯（民94），《關係DNA》（蓋瑞・史邁利著），美國加州：麥種傳道會出版。

14-12 「生不帶來，死不帶去」一詞出自淨空法師，意思是「人不能帶什麼東西到這世界來，也不能帶什麼東西走」。在聖經中也有類似的句子，「他怎樣從母胎赤身而來，也必照樣赤身而去」，請參見《聖經・所羅門王傳道書》，第5章第15節。以及「因爲我們沒有帶什麼到世上來，也不能帶什麼去」，請參見《聖經・提摩太前書》，第6章第7節。

14-13 「人若賺得全世界，賠上自己的生命，有什麼益處呢？人還能拿什麼換生命呢？」原文出自《聖經・馬太福音》，第16章第26節。

14-14 「敬虔加上知足的心便是大利了，……。只要有衣有食，就當知足」，原文出自《聖經・提摩太前書》，第6章第6節與第8節。

行動作業：試著在校園中的一個安靜角落中停下，看看天空白雲、地上青草和熙攘人群，然後思索回答你的人生意義和生命價值觀，寫下自己的答案。

表14-1：「人生的微笑」單元課程學習單——人生定位學習單

課程名稱：　　　　　　　　　授課教師：	
系級：　　　　　姓名：　　　　　學號：	
1. 你怎樣跟「你自己」和平相處呢？	
2. 你怎樣跟「你周圍的人」和平相處呢？	
3. 你怎樣跟「你使用的物品」和平相處呢？	
4. 你怎樣跟「你的天（上帝）」和平相處呢？	
5. 你要怎樣來追尋你「人生的意義」呢？	
6. 請寫下你自己的「人生的意義」內容？	
7. 你會對你自己做哪些「學習與調整」呢？	
老師與助教評語	

第十五章 做自己人生的 CEO

【朝露生涯漫步】

人生實在苦短，世人生命中身強體壯時期十分短暫，人生經驗的代價實在慘烈，驀然再回首已是百年身。若能記取古人經驗教訓，不致重蹈覆轍，實乃萬幸。然而此人甚少，多數人總在遭遇後才痛定思痛，然為時可能已晚。難怪歷史學家多希望世人能「以史為鏡，可以知興替」。作者建議，先「內聖」再「外王」，由內而外建置好人際關係圈，「先修身，再齊家，然後才是治國和平天下」，便會水到渠成，這是你我命定之路。

如何使人生了無遺憾，誠非易事，此需特殊智慧方可成事。該做都做了，該說也都說了，便將結果交給上帝，不要背負結果重擔，便能由自我要求中得到解放。若是能做到此點，必能找到自己的生命價值，得享美好幸福人生。

拿破崙曾說：「人生的光榮，不在永不失敗，而在於能夠屢仆屢起。」藉此與大家共勉！

【三國小啟思：諸葛孔明鞠躬盡瘁死而後已】

劉備兵敗白帝城，臨終之際託孤給諸葛孔明說道：「君才十倍於曹丕，必能安國，終定大事，若嗣子可輔，輔之，如其不才，君可自取。」實際上，劉備的兒子劉禪是位庸才，是一位扶不起的阿斗，劉備臨終前特別將他託付給諸葛孔明，盼望孔明能夠賡續輔佐劉氏西蜀的半壁江山。這明顯看出劉備對諸葛孔明素來相當敬重且信任，故能夠在危急存亡之秋的此時此刻，託付此重要責任。歷史證明諸葛孔明確實是受人之託，忠人之事，值得被委派、被信任，孔明並沒有篡奪帝位的貳心，而是繼續忠心輔佐**劉禪**，直到鞠躬盡瘁，死而後已，在六出祁山攻魏不成後，歿於戎旅軍帳之中。

15.1 人生的視野

人生生涯漫步中做自己人生的CEO的實際做法，係由生命、學習、生活、工作出發。以把握個人在其間的美好關係，自然便擁在人生生涯規劃中，成功漫步的關鍵密碼。

【問得好】：我要怎樣才能做好自己生命的主人？

生涯規劃是需要平衡發展的，因此需要從知識學習、生活經營（包括未來的婚姻與家庭生活）、工作職涯、生命關照（包括健康的身心靈）的多個層面，多管直下且相互配合，此構成生涯規劃的多個面向；同時再以「成為對的人、在對的時間、以對的方法、做出對的事」的四個「對」。兩者共同構成生涯規劃的經度與緯度，在橫斷面與縱斷面上共同組成生涯規劃的雙軸線。

生涯規劃中做自己人生CEO的實際做法係由生命、學習、生活與工作出發，首先在生命體驗上，培養洞察人生的「美實力」；然後在知識學習上，培養莫之能禦的「成長力」；三者做成生活人際關係上的「溝通力」；最後達成工作職涯上的「理想力」，預約美好人生。若是如此，便能把握個人在「生命、學習、生活與工作」的美好關係，自然擁有人生生涯視野的關鍵密碼。

一、讓和好做為生命溝通的平台

創立戴爾電腦的戴爾電腦總裁麥克戴爾（Dell），在一次畢業典禮中勉勵畢業生們：「在進入社會時，丟棄商店購買的地圖吧，要自己去畫一張」。因此，要做自己人生的CEO，經營自己的生命藍圖，走自己的道路，為自己的生命負起責任。

若是畫不出自己的生命地圖，那該如何？此時需要掌握數個關鍵字，當做構圖的基礎架構。即是「天、人、物、我」中間的和諧。亦即要做自己人生的CEO，需照應我、人、物、天的四個層面【15-1】：第一，我們

可以和自己和平相處，做你自己的好朋友，亦即要「和自己和好」；第二，我們可以和其他人和睦相處，做別人的好朋友，亦即要「和別人和好」；第三，我們可以和周圍環境和諧相處，保護愛護環境，做萬物的好朋友，亦即要「和萬物和好」；第四，我們可以和造物主上帝親密互動，做上帝的好朋友，亦即要「和上帝和好」。若能這樣，我們便能夠在上帝所創造的世界中，建立起天、人、物、我的美好和諧關係，藉以做自己人生的CEO，享有豐盛富足的生命。

二、讓視野做為 CEO 成功的基石

我們要做好生涯漫步，做自己人生的CEO，這需有非凡視野，在做法上包括六個層面。分別是清晰價值（value）、影響力（influence）、真誠內心（sincerity）、洞察力（insight）、樂觀進取（optimism）和領航未來（navigation）。上述六個英文字的第一個字母，合併起來即成**眼界視野「VISION」**一詞，此是成功CEO的核心要件。如圖15-1所示，說明如下：

第一，一位擁有清晰價值視野（**value**）的人，必能做出正確的選擇，界定清楚的優先順序，藉以建置起超越自我（transcending）的能耐，體現潛能。這人能夠知道當為何而戰，來開啟這不確定的年代。進而展翅上騰，預約美好人生。

第二，一位擁有高度影響力（**influence**）的人，必能結合學識和生命

圖15-1　人生視野的內涵

歷練，建置值得對方信任（trust）的能耐。這人能夠由內而外的感動召喚他人，進而領導群倫。透過有效溝通力、舞動溝通新亮點，成為溝通守護者。

第三，一位擁有真誠內心（sincerity）的人，必能活在當下，尋得自我，建置起反璞歸真（truth）的真實能耐。這人能夠經營無形的人際安全網絡，贏得他人尊敬。藉由面對自己內在來做對的事，以預約美好人生。

第四，一位擁有洞察力（insight）的人，必能窮究事物環境的真相，建置轉換表裡（transformation）的能耐。這人能夠點燃時代趨勢，預見事物的本相。經由此觀照時間長河，瞄準生命藍海，得以坐擁宏觀人生。

第五，一位擁有樂觀進取的人（optimism），必能運用溫暖仁慈的話語和剛毅果斷的行動力，建置反轉時勢（tuning）的能耐。這人能夠鼓舞群眾，超越人為操作的紛擾。透過同理心溝通和溝通硬目標，進而成就「心靈白魔術」的美好境界。

第六，一位擁有領航未來（navigation）的人，必能奔跑清晰的目標，具有完成標竿（target）的能耐。這人能夠透過清晰的「做什麼」，和混沌不明的環境對話。經由黃金關係圈和美好全人關係，建立優質關係人脈。

此時，在人生生涯中做自己人生的CEO，需要放下世俗成就的慾望，真正無私無我的看見事實真相，迥然吾亦見真吾，我們必然可以和對方交心，成為莫逆之交，成就用心溝通的初衷。

總之，成功CEO的卓越視野（vision），必連結上述的超越自我、值得信任、完全真實、轉換表裡、反轉時勢、達成標竿，即「6T」的鮮明力量，做成不朽的功績。此時即需擴張我們帳幕之地，張大我們居所的幔子，不要限止；要放長我們的繩子，堅固我們的橛子，方可竟其全功。

例如，NBA籃球明星林書豪曾說過：「我不是為別人，也不是為自己去打球，而是為上帝。」他激勵人心的故事傳遍至世界的每個角落，他在成功以前，也曾經歷過一段很長的人生低潮期，那時沒有球隊願意給他機會有所表現，但林書豪卻沒有因此就氣餒退縮，反而更加相信自己，也相信上帝早已經為他安排未來的道路。林書豪不斷精進自己的球技，並且

在後來功成名就後，卻始終維持謙虛不居功勞的態度，林書豪雖然曾經想要放棄，但是他勇敢改變自己的態度，終於在最後關頭，把握住上帝賜給他的絕佳機會，終於嶄露頭角，感動許多人的心田。

【智慧語錄】

　　要是一個人，能充滿信心地朝他理想的方向去做，下定決心過他所想過的生活，他就一定會得到意外的成功。

　　──卡內基（Dale Carnegie），人際溝通專家，創立卡內基溝通訓練

　　腳步不能達到的地方，眼光可以到達；眼光不能到達的地方，精神可以飛到。

　　──雨果（Victor Hugo），詩人，《鐘樓怪人》與《悲慘世界》作者

15.2 人生的信念

　　抓住生命的纜繩，相信就會有救，這是我們生命信念的根基，也是我們生之勇氣的來源，讓我們一起來一窺其堂奧。

【問得好】你的人生基本信念是什麼？你相信這個世界上有上帝、有公平
　　　　　正義嗎？

　　要做自己人生的CEO，需要擁有高遠清晰的人生視野，以及正向積極的人生信念。

　　信念（**belief**）是個人內心真正相信的事情，是個人相信的最終標的，是個人心中要去真正面對的原點，也是個人對生命、生活、生涯成長的終極期許【15-2】。換句話說，信念是我們在解讀和處理外在事件時的問題解決機制，也是心中對事件影響的最後裁判依據。因此，信念在我們人生中的地位實在重要。

　　由認知心理學而言，「信念」是我們「思想」的起始點，透過「思想」會產生「認知」；「認知」會帶動出明確「態度」；「態度」會形成

實際的「行動」。因此，如何偵測、瞭解自己的信念內容，以及適當的調整自己的內在信念，朝向積極正向來發展，誠爲現代人需要正視的課題。

信念更是個人基本價值體系的記號，而個人信念實包括三個層面，即自我觀點、生活觀點、世界觀點【15-3】，茲說明於後：

> 個人信念包括三個層面，即自我觀點、生活觀點和世界觀點。

(一) 自我觀點

自我觀點係指我們對自己的看法，乃至於對自我生活方式的期許，包括對自己本身意義的認定。自我形象可以說是我們內在意志的外顯，意志決心會使我們的生活具有意義，因爲我們的內心如何思量，我們爲人就會這樣【15-4】。我們需要從自己個性才幹中看見自己的能力，看見自己的獨特性，並且認同自己的價值。因此，正向的自我形象乃十分重要，這是自我認同和自我安全感的起始點。

例如，我們需要練習以下的自我觀點，要相信：

相信只要活下來，就有希望。

相信生不帶來、死不帶去，有衣有食，就應當知足。

相信擁有信心、盼望、愛心的自我觀點，便能夠接受上帝所創造的獨特自己。

相信愛裡沒有懼怕，愛既然完全，就能夠把懼怕除掉。

相信上帝是力量的源頭，我們不用害怕。

相信生命中擁有勇氣、鬥志，會積極面對挑戰，開創生涯。

相信我們若能與自己和好，就能擁有喜樂、滿足的生命。

(二) 生活觀點

生活觀點是我們對於四周他人的看法，乃至於對四周他人生活的影響力或控制能力。生活觀點可說是我們內在控制力的外顯。控制力使個人有能力尋求生活的意義和目標使命；在生命觀點上，我們需要與上帝和好。我們需要從自己生活經歷中看見自己的影響力，看見自己的收穫，並且認同自己的生活。因此，正向的生命觀點乃十分重要，這是生活經歷和影響

他人的起始點。

例如，我們需要練習以下的生活觀點，要相信：

相信知足常樂、能忍自安，方能擁有滿足、感恩的生活。

相信自己能和他人接軌，以通往世界。

相信我們若能和四周他人和諧相處，就能擁有平安的日子。

相信在信的人，凡事都能，上帝會介入其中，施行公平正義，也深信邪不勝正。

相信我們若能與上帝和好，就能在上帝眼中，享有自由自在的永遠生命。

(三) 世界觀點

世界觀點是我們對於整個世界的看法，乃至於對這個世界存在虛實的認知。世界觀點可說是我們內在虛實的外顯。存在虛實使我們想到生命本質時，能夠找著自己活下去的理由。正確世界觀點乃十分關鍵，這是對世界運作上的正確認知。在世界觀點上，我們需要與他人和好。我們需要從自己所處世界中看見自己的定位，看見自己的有限，並且認識自己的能耐。因此，正向的世界觀點乃十分關鍵，這是生命探索和生命意義的起始點。

世界上每個人都各有特色和值得欣賞之處，每個人的相貌、言談、舉止、風格皆是獨特的，每個人都有其特定的專長和才幹。基於每個人都是不同的個體，在社會中位居不同的位置。例如，有人銷售餐點，有人接聽電話，有人擔任祕書，有人駕駛車船，有人查帳審計，有人醫療疾病等。所以社會才會有所進步，個人若是看不見自己所處的位置，是因為對自己的信念缺少合理、客觀的認識。

例如，我們需要練習以下的生活觀點，要相信：

相信這是一個充滿機會的社會，不是一個剝削吃人的社會。

相信這個世界是和諧、互助、共存、共榮的。

相信一枝草一點露，天無絕人之路。

相信忍耐到底的人，必然會得救，明天會更好。

相信上帝是愛、相信人間有愛。

三、正向的個人信念

　　為擁有正向的個人思想，我們認為需要建立有如「真、善、美」和「信、望、愛」的人生信念，亦即擁有真誠、善良、美感、信心、盼望、愛心的六個基本信念，來進行生命對話【15-5】，如圖15-2所示。茲說明於後：

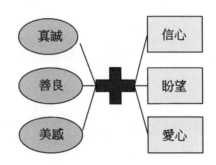

圖15-2　六大正向人生信念

(一) 真善美群組

1. **真**：真指真誠，真誠是堅持追求真理的初心，真性情的待人與接物，相信精誠所至，金石為開的情懷。這時會激發勇氣，形塑探求真理的意志力，進而誠實探索，追求真理。

2. **善**：善指善良，善良是相信世人內心的善意，繼而追溯生命的本源，基於對世界的深度洞察力，這時會滋生奮鬥能量，勇敢向上築夢、築夢踏實，並且貫徹始終。

3. **美**：美指美感，美感是欣賞上帝創造的美好世界，相信一束花草，一棵樹木都蘊育著生命能量、藝術美感，值得再三玩味。進而察覺出生不帶來，死不帶去的生命智慧；深信有衣、有食，就應當知足。並且相信知足常樂，能忍自安，藉以涵養生命的本源。

(二) 信望愛群組

1. **信**：信指信心，信心是即使外界環境變化莫測且十分險惡，仍然相信美好的事情必定要成就。深信在信的人，凡事都能，上帝必定介入和

保守，並且施行公義和公平。

2. 望：望指盼望，盼望是無論四周情況如何演變，對於未來發展的答案都是「是的」。這時相信忍耐到底的，必然得救。並且相信一枝草一點露，天無絕人之路，人只要活著就會有希望。同時深信明天必然會更好。

3. 愛：愛指愛心，愛心是不管四周他人怎樣冷漠無情，對於人性的期待皆是愛在人間。這時相信上帝就是愛，並且在愛裡必然沒有害怕，愛是永不止息。

固然，在當前的後現代社會中，四處充斥抗拒上位權柄、拒絕規條準則，甚至阻絕各種法則標準，拆毀各項參照點與意義指引。這使得世人在理解生命上，不再有任何原則和立場可供依循。在此異常混亂的時空背景下，我們實在需要一套正向理性的參考模式與思想架構，在上帝真理的大光中，引導我們勇敢追求快樂、希望與幸福的人生，這是本節的要旨。此正呼應「上帝愛世人，甚至將他的獨生子賜給他們，叫一切信他的，不致滅亡，反得永生【15-6】。」

> 為擁有正向個人思想，個人認為需要建立如「真、善、美」和「信、望、愛」的人生信念。

【智慧語錄】

人有物質才能生存，人有理想才談得上生活。你要了解生存與生活的不同嗎？動物生存，而人則生活。

——雨果（Victor Hugo），詩人，《鐘樓怪人》與《悲慘世界》作者

噴泉的高度，不會超過它的源頭。一個人的事業也是如此，它的成就絕不會超過自己的信念。

——林肯（Abraham Lincoln），美國總統

15.3 做對的事

所有的學問知識都是幫助我們往上攀爬，登上名利的頂峰，而只有勇

敢的去做對的事，搭上眞理的順風車，才能使我們長久待在高處，不會往下掉落。

【問得好】如果要你撒謊便可賺得 1000 萬，你會怎樣做呢？

　　基本上，一切的生命美實力探索人生定位和自我認知，學習成長力強化理性思辨和創新思維，生活溝通力增進關係知能和溝通技巧，以及工作理想力發揮正向工作能量等，皆是使我們朝向更穩妥的位置前進。然而，若我們在大學與人生生涯中，無法做對的事，違反眞理的順風，即沒有秉持正直與誠信原則爲人處事。那麼，就算擁有最精進的學習技巧，以及天衣無縫的關係增進知能，但若失去最核心的誠信基礎，便會使所有的待人接物過程有如建築在沙土上的高樓大廈，經不起風吹雨淋而倒塌，並且全軍覆沒。因爲，說謊的言語有若包著糖衣的毒藥，一旦服下肚，便有如倒塌的骨牌，一發不可收拾，覆水難收，在做自己人生的CEO上十分重要，有識者不可不愼。

　　倫理與道德實爲一個銅板的兩面，倫理是道德的原則，道德則是倫理的實踐【15-7】。中國傳統倫理的四維八德，其中的四維，禮、義、廉、恥，即爲倫理的標準，至於忠、孝、仁、愛、信、義、和、平的八德，則是道德的表現。必須說明的是，東方倫理中的「禮、義、廉、恥」四維是倫理的精隨，有道是國之四維，四維不彰，國乃滅亡【15-8】。東方世界的禮、義、廉、恥，正與西方倫理的「尊敬規則、尊敬生命、尊敬上帝」相互呼應，意義十分深遠，值得我們深思。因爲尊重規則孕育秩序，尊重生命產生禮貌，恪守誠實則是敬畏上帝的展現，因此，東方倫理的禮義廉恥和西方倫理的尊敬生命與誠實守信是相通的。

　　我們要做到「尊敬規則、尊敬生命、尊敬上帝」。我們需自我要求對所有的人事物做到誠實和眞實，這是最高級的尊敬。落實尊敬生命即如孔子所說：「己所不欲，勿施於人」。也是耶穌所說：「你要別人怎樣待你，你就要怎樣待人。」這些皆是指向尊敬生命【15-9】。

　　此時若問我們，要怎要才能隨時警惕，不致由雲峰墜落到地面？著實

發人深省。具體來說，一支原子筆也絕對不要偷。若我們沒有高度警戒，守護自己的內心，那麼金錢、權力、名望、性誘惑，將會把我們推下無底深淵。

富蘭克林說：「驕傲起初導致豐盈，然後反轉導致貧困，最後導致聲譽掃地。」若是犯錯，則因人非聖賢，孰能無過的古訓，需要透過「我們若認自己的罪，上帝是信實的、是公義的，必要赦免我們的罪，洗淨我們的不義【15-10】」的方式，承認錯誤，勇於改過。因為知錯能改，善莫大焉【15-11】，也因為耶穌已經為世人的罪惡被人釘死在十字架上，流出鮮血洗淨世人罪惡，而耶穌在三天後更由死裡復活，勝過死亡的權勢，藉由耶穌的復活生命要帶給世人永遠的生命，此可做為做自己生命CEO的另一省思。

我們的生命委實有限，我們的生命中身強力壯的時間極為短暫，人生經驗的代價實在是非常慘重，有時我們再回頭已經是百年身。若我們能記取前人經驗教訓，不重蹈覆轍，那有多好。然而，這樣的人實在太少，大多數的人總是闖過後才恍然大悟，然多為時已晚。無怪乎歷史學家無不希望世人能「以史為鏡，可以知興替」。我們的建議是先「內聖」再「外王」，自內而外，建立我們的人際關係，「先修身，再齊家，然後是治國和平天下」，自然是水到渠成，這盼望能成為我們的命定之路。

最後，如何使得人生了無遺憾，這不是件容易的事，這需一些不同的智慧。該做的都做好，該說的也說完，只要將結果交給上帝，不要自己擔負結果重擔，我們便可從自我要求中獲得釋放。相信若能做到如此，我們必能做好生涯規劃，做自己人生的CEO，享有美好幸福的人生。這時，在生涯規劃中，做自己人生的CEO需放下名利成就慾求，無私無我的洞察事情真相，迴然吾亦見真吾，若是如此必然可水乳交融，達成存心溝通的初心。

【智慧語錄】

人類最大的幸福就在於每天能談談道德方面的事情，無靈魂的生活就失去了人的生活價值。

——蘇格拉底（Socrates），古希臘哲學家

沒有偉大的品格，就沒有偉大的人，甚至也沒有偉大的藝術家、偉大的行動者。

　　——羅曼・羅蘭（Romain Rolland），《約翰・克利斯朵夫》，《母與子》作者

【本章註釋】

15-1 「天、人、物、我」係中原大學通識教育的基本理念。中原大學深信通識教育的最終目的是在發展天人物我的平衡，培養「全人」教育，因此通識教育需以全人教育爲根本，秉持著尊重自然和人性尊嚴，尋求天人物我之間的和諧發展爲其中心理念。

15-2 有關生命、生活、生涯的相關信念內容，詳情敬請參閱Allen, J. (2009), *The Wisdom of James Allen*, London: LISWEN Publishing.或魏郁如、王潔、陳佳慧譯（民98），《我的人生思考》（詹姆士・艾倫著），臺北市：立村文化出版。

15-3 敬請參閱吳妍儀譯（民96），《我們爲什麼要活著？—尋找生命意義的11堂哲學必修課》，茱莉亞・貝吉尼著，臺北市：麥田出版。以及楊曼如譯（民91），《人生下半場》，鮑伯・班福德著，臺北市：雅歌出版社。

15-4 「因爲他心怎樣思量，他爲人就是怎樣」，原文出自《聖經・所羅門王箴言》，第23章第7節。

15-5 敬請參閱吳蘇心美譯（民92），《得勝生命的基石》，奧夫・艾克曼著，臺北市：天恩出版。

15-6 「上帝愛世人，甚至將他的獨生子賜給他們，叫一切信他的，不致滅亡，反得永生。」原文出自《聖經・約翰福音》，第3章第16節。

15-7 「倫理是道德的原則，道德則是倫理的實踐」，出自Hosmer (1987)。Hosmer, L.T., (1987), *The Ethics of Management*, NY: Irwin.

15-8 「禮、義、廉、恥，國之四維，四維不彰，國乃滅亡」，出自管仲《管子・牧民篇》及顧炎武《廉恥》。其中，「禮」是規規矩矩的態度，「義」是正正當當的行爲，「廉」是清清白白的辨別，「恥」是切切實實的覺悟。

15-9 「己所不欲，勿施於人」，出自孔子《論語・顏淵篇》：「己所不欲，勿施於人。在邦無怨，在家無怨。」以及《論語・衛靈公篇》：「子貢問曰：『有

一言而可以終身行之者乎？』子曰：『其恕乎！己所不欲，勿施於人。』」此外，「你們願意人怎樣待你們，你們也要怎樣待人，因為這就是律法和先知的道理。」原文出自《聖經‧馬太福音》，第7章第12節。

15-10 「我們若認自己的罪，上帝是信實的、是公義的，必要赦免我們的罪，洗淨我們一切的不義」，出自《聖經‧約翰壹書》第1章第9節。

15-11 「知錯能改，善莫大焉」，語出春秋《左傳‧宣公二年》。晉靈公因廚師烹煮熊掌未能煮熟而濫殺廚師，後來臣子士季冒死進諫，晉靈公頓然悔悟，士季遂在興奮中口出此言。

行動作業：試著回想從小到大的過程中，你曾經做過的「壞事」，例如考試作弊、亂丟紙屑、說謊話、偷摘水果等事情，再說明你該如何做對的事。

表15-1：「做自己的CEO」單元課程學習單——生涯規劃學習單

課程名稱：		授課教師：
系級：	姓名：	學號：
1. 你的「優點和強點」是什麼？		
2. 你最「看重」哪一件事情？		
3. 你做什麼事情時會很有「熱情和活力」？		
4. 你做決定時的「關鍵決定因素」是什麼？		
5. 你做決定時的「阻礙」是什麼？		
6. 會影響你未來的重大「不確定項目」是什麼呢？		
7. 你希望在「未來五年後」會站在何處呢？		
老師與助教評語		

中文參考文獻

王俞惠譯（民 101），《自信思考術》，泉忠司著，臺北市：大牌出版。

王傳友著（民 95），《創新思維與創新技法》，上海市：人民交通出版。

王培潔譯（民 99），《6A 的力量》，麥道衛、戴伊著，臺北市：綠洲出版。

尤傳莉譯（民 101），《獲利世代》，奧斯瓦爾德、比紐赫著，臺北市：早安財經文化。

白崇亮著（民 102），《勇於真實》，臺北市：天下文化出版。

呂美女譯（民 100），《腦的白魔術》，茂木健一郎著，臺北市：天下文化。

朱文儀、陳建男譯（民 96），《策略管理》（第七版），查理斯・希爾、葛瑞斯・瓊絲著，臺北市：華泰文化出版。

邱美華、陳愛娟、杜惠英（民 100），《生涯與職能發展學習手冊》，臺北市：麗文文化出版。

吳維傑著（民 100），《你可以進行內在醫治》，臺北市：多加幸福婚姻促進協會出版。

吳信如譯（民 97），《領導就是喚醒生命》，古倫神父著，臺北市：南與北文化出版。

吳妍儀譯（民 96），《我們為什麼要活著？——尋找生命意義的 11 堂哲學必修課》，茱莉亞・貝吉尼著，臺北市：麥田出版。

吳蘇心美譯（民 92），《得勝生命的基石》，奧夫・艾克曼著，臺北市：天恩出版。

李家同著（民 84），《讓高牆倒下吧》，臺北市：聯經出版。

李家同著（民 97），《幕永不落下》，新竹市：未來書城出版。

李家同著（民 99），《鐘聲又再響起》，臺北市：聯經出版。

李家同著（民 99），《大量閱讀的重要性》，臺北市：博雅書屋出版。

李家同著（民 99），《從 28 篇經典演說學思考：李伯伯帶你看大人物怎麼想》，臺北市：圓神出版。

阮胤華譯（民 98），《愛的語言——非暴力溝通》，馬歇爾・盧森堡著，臺北市：光啟文化出版。

林瑜琳著（民100），《從聖經中尋見自我》，臺北市：福音證主協會出版。

林素聿、程珮然譯（民94），《活出美好》，約爾 · 歐斯汀著，臺北市：保羅文化出版。

林育珊譯（民97），《築人生的願景：成功的生涯規劃》，史特拉 · 寇提列著，臺北市：寂天文化出版。

林徽因著（民95），《林徽因詩文集》，上海市：上海三聯書局。

洪蘭著（民94），《講理就好Ⅳ：理應外合》，臺北市：遠流出版。

施以諾著（民99），《信心，是一把梯子：72個向上提升的祝福與盼望》，臺北市：主流出版。

施以諾（民100），《態度，決定你的高度》，臺北市：橄欖出版。

施達雄著（民86），《實用講道法》，臺北市：中國主日學協會出版。

屈貝琴譯（民98），《面對心中的巨人》，路卡杜著，臺北市：校園書房出版。

柳珍姬譯（民95），《第四度空間的靈性》，趙鏞基著，臺北市：以斯拉出版。

姜雪影譯（民98），《10、10、10：改變你生命的決策工具》，蘇西 · 威爾許著，臺北市：天下遠見出版。

姜雪影譯（民101），《先問，為什麼：啟動你的感召領導力》，賽門 · 西奈克著，臺北市：天下雜誌出版。

洪翠薇譯（民98），《大學生了沒：聰明的讀書技巧》，史特拉 · 寇提列著，臺北市：寂天文化出版。

高偉雄著（民97），《有傷害，沒傷痕》，臺北市：橄欖文化出版。

殷文譯（民94），《第八個習慣》，史蒂芬 · 柯維著，臺北市：天下文化出版。

郭亞維著（民99），《哈佛校訓給大學生的24個啟示》，臺北市：文經閣出版。

孫效智著（民98），「台灣生命教育的挑戰與願景」，《課程與教學季刊》，12(3)，頁1-26。

張篤群、江麗美譯（民87），《耶穌談生活——熱情與喜樂的處世哲學》，羅莉 · 瓊斯著，臺北市：智庫文化出版。

張善楠譯（民97），《大學教了沒？——前哈佛校長提出的八門課》，杜雷克 · 布克著，臺北市：天下文化出版。

許是祥譯（民 80），《有效的管理者》，彼得・杜拉克著，臺北市：中華企管出版。

黃玉寧譯（民 103），《60 分鐘圖解訓練：邏輯思考技術》，茂木秀昭著，臺中市：晨星出版。

徐成德譯（民 100），《復活的力量》，羅雲・威廉斯著，臺北市：校園書房出版。

徐仕美、鄭煥昇譯（民 103），《最打動人心的溝通課》，艾德・夏恩著，臺北市：天下文化出版。

國立臺北大學通識教育中心（民 102），《台北大學通識教育課程學習保證 AOL 作業手冊》，新北市：國立臺北大學出版。

陳皎眉著（民 102），《人際關係與人際溝通（二版）》，臺北市：雙葉書廊。

陳淑婷譯（民 103），《對話力：化衝突為合作的神奇力量》（二版）（丹尼爾・楊格洛維奇著），臺北市：朝邦文教基金會出版。

陳澤義著（民 110），《職場軟實力》，臺北市：五南圖書出版。

陳澤義著（民 108），《管理與人生（三版）》，臺北市：五南圖書出版。

陳澤義著（民 108），《幸福學：學幸福（三版）》，臺北市：五南圖書出版。

陳澤義著（民 108），《科技與創新管理（六版）》，臺北市：華泰文化出版。

陳澤義著（民 108），《服務管理（六版）》，臺北市：華泰文化出版。

陳澤義著（民 107），《現代管理學（三版）》，臺北市：普林斯頓國際出版。

陳澤義著（民 105），《解決問題的能力》，臺北市：印刻文學生活雜誌出版。

陳澤義著（民 104），《溝通管理》，臺北市：五南圖書出版。

陳澤義著（民 101），《影響力是通往世界的窗戶》，臺北市：聯經出版。此書 2014 年發行簡體字版，深圳市：海天出版。

陳澤義著（民 100），《美好人生是管理出來的》，臺北市：聯經出版。此書 2014 年發行簡體字版，深圳市：海天出版。

陳澤義、陳啓斌著（民 107），《企業診斷與績效評估：策略管理觀點（五版）》，臺北市：華泰文化出版。

陳澤義、劉祥熹著（民 105），《國際企業管理：理論與實際（三版）》，臺北市：普林斯頓國際出版。

黃秀媛譯（民90），《十誡：用上帝律法開創美好人生》，史萊辛爾著，臺
　　北市：天下文化出版。

游梓翔、溫偉群、劉文英譯（民101），《人際關係與溝通技巧》（二版），
　　朱莉‧伍德著，臺北市：雙葉書廊。

彭明輝著（民101），《生命是長期而持續的累積》，臺北市：聯經出版。

楊曼如譯（民91），《人生下半場》，鮑伯‧班福德著，臺北市：雅歌出版。

楊春曉譯（民99），《情商：它為什麼比智商更重要》，丹尼爾‧高曼著，
　　北京市：中信出版。

葛幼君譯（民95），《從 NO 到 GO：界限越清楚，自由越無限》，大衛‧
　　麥肯納著，臺北市：啟示出版。

馮克芸譯（民98），《會問問題，才會帶人》，查理斯‧克拉克著，臺北市：
　　大塊文化出版。

曹明星譯（民99），《黃金階梯：人生最重要的二十件事》（三版），伍爾
　　本著，臺北市：宇宙光出版。

廖月娟譯（民101），《你要如何衡量你的人生》，克里斯汀生、歐沃斯、
　　狄倫著，臺北市：天下文化出版。

趙燦華譯（民94），《關係 DNA》，蓋瑞‧史邁利著，美國加州：美國麥
　　種傳道會出版。

趙婉君譯（民91），《哈佛經驗：如何讀大學》，萊特著，臺北市：立緒出版。

蔡岱安譯（民90），《過猶不及》，亨利‧克勞地、約翰‧湯森得著，美
　　國加州：臺福傳播中心出版。

劉玉潔譯（民84），《祝福──和諧人生的秘訣》，史摩利‧特倫德著，
　　臺北市：校園書房出版。

魏郁如、王潔、陳佳慧譯（民98），《我的人生思考》，詹姆士‧艾倫著，
　　臺北市：立村文化出版。

鄭玉英、范瑞薇譯（民98），《辛克深度靈修之路》，約格‧辛克著，臺
　　北市：南與北文化出版。

鄭玉英譯（民103），《克服衝突心境界》，安瑟蘭‧古倫著，臺北市：南
　　與北文化出版。

鄭淑芬譯（民 99），《批判式思考：跳脫慣性的思考模式》，史特拉 ‧ 寇提列著，臺北市：寂天文化出版。

鄭嘉斌譯（民 100），《這樣說話 ‧ 你我都是大贏家》，馬歇爾 ‧ 盧森堡著，臺北市：光啟文化出版。

謝綺蓉譯（民 90），《80-20 法則：快樂、成功和進步的秘訣》，理查 ‧ 高柯著，香港：中華書局出版。

謝明憲譯（民 102），《創造生命的奇蹟》，露易絲 ‧ 賀著，臺北市：方智出版。

謝敏怡譯（民 103），《10 分鐘引發共鳴的簡報術》，福島正伸著，臺北市：方智出版。

顧華德譯（民 94），《生命造型師》，路卡杜著，臺北市：聖經資源中心出版。

關秀娟著（民 103），《懂得活：給都市人的快樂良方》，香港市：經濟日報出版。

蕭美惠、林家誼譯（民 101），《改變一生的人際溝通法則》，卡內基訓練機構，臺北市：商周出版。

天下雜誌（民 100 年 9 月 7 日），「實現夢想的關鍵：硬目標專刊」，第 480 期，臺北市：天下文化出版。

天下雜誌（民 100 年 11 月 2 日），「不丹 VS. 瑞士專刊」，第 484 期，臺北市：天下文化出版。

天下雜誌（民 100 年 11 月 30 日），「公民教育：從我到我們專刊」，第 486 期，臺北市：天下文化出版。

天下雜誌（民 101 年 7 月 11 日），「2012 金牌服務大賞專刊」，第 501 期，臺北市：天下文化出版。

附錄：三份職業選擇問卷

一、工作部門選擇問卷

(一) 請就以下個性傾向敘述，圈選符合你個性內涵的程度，並給定分數：

　　（本小題共有18題）

1. 穩定、實際。

(1)很不符合　(2)不符合　(3)尚符合　(4)符合　(5)很符合。

2. 精確、理性。

(1)很不符合　(2)不符合　(3)尚符合　(4)符合　(5)很符合。

3. 理想化、夢想。

(1)很不符合　(2)不符合　(3)尚符合　(4)符合　(5)很符合。

4. 友善、合作。

(1)很不符合　(2)不符合　(3)尚符合　(4)符合　(5)很符合。

5. 辯論、說服。

(1)很不符合　(2)不符合　(3)尚符合　(4)符合　(5)很符合。

6. 謹慎、整齊。

(1)很不符合　(2)不符合　(3)尚符合　(4)符合　(5)很符合。

7. 看重物質。

(1)很不符合　(2)不符合　(3)尚符合　(4)符合　(5)很符合。

8. 保守、被動。

(1)很不符合　(2)不符合　(3)尚符合　(4)符合　(5)很符合。

9. 有創意、直覺。

(1)很不符合　(2)不符合　(3)尚符合　(4)符合　(5)很符合。

10.幫助、憐恤人。

(1)很不符合　(2)不符合　(3)尚符合　(4)符合　(5)很符合。

11.有野心、衝勁。

(1)很不符合　(2)不符合　(3)尚符合　(4)符合　(5)很符合。

12.耐心足、自覺。

　(1)很不符合　(2)不符合　(3)尚符合　(4)符合　(5)很符合。

13.坦白、自信。

　(1)很不符合　(2)不符合　(3)尚符合　(4)符合　(5)很符合。

14.愛分析、獨立。

　(1)很不符合　(2)不符合　(3)尚符合　(4)符合　(5)很符合。

15.喜愛自我表達。

　(1)很不符合　(2)不符合　(3)尚符合　(4)符合　(5)很符合。

16.喜歡社交活動。

　(1)很不符合　(2)不符合　(3)尚符合　(4)符合　(5)很符合。

17.樂觀、活潑。

　(1)很不符合　(2)不符合　(3)尚符合　(4)符合　(5)很符合。

18.踏實、有效率。

　(1)很不符合　(2)不符合　(3)尚符合　(4)符合　(5)很符合。

(二) 若不考慮你在該方面的能力，請由以下24個選項中，選出8個最能說
　　明你的興趣偏好的選項：

1. 修理汽車、修家電。	2. 打電動遊戲。
3. 玩象棋、橋牌。	4. 算命、觀看星座。
5. 玩樂器、演戲劇。	6. 撰寫文章投稿。
7. 做社區服務志工。	8. 和陌生人聊天。
9. 討論政治議題。	10. 投資股票期貨。
11. 將房間收拾整齊。	12. 將資料編輯分類。
13. 自行組裝電腦。	14. 看機械展、看科技展。
15. 看電腦展、書展。	16. 參加各種企業競賽。
17. 看電影、藝術展。	18. 做美工設計、動畫、影片。
19. 探訪孤兒、老人。	20. 當社團（學生）領袖、幹部。
21. 逛街血拼、殺價。	22. 閱讀商業、管理雜誌。
23. 記帳收錢、文書。	24. 將各種資料分類建立表格。

(三) 若考慮你在該方面的能力，請由以下36個選項中，選出12個最能說明
　　你想要做的事情的選項：

1. 建築土木。
2. 駕駛車輛、船隻或飛機。
3. 市場分析。
4. 醫療護理。
5. 產品或廣告設計。
6. 雜誌編輯。
7. 社會弱勢照顧。
8. 心理諮商輔導。
9. 推銷、仲介產品。
10. 領導與管理。
11. 祕書、行政。
12. 商業文書管理。
13. 五金、機械。
14. 電機、電子。
15. 電腦程式設計。
16. 經濟分析。
17. 服裝設計。
18. 室內裝潢設計。
19. 教育青少與兒童。
20. 教練、教官。
21. 企業管理顧問。
22. 公共關係。
23. 會計與出納。
24. 建立行政作業流程。
25. 食品製造。
26. 警察消防與保全。
27. 科學探索。
28. 學術理論研究。
29. 美術、攝影。
30. 音樂、文學寫作。
31. 牧師、傳道。
32. 招待、接待他人。
33. 股票、經紀人。
34. 代理、委託業務。
35. 圖書資訊分類。
36. 資料整理、處理。

工作部門選擇問卷：答案卡

學校＿＿＿＿＿＿＿　課程＿＿＿＿＿＿＿＿＿＿＿＿＿＿

姓名＿＿＿＿＿＿　學號＿＿＿＿＿＿＿　系級＿＿＿＿＿＿＿

(一) 個性傾向（填選1至5分）

題號	1	2	3	4	5	6
分數						
題號	7	8	9	10	11	12
分數						

題號	13	14	15	16	17	18
分數						

(二) 興趣偏好（填下8個題號）

選出	1	2	3	4
題號				
選出	5	6	7	8
題號				

(三) 想要做的事（填下12個題號）

選出	1	2	3	4	5	6
題號						
選出	7	8	9	10	11	12
題號						

(四) 工作部門選擇問卷計分卡

區分	個性傾向（原始）	性格得分（X1）	興趣偏好（原始）	興趣得分（X3）	想做的事（原始）	想做得分（X3）	總計
企業人							
社會人							
實際人							
行政人							
研究人							
藝術人							

你的工作部門選擇結果：＿＿＿人，適合＿＿＿部門。

二、工作行業選擇問卷

(一) 請就以下各家商店，依你下班後或週末放假時，和朋友在一起逛街時，你最想做的事情（偏好程度），給定分數：（本小題共有16題）

1. 到個性咖啡店（如星巴克或伯朗咖啡）品嘗咖啡與茶。
   (1)很不喜歡　(2)不喜歡　(3)還可以　(4)喜歡　(5)很喜歡。
2. 到百貨公司服裝部門或服飾專賣店（如Zara）品味服飾。
   (1)很不喜歡　(2)不喜歡　(3)還可以　(4)喜歡　(5)很喜歡。
3. 到百貨公司家居部門或家飾店（如IKEA）品味家居裝潢。
   (1)很不喜歡　(2)不喜歡　(3)還可以　(4)喜歡　(5)很喜歡。
4. 到汽機車或腳踏車展示場（如BMW或捷安特）品味名車。
   (1)很不喜歡　(2)不喜歡　(3)還可以　(4)喜歡　(5)很喜歡。
5. 到大學校園或中小學校園散步並欣賞校園風光。
   (1)很不喜歡　(2)不喜歡　(3)還可以　(4)喜歡　(5)很喜歡。
6. 到百貨公司、遊樂館或電影街遊蕩並品味遊樂新趨勢。
   (1)很不喜歡　(2)不喜歡　(3)還可以　(4)喜歡　(5)很喜歡。
7. 到手機或筆電的展示場館（如Apple）品味新機種。
   (1)很不喜歡　(2)不喜歡　(3)還可以　(4)喜歡　(5)很喜歡。
8. 到農村、養殖場或漁村（如嘉義與臺南）體驗農作物或魚類的生長與養殖過程。
   (1)很不喜歡　(2)不喜歡　(3)還可以　(4)喜歡　(5)很喜歡。
9. 到異國料理店或餐館（如韓國或印度館）品味異國料理。
   (1)很不喜歡　(2)不喜歡　(3)還可以　(4)喜歡　(5)很喜歡。
10. 到百貨公司化妝品部門或專賣店（如Adam）品味化妝。
    (1)很不喜歡　(2)不喜歡　(3)還可以　(4)喜歡　(5)很喜歡。
11. 到園藝或DIY家飾店（如特力屋、Hola）品味DIY裝潢。
    (1)很不喜歡　(2)不喜歡　(3)還可以　(4)喜歡　(5)很喜歡。
12. 到鐵道或航空館展示（如臺鐵或華航）品味飛機或火車。
    (1)很不喜歡　(2)不喜歡　(3)還可以　(4)喜歡　(5)很喜歡。

13. 到親子教育園或成人教育中心考察各種教育內涵。

(1)很不喜歡　(2)不喜歡　(3)還可以　(4)喜歡　(5)很喜歡。

14. 到電動遊樂場館（如劍湖山）體驗新機具。

(1)很不喜歡　(2)不喜歡　(3)還可以　(4)喜歡　(5)很喜歡。

15. 到3C資訊展場（如三星）體驗新型手機與APP。

(1)很不喜歡　(2)不喜歡　(3)還可以　(4)喜歡　(5)很喜歡。

16. 到農漁業和礦業展場或林場所體驗傳統文化。

(1)很不喜歡　(2)不喜歡　(3)還可以　(4)喜歡　(5)很喜歡。

(二) 請就以下各家話題，依你下班後或週末放假時，和朋友在一起閒聊
時，你最喜歡聊的話題偏好程度，給定分數：（本小題共有24題）

1. 談論各家美食的食材和製作技術。

(1)很不喜歡　(2)不喜歡　(3)還可以　(4)喜歡　(5)很喜歡。

2. 談論異國料理的品味和烹調技術。

(1)很不喜歡　(2)不喜歡　(3)還可以　(4)喜歡　(5)很喜歡。

3. 談論各家餐廳的等級和美食評論家的評語。

(1)很不喜歡　(2)不喜歡　(3)還可以　(4)喜歡　(5)很喜歡。

4. 談論時尚服飾的流行趨勢和外觀風格。

(1)很不喜歡　(2)不喜歡　(3)還可以　(4)喜歡　(5)很喜歡。

5. 談論異國服飾的特色和特種編織技巧。

(1)很不喜歡　(2)不喜歡　(3)還可以　(4)喜歡　(5)很喜歡。

6. 談論各家設計師的服飾取材用色和服飾雜誌評論。

(1)很不喜歡　(2)不喜歡　(3)還可以　(4)喜歡　(5)很喜歡。

7. 談論居家擺飾的品味和裝潢風格。

(1)很不喜歡　(2)不喜歡　(3)還可以　(4)喜歡　(5)很喜歡。

8. 談論居家DIY方式管道和增能技巧。

(1)很不喜歡　(2)不喜歡　(3)還可以　(4)喜歡　(5)很喜歡。

9. 談論各裝潢名家設計品味和藝術內涵。

(1)很不喜歡　(2)不喜歡　(3)還可以　(4)喜歡　(5)很喜歡。

10. 談論各種車輛、遊船或飛機的材質和操作技術。

(1)很不喜歡　(2)不喜歡　(3)還可以　(4)喜歡　(5)很喜歡。

11. 談論各國名家車輛、遊船或飛機的機種和設計風格。

(1)很不喜歡　(2)不喜歡　(3)還可以　(4)喜歡　(5)很喜歡。

12. 談論收藏各國名家車船或飛機模型的樂趣和趣聞。

(1)很不喜歡　(2)不喜歡　(3)還可以　(4)喜歡　(5)很喜歡。

13. 談論紙本書、電子書或教育媒體的內容和管理技能。

(1)很不喜歡　(2)不喜歡　(3)還可以　(4)喜歡　(5)很喜歡。

14. 談論各種知識蒐集、管理或教育的方式和操作技術。

(1)很不喜歡　(2)不喜歡　(3)還可以　(4)喜歡　(5)很喜歡。

15. 談論各大學、圖書館或教育場館的理念內涵和藏書。

(1)很不喜歡　(2)不喜歡　(3)還可以　(4)喜歡　(5)很喜歡。

16. 談論各國音樂、舞蹈、戲劇或藝術的內容和文創發展。

(1)很不喜歡　(2)不喜歡　(3)還可以　(4)喜歡　(5)很喜歡。

17. 談論各種娛樂方式、劇場管理或傳播方式和升級技術。

(1)很不喜歡　(2)不喜歡　(3)還可以　(4)喜歡　(5)很喜歡。

18. 談論各種調酒方式、賭博賽馬管理或風流花邊新聞。

(1)很不喜歡　(2)不喜歡　(3)還可以　(4)喜歡　(5)很喜歡。

19. 談論智慧型手機、平板、筆電的操作方式和升級技術。

(1)很不喜歡　(2)不喜歡　(3)還可以　(4)喜歡　(5)很喜歡。

20. 談論新型APP軟體使用方式、網路平台或翻牆行為。

(1)很不喜歡　(2)不喜歡　(3)還可以　(4)喜歡　(5)很喜歡。

21. 談論物聯網、大數據最新動向、網購與網際網路新趨勢。

(1)很不喜歡　(2)不喜歡　(3)還可以　(4)喜歡　(5)很喜歡。

22. 談論農村、漁村的風土民情、文化故事或人物軼事。

(1)很不喜歡　(2)不喜歡　(3)還可以　(4)喜歡　(5)很喜歡。

23. 談論各地鄉野的自助旅遊經驗、文化象徵或信仰傳說。

(1)很不喜歡　(2)不喜歡　(3)還可以　(4)喜歡　(5)很喜歡。

24. 談論採礦人、林場人、牧場人的日常生活與鄉居歲月。

   (1)很不喜歡   (2)不喜歡   (3)還可以   (4)喜歡   (5)很喜歡。

(三) 若是現在有個展覽，請指出你最想去的展覽，請用數字的1、2、3、4來標示前四名。

(A)3C資訊展、(B)電動漫畫展、(C)教育展、(D)房車展、(E)家居裝潢展、(F)流行服飾展、(G)美食展、(H)農林礦發展展。

工作行業選擇問卷：答案卡

學校＿＿＿＿＿＿＿＿課程＿＿＿＿＿＿＿＿＿＿

姓名＿＿＿＿＿＿＿學號＿＿＿＿＿＿系級＿＿＿＿＿＿＿

(一) 最想做的事情（填選1至5分）

題號	1	2	3	4	5	6	7	8
分數								
題號	9	10	11	12	13	14	15	16
分數								

(二) 談論話題（填選1至5分）

題號	1	2	3	4	5	6	7	8
分數								
題號	9	10	11	12	13	14	15	16
分數								
題號	17	18	19	20	21	22	23	24
分數								

(三) 想看的展覽（填選A至H選項）

區分	第一順位	第二順位	第三順位	第四順位
選項				
分數	10	8	6	4

(四) 行業傾向計分卡

代碼	食	衣	住	行	育	樂	資	農
行業內容	食品飲料	服飾化妝	建築家飾	車船飛機	教育知識	影視娛樂	資訊電子	農林漁牧
想做的事								
@								
@								
談論話題								
@								
@								
@								
展覽選擇								
@								
加總								

你的行業傾向結果：_____業。

三、工作機構選擇（內在驅力）問卷

(一) 請從各題的甲與乙中，選出一個最能說明你的性格敘述的題項：（本大題共有28小題）

1 甲. 我想要滿足在高的經濟生活水平。

1 乙. 我盼望能夠對於別人有較大的影響力。

2 甲. 只有當我的工作績效自身具有價值時，我才會滿意。

2 乙. 我期望非常專精於我所從事的工作上。

3 甲. 我期望在工作中能充分使用我的創造力。

3 乙. 我看重能和我喜歡的人共同工作的機會。

4 甲. 我喜歡感覺到別人崇拜倚賴我。

4 乙. 說真的，我期望能夠賺很多錢。

5 甲. 我希望能夠擁有一個能夠充分領導他人的工作。

5 乙. 我看重能做一份對我有意義的工作，不管待遇如何。

6　甲. 我期望覺得自己得到一種很難能可貴的專業技能。

6　乙. 我期望創造一個人們只有和我來往的情形。

7　甲. 除非是很多的錢，否則我就會不滿足。

7　乙. 我期望能發揮我的所學，這樣我才會滿足。

8　甲. 我的工作是我尋找生命意義的一環。

8　乙. 我需要做個用我名字來命名生產的產品。

9　甲. 我希望能買得起我想要的任何事物。

9　乙. 一份長期穩定的工作最能夠吸引我。

10　甲. 我希望有一個能夠大大影響他人的工作。

10　乙. 在我的工作中，成為一位專家會讓我很快樂。

11　甲. 我看重我的工作對於社會有好的貢獻。

11　乙. 我看重在工作中和別人有美好的人際關係。

12　甲. 在工作中和別人有美好的人際關係會令我很滿意。

12　乙. 我盼望能規劃我的工作，且對未來前途充滿希望。

13　甲. 我盼望能夠自由自在的花錢。

13　乙. 我盼望能夠在工作中有真正的變革。

14　甲. 說真的，我期望能夠在工作中指導別人。

14　乙. 我認為美好的工作人際關係十分重要。

15　甲. 我喜歡沉溺在成為一位專家的身分。

15　乙. 我只有在擁有一份安全的工作，我才能感到放心。

16　甲. 我盼望能夠追求財富。

16　乙. 我盼望透過工作來結交好朋友。

17　甲. 若是我認為工作的結果很有價值，我就會認真做。

17　乙. 當我知道我在退休時的身分地位，我會很高興。

18　甲. 因工作中好的同事關係，我很難去換工作。

18　乙. 我看重別人認為我很有成就的觀感。

19　甲. 我喜歡全權負責來管理別人的事情。

19　乙. 我喜歡創造發明一些先前沒有的事物。

20　甲. 晚上我常做我認為重要的事，而非升遷加薪的事。

20 乙. 我內心要追求大家的認可肯定。

21 甲. 我盼望做些和他人不一樣的事情。

21 乙. 在工作上我總是打出安全牌。

22 甲. 我盼望別人仰仗我的領導。

22 乙. 我非常看重我的社會地位。

23 甲. 我希望我所創造的產品上有我的名字。

23 乙. 我希望別人能夠認同肯定我的成就。

24 甲. 我喜歡去承擔責任。

24 乙. 我會很擔心在工作上有沒有前景規劃。

25 甲. 我無時無刻為賺更多錢來做事。

25 乙. 我把工作看做是達到個人成長的路徑。

26 甲. 我盼望擁有高聲望的職位和工作。

26 乙. 我盼望有份安穩的工作。

27 甲. 只要有個美好的工作人際關係，其他的事都好說。

27 乙. 我滿足於能夠有一番事業和貢獻。

28 甲. 我羨慕隨著高職位所帶來的高社經地位。

28 乙. 我想要擁有專家的資格身分。

工作機構選擇（內在驅力）問卷：答案卡

學校＿＿＿＿＿＿＿　課程＿＿＿＿＿＿＿＿＿＿＿＿＿＿

姓名＿＿＿＿＿＿＿　學號＿＿＿＿＿＿＿　系級＿＿＿＿＿＿

（一）兩兩性格比較選擇（填選甲或乙）

題號	1	2	3	4	5	6	7
甲或乙							
題號	8	9	10	11	12	13	14
甲或乙							
題號	15	16	17	18	19	20	21
甲或乙							

題號	22	23	24	25	26	27	28
甲或乙							

(二) 內在驅力計分卡（以一選項得一分計）

區分	A	B	C	D	E	F	G	H
內容	物質報酬	權利和影響力	尋求意義	專精	創新	親和力	安全感	地位
以正字計分								
得分								

你的內在驅力（工作機構選擇）結果：＿＿＿＿＿＿＿＿。

四、三份問卷的解說提示

(一) 工作部門選擇：解說提示

1. 個性傾向（每一題得1至5分）

題號	1	2	3	4	5	6
計分	實際	研究	藝術	社會	企業	行政
題號	7	8	9	10	11	12
計分	實際	研究	藝術	社會	企業	行政
題號	13	14	15	16	17	18
計分	實際	研究	藝術	社會	企業	行政

2. 興趣偏好（每一題得3分）

題號	1	2	3	4	5	6
勾選	實際	實際	研究	研究	藝術	藝術
題號	7	8	9	10	11	12
勾選	社會	社會	企業	企業	行政	行政
題號	13	14	15	16	17	18
勾選	實際	實際	研究	研究	藝術	藝術

題號	19	20	21	22	23	24
勾選	社會	社會	企業	企業	行政	行政

3. 想要做的事（每一題得3分）

題號	1	2	3	4	5	6
勾選	實際	實際	研究	研究	藝術	藝術
題號	7	8	9	10	11	12
勾選	社會	社會	企業	企業	行政	行政
題號	13	14	15	16	17	18
勾選	實際	實際	研究	研究	藝術	藝術
題號	19	20	21	22	23	24
勾選	社會	社會	企業	企業	行政	行政
題號	25	26	27	28	29	30
勾選	實際	實際	研究	研究	藝術	藝術
題號	31	32	33	34	35	36
勾選	社會	社會	企業	企業	行政	行政

(二) 工作行業選擇：解說提示

1. 最想做的事情

題號	1	2	3	4	5	6
計分	食	衣	住	行	育	樂
題號	7	8	9	10	11	12
計分	資訊	國際	食	衣	住	行
題號	13	14	15	16		
計分	育	樂	資訊	農林		

2. 談論話題

題號	1	2	3	4	5	6
計分	食	食	食	衣	衣	衣
題號	7	8	9	10	11	12
計分	住	住	住	行	行	行
題號	13	14	15	16	17	18
計分	育	育	育	樂	樂	樂
題號	19	20	21	22	23	24
計分	資訊	資訊	資訊	農林	農林	農林

3. 想看的展覽

區分	第一二三四順位
選項	（A）資訊、（B）娛樂、（C）育、（D）行、（E）住、（F）衣、（G）食、（H）農林。（第一二三四順位分別為10、8、6、4分）

(三) 工作機構選擇（內在驅力）問卷：解說提示

1. 二十八道選擇題

題號	甲選項	乙選項
1	A	B
2	C	D
3	E	F
4	H	A
5	B	C
6	D	E
7	A	D
8	C	E
9	A	G
10	B	D
11	C	F
12	F	H
13	A	E
14	B	F

題號	甲選項	乙選項
15	D	G
16	A	F
17	C	G
18	F	G
19	B	E
20	C	H
21	E	G
22	B	H
23	E	H
24	B	G
25	A	C
26	H	G
27	F	D
28	H	D

2. 內在驅力計分卡

區分	A	B	C	D	E	F	G	H
內容	物質報酬	權利和影響力	尋求意義	專精	創新	親和力	安全感	地位

3. 彙整成「名利權義」的四大標題

區分	名位		財利		權力		意義	
細目	地位	專精	物質	安全	權力	親和	意義	創新
代號	H	D	A	G	B	F	C	E
得分								

主題人物索引：依朝代別

外國人

中文專有名詞索引

國家圖書館出版品預行編目資料

生涯規劃／陳澤義著. -- 四版. -- 臺北市：
五南圖書出版股份有限公司, 2022.10
面；　公分

ISBN 978-626-343-377-9(平裝)

1.CST: 生涯規劃

192.1　　　　　　　　111014715

1BZO

生涯規劃

作　　者 ― 陳澤義 (246.7)

發 行 人 ― 楊榮川

總 經 理 ― 楊士清

總 編 輯 ― 楊秀麗

副總編輯 ― 王俐文

責任編輯 ― 金明芬

封面設計 ― 王麗娟

出 版 者 ― 五南圖書出版股份有限公司

地　　址：106台北市大安區和平東路二段339號4樓

電　　話：(02)2705-5066　傳　　真：(02)2706-6100

網　　址：https://www.wunan.com.tw

電子郵件：wunan@wunan.com.tw

劃撥帳號：01068953

戶　　名：五南圖書出版股份有限公司

法律顧問　林勝安律師事務所　林勝安律師

出版日期　2014 年 2 月初版一刷
　　　　　2015 年 4 月二版一刷
　　　　　2016 年 10 月三版一刷
　　　　　2022 年 3 月三版三刷
　　　　　2022 年 10 月四版一刷

定　　價　新臺幣550元

經典永恆・名著常在

五十週年的獻禮 —— 經典名著文庫

五南，五十年了，半個世紀，人生旅程的一大半，走過來了。

思索著，邁向百年的未來歷程，能為知識界、文化學術界作些什麼？

在速食文化的生態下，有什麼值得讓人雋永品味的？

歷代經典・當今名著，經過時間的洗禮，千錘百鍊，流傳至今，光芒耀人；

不僅使我們能領悟前人的智慧，同時也增深加廣我們思考的深度與視野。

我們決心投入巨資，有計畫的系統梳選，成立「經典名著文庫」，

希望收入古今中外思想性的、充滿睿智與獨見的經典、名著。

這是一項理想性的、永續性的巨大出版工程。

不在意讀者的眾寡，只考慮它的學術價值，力求完整展現先哲思想的軌跡；

為知識界開啟一片智慧之窗，營造一座百花綻放的世界文明公園，

任君遨遊、取菁吸蜜、嘉惠學子！